臨場感あふれる解説で、楽しみながら歴史を"体感"できる

世界史劇場

河合塾講師 **神野正史**【著】

天才ビスマルクの策謀

ベレ出版

はじめに

　近代以降、ヨーロッパは"たったひとりの人物"に翻弄(ほんろう)されたことが三度あります。

　そのひとりが「ナポレオン1世」。

　一時はほぼ全欧がナポレオンの直接支配を受けるか、さもなくば属国・同盟国・友好国の地位に置かれ、終始彼と対決姿勢を鮮明にしていたのはほとんどイギリスくらいのものでした。

　もうひとりが「A(アドルフ).ヒトラー」。

　彼もまた、一時はほぼ全欧を支配下か、属国・同盟国に置き、終始彼に対決姿勢を鮮明にしていたのはやっぱりイギリスくらいのものだった ── などなど彼(ヒトラー)とナポレオンとの共通点は多い。

　そのため両名はよく比較され、本「世界史劇場シリーズ」でもすでに取り上げられていますが、じつはナポレオンとヒトラーの影に隠れてもうひとり、全欧を手玉に取った人物がいます。

　その人物こそが「O(オットー).ビスマルク」です。

　何かと共通点の多いナポレオン・ヒトラーに対して、ビスマルクは彼らと一線を画します。

　ナポレオン・ヒトラーが「武」を以(もっ)て全欧を制したのに対して、ビスマルクは「智」を以て全欧を手玉に取りました。

　さらにナポレオン・ヒトラーが全欧を「戦禍(ウォー・ダメージ)」に巻き込んだのに対して、ビスマルクは全欧に「秩序(オーダー)」をもたらします。

　じつは、ヨーロッパは近世以降「国際秩序(インターナショナル・オーダー)」なくして秩序が維持できなくなっており、ウェストファリア体制が生まれてから以降、ウィーン体制・ヴェルサイユ体制・ヤルタ体制など、何度も「国際秩序」を構築していますが、それらはすべてその時代の覇権国家の合意によって決められ、国際機構によって維持されたものであって、「たったひとりの人物の智」で構築され、「その掌(てのひら)の上」で転がされた国際秩序は後(あと)にも先にもこの「ビスマルク体制」のみで、彼の政才が如何にズバ抜けていたかが窺(うかが)い知れます。

知名度こそナポレオン・ヒトラーに及ばないかもしれませんが、彼が歴史に及ぼした影響は両名に引けを取りません。

　しかし。

　ひとりの"天才"の胸三寸・掌の上で維持されてきた平和は、そうであるが故に殆うい。

　彼の偉大さをまったく理解できない痴者によってビスマルクが失脚したとき、その"支え"を失った平和は音を立てて崩れはじめます。

　そしてそれが、ヨーロッパの"終わりの始まり"となります。

　ひとたび崩壊が始まったが最後、崖を転がり落ちゆく岩の如く、何人たりとも止めることのできない破滅への道を一直線に転がり落ちていき、その先に待ち受けていたものが「第一次世界大戦」「戦間期」「第二次世界大戦」、そして戦後現代と"ヨーロッパ衰亡の歴史"が現在までつづくことになりました。

　いえ、筆者の見るところこれからも。

　今は老醜をさらけ出しながらEUにしがみついてなんとか生き残りを懸けている欧州ですが、これもうまくいくことなく21世紀いっぱいまでに"地球の辺境"として誰も一瞥だにしない小国群に成り下がっていくことでしょう。

　したがって、現代を理解し未来を知るためには、その濫觴となったビスマルクの理解は必須となります。

２０２０年　５月

▌本書の読み方▐

　本書は、初学者の方にも、たのしく歴史に慣れ親しんでもらえるよう、従来からの歴史教養書にはない工夫が随所に凝らされています。

　そのため、読み方にもちょっとしたコツがあります。

　まず、各単元の扉絵を開きますと、その単元で扱う範囲の「パネル（下図参照）」が見開き表示されています。

　本書はすべて、このパネルに沿って解説されますので、つねにこのパネルを参照しながら本文を読み進めていくようにしてください。

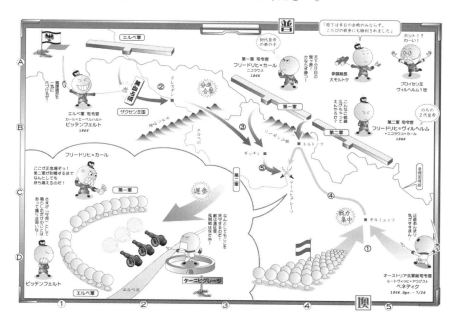

　そうしていただくことによって、いままでワケがわからなかった歴史が、頭の中でアニメーションのようにスラスラと展開するようになります。

　ぜひ、この読み方をお守りくださいますよう、よろしくお願いします。

　また、その一助となりますよう、本文中にはその随所に（A-2）などの「パネル位置情報」を表示しておきました。

　これは、「パネルの枠左の英字と枠下の数字の交差するところを参照のこ

と」という意味で、たとえば（A-2）と書いてあったら、「A段第5列のあたり」すなわち、前ページパネルでは「ヴィルヘルム1世」を示しています。

　なお、本パネルの中の「人物キャラ」は、てるてる坊主みたいなので、便宜上「てるてる君」と呼んでいますが、このてるてる君の中には、その下に「肩書・氏名・年号」が書いてあるものがあります。

　この「年号」について、注意点が2つほど。

プロイセン首相
ビスマルク侯
1862 - 90

　　　　　まず、この年号はすべて「グレゴリウス暦」で統一されています。

　　　　　したがいまして、イスラームを解説したパネルであっても「ヒジュラ暦」ではありませんし、日本の歴史が描かれたパネルであっても「旧暦」ではありません。

　　　　　また、この「年号」は、そのすぐ上の「肩書」であった期間を表しています。

　　　　　したがいまして、同じ人物でも肩書が違えば「年号」も変わってきますのでご注意ください。

　たとえば、同じ「ビスマルク」でも、その肩書が、

「地主貴族四男坊」のときには、彼の生涯期間（1815〜98）が、

「プロイセン首相」のときは、その在任期間（1862〜90）が、

「ドイツ帝国宰相」のときは、その在任期間（1871〜90）が記されています。

　また、本文下段には「註欄」を設けました。

　この「註」は、本文だけではカバーしきれない、でも歴史理解のためにはどうしても割愛したくない、たいへん重要な知識をしたためてありますので、歴史をより深く理解していただくために、本文だけでなく「註」の説明文の方にも目を通していただくことをお勧めいたします。

　それでは、「まるで劇場を観覧しているかの如く、スラスラ歴史が頭に入ってくる！」と各方面から絶賛の「世界史劇場」をご堪能ください。

CONTENTS

第3章　ビスマルクの内政

第4章　ビスマルク外交

最終章　　ビスマルク失脚後

第1章 ビスマルク登場

第1幕

シェーンハウゼンの暴れん坊
ビスマルクの生い立ち

ナポレオンが失脚したまさにその年、次代を担う人物が生を享けた。その者こそＯ・ビスマルクである。彼は思春期・青年期を「ウィーン体制期」という激動の時代を生き、その中で彼の情操は育まれた。やがてフランスで起こった二月革命はドイツに波及し、これを契機として彼の人生も「船出」を迎えることになる。

酒・女・博打・決闘に
明け暮れる学生時代

暴れん坊

〈 ビスマルクの生い立ち 〉

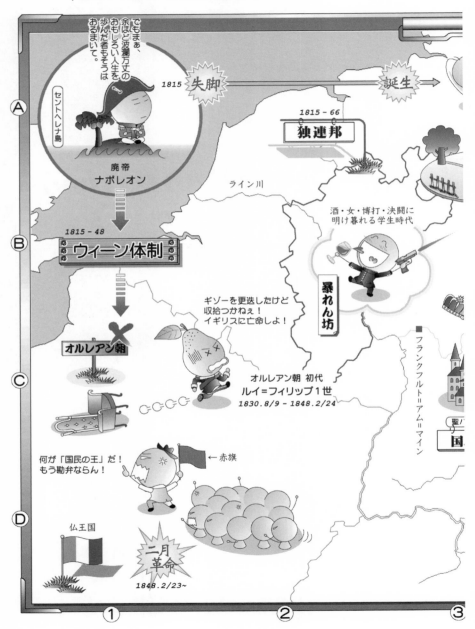

でもまぁ、余ほど波瀾万丈の、おもしろい人生を歩んだ者もそうはおるまいて。

1815 失脚 → 誕生 →

セントヘレナ島

廃帝 ナポレオン

1815 – 66
独連邦

ライン川

1815 – 48
ウィーン体制

オルレアン朝

酒・女・博打・決闘に明け暮れる学生時代

暴れん坊

■ フランクフルト＝アム＝マイン

聖ノ

国

ギゾーを更迭したけど収拾つかねぇ！イギリスに亡命しよ！

オルレアン朝 初代
ルイ＝フィリップ１世
1830.8/9 – 1848.2/24

何が「国民の王」だ！もう勘弁ならん！

←赤旗

仏王国

二月革命
1848.2/23~

A

B

C

D

①　　②　　③

1815〜51年

地主貴族の四男坊
オットー=エドゥアルト=レオポルト
ビスマルク
1815.4/1 - 1898.7/30

普王国

三月革命
1848.3/13〜

ベルリン
100km

エルベ川

シェーンハウゼン

わ、わかったから！
憲法も認めるから！
だから穏便に…な？

国王に対する請願

ホーエンツォレルン朝　第6代
**フリードリヒ=
ヴィルヘルム4世**
1840.6/7 - 1861.1/2

プロイセン国王が
統一ドイツの皇帝に
なってください！

マイン川

パウロ教会

民議会

上意があるならば
時に「下意」が
あってもよかろう！

三月革命
1848.3/13〜

ドナウ川

インスブルック

メッテルニヒを更迭
しても収拾つかねぇ！
ウィーンは棄てて
チロールに逃げる！

ウィーン

埃帝国

オーストリア帝　第2代
フェルディナント1世
1835 - 48

チロール地方

④　　　⑤

13

かつて全欧を 戦 禍〔ウォー・ダメージ〕に巻き込んだナポレオン１世。

そのナポレオンが失脚（A-1）したまさにその年1815年、 彼〔ナポレオン〕と入れ替わるようにして「次代を担う人物」がその産声を上げました。

その人物こそ、現在のドイツの首都ベルリン（＊01）（A-4）から西へ100kmほど行ったエルベ川（A/B-4）の畔〔ほとり〕、風光明媚な牧歌的田園地帯シェーンハウゼン（A/B-3）で地主貴族〔ユンカー〕（＊02）の子として生まれた O．E．L．フォン＝ビスマルク侯〔オットー エドゥアルト レオポルト〕（A-3/4）です。

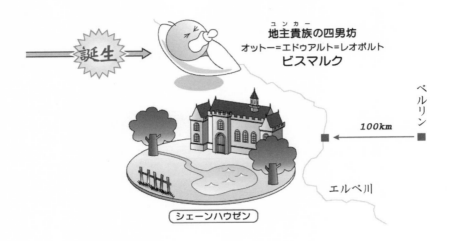

誕生

地主貴族の四男坊〔ユンカー〕
オットー＝エドゥアルト＝レオポルト
ビスマルク

ベルリン

100km

エルベ川

シェーンハウゼン

その年は、ナポレオンによって引っ掻き回されて崩壊した「国際秩序」〔ナショナル・オーダー〕を再構築するべく、全欧全権が集まった国際会議（ウィーン会議）が開かれましたが、そこで「フランス革命以前の"旧 体 制"〔アンシャンレジーム〕の復活」を基本理念とした新・

（＊01）当時はまだ「ドイツ」ではなく「プロイセン王国」の首都。

（＊02）「ユンカー」というのは「エルベ川以東のドイツの地主貴族」を指す言葉で、エルベ川以西の地主とは違って、自分の所有する荘園内において領主裁判権・警察権など、強力な支配力を持ち、かつ、プロイセン王国の将校・官僚を独占していた階級。

（＊03）所謂「天才」と言われる人たちはたいていこうした性質・経歴を持っています。

国際秩序が決定されます。

　これが所謂「ウィーン体制（B-1）」と言われるものですが、"新体制"なのに中身はまるっと"旧体制"という自己矛盾。

　さらには、すでにナポレオンがばら撒いた「自由」「平等」「博愛」を基盤とした革命精神が社会に浸透していたことも相まって、「"旧体制（ウィーン体制）"を打倒して"新体制"を築かん！」とするNationalism運動が各国で頻発するようになり、これを圧殺せんとする体制派との間に激しい衝突と対立抗争が繰り返される時代の幕開けとなります。

　ビスマルクは、まさにこの「ウィーン体制期」という激動の時代に"体制側（支配者階級）"の子として生まれ、その少年期・青年期を旧体制が崩壊していく様を目の当たりにしながら駆け抜けることになったのでした。

　ところで、ビスマルクは子供のころから集団行動・一律教育を嫌い、好きなことはトコトン突き詰める一方で、興味のないこと・嫌いなことはすぐに放り出してしまう傾向が強く（＊03）、したがって中高一貫校（＊04）では決して学業に熱心な方ではなく、むしろサボりがちだったといいます。

　当時の地主貴族の子弟は高校を出たあと、父親の跡を継いで地主となるか、家を出て官僚もしくは軍人となるかのほとんど三択でしたが、彼は嫡男ではない（四男坊）し、軍人は嫌いだったので、消去法で官僚となるべく大学に進学することにしました。

　しかし、案の定というべきか、大学でも学業（お気に入りだった「歴史学」以外）を疎かにし、周りからは「暴れん坊（B/C-2）」と囁かれ、母親が気を揉むほど酒と女と博打と決闘に明け暮れます（B-2/3）。

　大学を出たあとは、一応流れで裁判所に勤めてはみたものの、やはり1年で放り出し、その後も職を転々（＊03）。

　ちなみにビスマルクは、職を転々としていたこのころ兵役義務（＊05）を済ま

（＊04）ドイツで大学を目指すための学校は、日本での中高一貫校に相当する「ギムナジウム」といいます。

（＊05）当時のプロイセンには「すべての成年男子が一定期間兵役を経験しなければならない」という制度（1813年 一般兵役義務制）がありました。

せています。

　そうこうしているうちに、ふらふらしている息子をいつも案じていた母が亡くなり、これを契機として父親に地元（シェーンハウゼン）に呼び戻されて長兄（ベルンハルト）とともに父の跡（地主貴族（ユンカー））を継ぐことになりました。

　以降10年ほどは、地主貴族（ユンカー）として荘園経営に従事することになりましたが、彼の自由奔放さ・やんちゃぶりは鳴りを潜めるどころかさらに激しさを増し、大学時代の「暴れん坊」から格上げ（？）されて、「狂人ユンカー」などと陰口を叩かれるほどでした。

　しかしながら、ビスマルク本人はこうした世間の悪評などまるで意に介せず、どこ吹く風。

　自分の言動を改める素振りは微塵（みじん）たりとも見せませんでした。

　そもそも「人間社会」というものは、その圧倒的多数を占める"凡人の器"に合わせて作られています。

　そんな中に、稀（まれ）に「天才」「大器」「傑物」が生まれると、彼らにはまったく"規格"が合わないので、窮屈で仕方ありません。

　"凡人用に作られた社会の小さな枠"に収まりきらない彼らは「我が道を征（ゆ）く」とばかり、これを無視し、ときにこれを壊してでも自由奔放に動くため、「社会の"枠"にハマって生きることこそ是（ぜ）」と信じて疑わない凡人たちには彼らの言動が理解できず、不快なため、こうした悪評になる（＊06）のです。

　逆に言えば、若いころに周りの人から悪評のひとつやふたつ受けるくらいでなければ天才・大器とはいえず（＊07）、いわば「勲章」のようなもので、そのためビスマルクも世間の評価など意に介さなかったのでしょう。

　坂本龍馬も以下のような歌を残しています。

　── 世の中の　人は何をぞ言わば言え

（＊06）ところが、自分がさんざんコキ下ろしてきた人物が何かしら目に見える形で"実績"を上げると、たちまち掌を返して絶讃しはじめます。いつの世も凡人とはそうしたものです。

（＊07）『三國志』なら、「奸雄」と謳われた曹操はもちろん「仁徳の士」劉備も、若いころはチンピラと徒党を組んでやりたい放題のやんちゃをしていたものです。逆に、若いころからマジメで「八俊」などと讃えられた劉表は、大人になれば小物になり下がっています。

　我が為すること　我のみぞ知る──（＊08）

　時代が違えど国が違えど、大人物たる者、いつの世も同じ想いに至るようです。

　しかしながら、どんな「大器」だろうが「天才」だろうが、彼らが生きた時代が「泰平の世」にあれば、せっかくの才もそれを発揮する場がなく、世間の悪評だけを全身に受けて"実績"を示すこともできぬまま朽ちていくことになります（＊09）。

　如何なビスマルクと雖も、もしこのとき「歴史が動く」ということがなければ、彼はおそらく"名もなき田舎の変人"として、後世その名を歴史に刻むこともなく人生を終えたに違いありません。

　しかし──「その時歴史は動いた」！

　ビスマルク33歳の1848年2月、お隣の国フランスでNationalism^{ナショナリズム}運動の集大成として「二月革命（D-1）」が勃発するや、革命の波がたちまちドイツに波及して全独^{ドイツ}を大混乱に陥れたのです。

ギゾーを更送したけど
収拾つかねぇ！
イギリスに亡命しよ！

オルレアン朝

オルレアン朝　初代
ルイ＝フィリップ1世

（＊08）「世の中の人が自分をどう評価しようが構わぬ、言わせておくさ。
　　　　私の言動の真意を理解できる者など、私以外にいないのだから。」の意。

（＊09）「動乱の世」にはキラ星のごとく大器・英雄が現れるのに、「泰平の世」にはトンと現れないのはこれが理由です。じつはいつの時代にも大器・英雄は生まれているのですが、「泰平の世」では彼らがその才を発揮する機会がないため、変人扱いされたまま終わります。

ちなみに、当時の「ドイツ」は分断状態で、ドイツ諸邦がゆるい連合体「ド
イツ連邦（＊10）（A-2）」を築いていました。

　その諸邦の中の二大勢力が「オーストリア帝国（D-5）」と「プロイセン王国
（A-5）」だったのですが、二月革命の影響は翌3月にはオーストリアの帝都
ウィーン（C/D-5）、プロイセンの王都ベルリン（A-4）に飛び火して「三月革
命（C-4/5 ＆ A-4）」に発展します。

　オーストリアでは、これまでウィーン体制を護るために東奔西走してきた外
相メッテルニヒが罷免され、のみならず、皇帝フェルディナント1世までもが
帝都を棄てて逃げ出さざるを得ない（5月）ほどの大混乱に陥ります。

　プロイセンでは、王宮に『国王に対する請願（＊11）（B-4/5）』を掲げた群
衆が殺到し、一時は市街戦にまで発展したものの、その4日後には国王フリー
ドリヒ＝ヴィルヘルム4世（B-5）御自ら「黒・赤・金（＊12）」の腕章を付け、
その犠牲者たちの墓地の前で謝罪させられたうえ、その年の末（12月5日）に

（＊10）盟主はオーストリア。ドイツ連邦議会はその開催地から「フランクフルト連邦議会」とい
　　　　うことがありますが、「フランクフルト国民議会」と混同しやすいので注意。

（＊11）内容は「憲法の制定」「出版の自由」の要求など。

（＊12）今でこそドイツの国旗ですが、当時は革命派の象徴でした。

（＊13）前年の1847年に地方議会（プロイセン連合州議会）の議員になっていました。

は自由主義的な「プロイセン憲法（A/B-5）」の制定に追い込まれています。

　このように、ドイツの二大勢力たる普墺（プロイセン オーストリア）が相次いでNationalism（ナショナリズム）運動に屈する姿を見るや、その他のドイツ諸邦各地でもNationalism（ナショナリズム）運動が大きな盛り上がりを見せ、「ドイツの統一」と「憲法制定」を目指してマイン川（ほとり）（C-3/4）の畔のフランクフルト（C-3）で「国民議会（C/D-3）」が開催されることになりました。

　こうしたNationalism（ナショナリズム）の嵐が吹き荒れたことが、地主貴族あがりの地方の一議員（＊13）にすぎなかったビスマルクの人生をも激変させ、彼が中央政界に足を踏み入れる契機となったのです。

　Nationalism（ナショナリズム）の猛威を前に、これに臆して自由主義になびく貴族が続出する中、ビスマルクは敢然と強硬保守派に属し、ベルリン三月革命のときには革命勢力から国王を救出するべく武力蜂起しようと兵を集めたり、それが叶わぬとなると、今度は王太弟（のちのヴィルヘルム１世）を担ぎ上げようとしたりしています。

　こうしたビスマルクの言動を知った国王フリードリヒ＝ヴィルヘルム４世は彼のことを「銃剣が無制限に支配する時代にこそ登用すべき人物」と評したと言われています（次幕パネルA-5）。

　これは「平時においては危険人物だが、戦時においては頼もしい人物」という意味で、『三國志』に登場する曹操が若いころ許劭（きょしょう）から「清平の奸賊、乱世の英雄（＊14）」と評されたことを彷彿とさせます。

　他にもビスマルクは、フランクフルト国民議会の議員にもなろうとして断念するなどいろいろ挫折も味わっていますが、そうした挫折も無駄とはならず、これによって彼の知名度は上がり、翌49年、普（プロイセン）政府が新たに設立した議会の下院議員に当選することになりました。

　その直後、フランクフルト国民議会が国民主権・普通選挙を掲げた「統一ド

（＊14）『後漢書』の「許劭列伝」より。
　　　　『三國志』の裴注「異同雑語」を紐解くと「治世の能臣、乱世の奸雄」とあり、「治世（清平）→乱世」の評価がまったく逆となっていますが、こちらは出典の信用度が低い。
　　　　『後漢書』　：マイナス評価（奸賊）→　プラス評価（英雄）
　　　　「異同雑語」：　プラス評価（能臣）→マイナス評価（奸雄）

プロイセン国王が
統一ドイツの皇帝に
なってください！

統一独憲法

聖パウロ教会
国民議会

■フランクフルト

イツ憲法（B/C-4）」と「統一ドイツ帝冠（B/C-3）」を 普国王に献じようと
しましたが、彼は叫びます。

──この憲法を受け入れてはならない！

　　普通選挙など博打と同じだ！

　　大衆どもは、その時々の雰囲気や一時の感情で右に左に大きくブレよる！

　　そんな連中に政治的発言権を与えてはならぬ！

　彼のこの発言は、民主主義の弱点をよく看破しています。

　政治というものは、投薬にも似て、ひとつの政策を打ち出した（薬処方）と
き、それが成果（効用）となって現れるまで何年も何十年もかかることも珍しく
ありません。

　それどころか、場合によっては一時的にマイナス面（副作用）が大きく現れる
こともあります。

　ところが、一般大衆は物事を近視眼的にしか捉える力がなく、こうした政治
の機微がまったく理解できないため、短期で「成果がない！」と政権にソッポを
向いてしまうことがよくあります。

（＊15）これを「はしご受診」といいます。

　これは、せっかく医者が良薬を処方しているのに、薬の成果が現れるまで待てずに勝手に薬をやめてしまい、転医を繰り返す病人[*15]のようなもので、こうなるとそれまでの投薬もすべてが無駄に終わってしまうばかりか、効能が出る前に転医を繰り返すため、時間だけが過ぎ、病状は悪化する一方となります。

　ビスマルクは、そうした点を危惧したのでした。

　また、国民議会の推戴する「帝冠」についても否定します。

── やつらの帝冠など受けてはならない！

　　そもそも玉座というものはもともと王のものであって、

　　議会なんぞから頂くものではない！

　彼のこの演説がどこまで影響力があったのかなかったのかは未知数ですが、普国王フリードリヒ＝ヴィルヘルム4世は「帝冠」を拒絶したため、ビスマルクは胸をなでおろしました。

　そして1851年、国王はついにビスマルクをプロイセンの〝顔〟となる「ドイツ連邦議会　普　全権公使」の地位に大抜擢します。

　あの、「銃剣が無制限に支配する時代が到来したときにのみ登用すべき人物」と評した王が彼を登用したのです。

　フリードリヒ＝ヴィルヘルム4世がいよいよ以て「銃剣が無制限に支配する時代」が到来したと考えたということでしょう。

　しかし、「出る杭は打たれる」。

　それまで一介の下院議員にすぎなかったビスマルクが、いきなり「全権公使」に就いたのですから、反発・やっかみも多く買いました[*16]が、何はともあれ、こうしてビスマルクもいよいよ歴史の表舞台に立つことになったのでした。

────────────────

（＊16）当時「王太弟」だった、のちのヴィルヘルム1世も「たかが民兵（ラントヴェーア）あがりが我が国の全権公使となるのか！？」と不平を隠さなかったといいます。
　　　　彼がこのとき口にした「民兵（ラントヴェーア）」とは、ビスマルクが若いころに経験した兵役義務のときの所属のことを言っています。

Column 溺れたビスマルクの友人

ビスマルクほど毀誉褒貶（きよほうへん）が激しい人物も珍しい。

彼はその実績から「不世出の天才」と絶賛される一方で、既存のどんな常識・行動規範（エートス）にも捉われずに行動したため「狂人ユンカー」「融通無碍（げ）」「邪悪なる者」と陰口を叩かれ、また徹底した合理主義で、情にほだされることなく恩人だろうが親友だろうが躊躇（ためら）いなく切り捨てたため「冷徹者」と忌み嫌われたものでした。

こうしたビスマルクの性質をよく表しているこんな逸話があります。

あるとき彼（ビスマルク）が友人とともに狩を楽しんでいたとき、不意にその友人が底なし沼にはまってしまったことがありました。

友人はずるずると沼に沈みながら必死にビスマルクに助けを求めましたが、森の中のこととてロープもなく、助けを呼びにいく猶予もなく、さりとて沼に近づけば彼（ビスマルク）自身も引きずり込まれてしまう。

そうした八方塞がりの状況にあっても、ビスマルクは狼狽（うろた）えることなく、冷静に言います。

「すまんな。私もそこへは近づけん。

だが、親友のお前が目の前で苦しみながら死んでいくのを見ているのは忍びない。私にできることはお前を楽にしてやることだけだ。」

こう言うと、ビスマルクは銃を取り出して親友の眉間に向けます。

驚いた友人は「殺されてなるものか！」と必死にもがき、自力で沼から脱出することに成功するや、ビスマルクの胸ぐらを摑んで叫びました。

「ビスマルク！　貴様ぁ！」

しかしビスマルクは、胸ぐらを締め上げられながらもこれにも抵抗するでもなく狼狽（うろた）えるでもなく、にっこり。

「ほらね、助かっただろ？」

まことしやかに伝えられるこの逸話、真偽のほどは定かではありませんが、三英傑（信長・秀吉・家康）の時鳥（ホトトギス）の歌同様、真偽云々（うんぬん）より彼の性格をよく表しています。

第2幕

「天下統一は、鉄と血によって」
アイゼルネカンツラー
鉄血宰相の誕生

新王ヴィルヘルム1世が即位したことを契機として歴史が動きはじめた。彼はこの苦況を脱するため、個人的には嫌っていたビスマルクを首相に抜擢する。

ビスマルクは王の期待に応えんと、ただちに「無議会統治」を叫んで、議会を解散し、己が信念に従って「鉄血政治」へと乗り出していく。

無議会統治！

これだけ言っても
理解できぬか、
このバカどもめ！

〈 鉄血宰相の誕生 〉

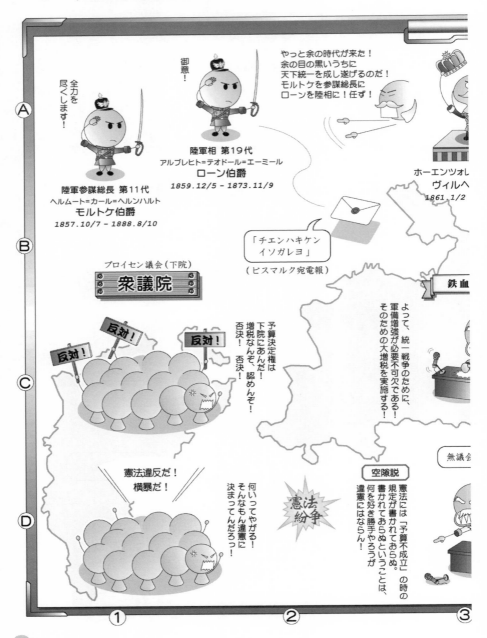

第1章　ビスマルク登場

第2章　ビスマルクの独擅場

第3章　ビスマルクの内政

第4章　ビスマルク外交

最終章　ビスマルク失脚後

うして大きな役職（プロイセン公使）（B/C-5）を手に入れたビスマルクでしたが、1857年、彼を引き上げてくれた国　王（フリードリヒ＝ヴィルヘルム4）が脳卒中で倒れた（＊01）ため、翌1858年から王太弟ヴィルヘルムが「摂政」となったことで、彼の立場は殆うくなってきます。

　なんとなれば、国　王（フリードリヒ＝ヴィルヘルム4）は「保守主義」、摂政（ヴィルヘルム）は「自由主義」で、両者の政策に対する考え方が大きく隔たっていたため、ヴィルヘルムが摂政となるや、ただちに大鉈を振るい、国王の旧臣らを片端から更迭・左遷し、自分の支持者で固めはじめたからです。

　その一環として、当時まだそれぞれ少将にすぎなかったH．K．B（ヘルムート　カール　ベルンハルト）．モルトケ伯爵（A/B-1）とA．T．E（アルブレヒト　テオドール　エミール）．ローン伯爵（A-1/2）を立てつづけに参謀総長（1858年）と陸相（＊02）（1859年）に据えるという大抜擢を行うと同時に、国王によって抜擢されたビスマルクを「駐露（ロシア）大使（B/C-5）」として故国（くに）から遠く離れたロシアの帝都（ペテルブルク）に左遷します。

　しかし、「歴史」はビスマルクがそのまま埋もれることを許しませんでした。

陸軍参謀総長　第11代
モルトケ伯爵

全力を
尽くします！

御意！

陸軍相　第19代
ローン伯爵

やっと余の時代が来た！
余の目の黒いうちに
天下統一を成し遂げるのだ！
モルトケを参謀総長に！
ローンを陸相に！任ず！

（＊01）脳卒中で倒れて以降、フリードリヒ＝ヴィルヘルム4世は精神錯乱に陥って王の責任を果たせなくなりました。

（＊02）翌々年の1861年からは「海相」も兼位させています。

　歴史が大きくうねるたび、ビスマルクは時代に必要とされて引き上げられてきましたが、１８６１年、ふたたび歴史が大きく動いたためです。

　この年、合衆国では　Ａ　.リンカーンが第１６代大統領になると、そのまま「南北戦争（シビル　ウォー）」に突入して大混乱に陥り、その南のメキシコでは「改革戦争（レフォルマ）（１８５８〜６１年）」が終結すると、敗れた保守派がフランスを頼ります。

　これを受けて、仏帝ナポレオン３世は「合衆国（U.S.A.）は南北戦争で身動きが取れない」ところに「メキシコの保守派が頼ってきて大義名分を得た」うえ、自分は「失政つづきで国内の不満を逸らしたい」という欲求があったことから、これに介入することを決意、英（イギリス）・西（スペイン）を伴って「メキシコ出兵」が行われた年でもあります。

　さらにロシアでは皇帝アレクサンドル２世の下「農奴解放令」が発布され、オスマン帝国ではアブドゥル＝アジス１世が即位して近代化運動「恩恵改革（タンジマート）」を続行し、中国では同治帝が即位して近代化運動「洋務」をはじめるという、それぞれ近代化に邁進した年でもありました。

　このように地球規模で大きく歴史が動いた「１８６１年」は、サルディニアがついに「天下統一（イタリア）」を成し遂げ[*03]て、国民国家「サヴォイア朝イタリア王国」を成立させた年でもあり、そしてプロイセンでは国王フリードリヒ＝ヴィルヘルム４世がついに逝去し（A-4/5）、正式にヴィルヘルムが王位に就いた（A-3）年[*04]となりました。

　永らく「分断国家」として並立してきたドイツとイタリアでしたが、ヴィルヘルム１世が即位したその年にイタリアが天下統一を成し遂げたとなれば、彼がこれに刺激を受けないはずもありません。

　ヴィルヘルム１世もまた「天下統一（ドイツ）」を成し遂げんと決意を新たにしますが、そのためには現状の旧態依然とした軍制では身動きが取れず、どうしても軍制改革が必要となることは誰の目にも明らかです。

（＊０３）イタリア人による「半島統一」は、西ローマ帝国が滅亡（４７６年）して以来、じつに１４００年ぶりのことです。オドアケル王国・東ゴート王国・ランゴバルド王国などは、いづれもゲルマン人国家でしたので。

（＊０４）このときヴィルヘルム１世は、すでに６４歳を目前に控えた歳となっていました。

しかし、軍制改革には莫大な予算が必要^{（＊05）}となりますが、ベルリン三月革命の混乱の中で認めさせられていた「プロイセン憲法」では、予算は議会（ 衆　議　院 ）（アップゲオルドネーテンハウス）（B/C-1）の承認を得なければなりません。

　そして、その議会がどうしてもこの予算に首を縦に振ってくれないため、改革計画はその"第一歩"を踏み出す前にいきなり頓挫。

　陸相ローンからは改革をせっつかれ、議会との板挟みにあったヴィルヘルム1世は議会を解散^{（＊06）}して巻き返しを図ったものの、蓋を開けてみれば、改選後は予算反対派がさらに議席を増やしてしまい、改選前より劣勢に追い込まれてしまう有様。

　そこでヴィルヘルム1世は、ついに起死回生の「無予算統治^{（＊07）}」を叫びましたが、これはふつうに考えて「憲法違反」であったため、これに尻込みした時の内閣（アドルフ）の外相・蔵相ら主要大臣がつぎつぎと辞任してしまい、内閣は"半身不随"に。

　こうした情勢にヴィルヘルム1世もついに心が折れ、「退位」を口にするまでになります。

「大臣どもにその程度の覚悟もないとは、余に対する忠心、紙の如し！

　無予算統治を断行する忠節ある者が現れないというならば、余は退位する！」

　国王のこの言葉に焦ったローン陸相は、最後の手に打って出ます。

――まともな者では誰にも務まらないならば、

　　まともじゃないヤツにやらせる他あるまい！

　こうして彼は、独断でひとりの人物に一通の電報を送りました。

「チエンハキケン　イソガレヨ」（B-2）

　それが当時、駐 仏 大使^{（＊08）}（フランス）をしていたビスマルクの下に届くや、彼はただちにパリから馳せ参じて国王に謁見し、自信満々に決意を述べます。

――陛下！　私が来たからにはご安心召されよ。

（＊05）このときローンが提出した改革案を実施するだけで、軍事費は一気に3倍になりました。

（＊06）1862年3月、ヴィルヘルム1世が摂政になった年（1858年）に、彼の肝煎りで組閣した「新時代」内閣（カール＝アントン首相）はここに倒れ、王はホーエンローエ＝インゲルフィンゲン侯アドルフを新首相に任じ、次代を託します。

　私にお任せいただければ、陛下がお望みの「無予算統治」、

　かならずや断行して見せましょう。

　ヴィルヘルム 1 世はもともとビスマルクには不信感を抱いていました[＊09]が、彼の言葉を受け、この男に賭けてみることにします。

「そちがその覚悟を以て事に臨むのであれば、

　余もそちとともに戦うのが王としての義務である。

　ならば、退位はせぬ！」

　こうしてビスマルクは一介の下院議員から始まって、ついに 9 月 23 日、プロイセン第 9 代首相にまで昇り詰めることになりました（B-5）。

　彼は首相になるや、その 1 週間後（9 月 30 日）の所信演説で、あの有名な「鉄血演説（ B-3 ）」を行います。
<ruby>鉄血演説<rt>ブルトウントアイゼン</rt></ruby>

―― 全<ruby>独<rt>ドイツ</rt></ruby>の諸邦が我がプロイセンに期待しているのは自由主義ではない！

　武力による<ruby>天下<rt>ドイツ</rt></ruby>統一である！

　自由主義など、天下を取る意志も力もない小邦に任せておけばよい。

予算決定権は下院にあんだ！
増税なんぞ、認めんぞ！
否決！　否決！

反対！

反対！

鉄血演説

よって、統一戦争のために、
軍備増強が必要不可欠である！
そのための大増税を実施する！

（＊07）「議会の審議を通さず（無予算）政府の思うままに政治を断行する（統治）」というもの。
　　　　ふつうに考えれば「憲法違反」ですが、これを正当化する抜け道（空隙説）もありました。

（＊08）ビスマルクはこの直前（1862 年 5 月）に駐露大使から駐仏大使になっていました。

（＊09）ヴィルヘルム 1 世がビスマルクを嫌っていたのは、王妃アウグスタがビスマルクを嫌って
　　　　事あるごとにビスマルクの悪評を吹聴していたためです。

今、我々が直面している問題（天下統一）は多数決によってではない、
鉄と血（＊10）によってのみ解決されるのである！（C-3/4）

この演説こそ、のちに彼が「鉄血宰相」と呼ばれるようになった所以です。

彼がこの演説で主張していること自体はまったく「正論」なのですが、しかし世の中というものは「正論」をいえば賛同が得られるか、というとそういうものでもなく（＊11）、逆に内外左右の各方面から非難を囂々と受けることになりました（C-1）。

しかし、現在と違ってこのころの首相は「国王に対して責任を負う（＊12）」ため、どれほど議会からの突き上げを喰らおうとも、国王の信任さえ揺らがなければ、ビスマルクの地位はビクともしません。

こうして彼はそのまま議会を解散（D-4/5）し、「無議会統治」を強行しました（C/D-3）。

これは当然に、議員たちから「憲法違反！」の批判を受け（D-1）、彼も憲法の"抜け穴"を利用した「空隙説（D-2/3）」を盾に反論したため、「憲法論争（D-2）」が巻き起こります。

しかしこれは、どう贔屓目に見てもやはり「憲法違反」でしょう。

ビスマルクが"盾"とした「空隙説」などヘリクツにすぎませんでしたし、ビスマルク自身もそんなことは百も承知のうえで敢えてこれを"盾"として突っぱねたのです。

法は決して"完璧なる存在"ではありません。

祖国と国民を護るための法が、憲法制定時にはまったく想定できなかった出来事に逢着し、時に「祖国と国民を亡ぼす元凶」となって襲いかかることがあります。

したがって、時と場合によっては祖国と国民を守るため、敢えて法を破らな

（＊10）この「鉄」とは兵器を、「血」とは兵士を表し、両者で「戦争」を意味しています。

（＊11）現在でもSNS等で「正論」が大炎上などということは珍しくもありません。
　　　大衆というのは理性的に物事を考えることができず、感情で動くからです。

（＊12）現在は「議会」や「国民」に対して責任を負うことが多い。「○○に対して責任を負う」
　　　とは「結果について○○から責任を問われ、辞めさせられることもある」という意味。

けなければならないことはあり得ます^(＊13)が、いつの世も愚人にはこうした道理がまったく理解できません。

　彼らは「門徒物知らず^(＊14)」で、ただただ「法は守らなければならない」一辺倒で、目先に捉われて国家百年の大計がまったく見えません。

　古今を問わず洋の東西を問わず、国家存亡の機にはこうした“（自分では正義の行動と信じて疑っていない）自覚なき国賊^(＊15)”がわらわらと湧いて出るものですが、この者たちをどうやって黙らせるか。

　この“自覚なき国賊”を黙らせることに成功すれば国は繁栄を取り戻し、失敗すれば亡びる —— という法則が人類の歴史を貫いています。

　いつの時代もどこの国も、国が傾くとかならず「独裁者」が生まれるのは、こうした“自覚なき国賊”を力ずくでねじ伏せるため、という側面もあるのです。

　ビスマルクが独裁的になったのもそのためでした。

　こうして彼は「天下統一（ドイツ）」のため、これから多くの外敵と戦っていかねばならないというのに、内にはそうした“自覚なき国賊”とも戦っていかなければならず、彼の前には孤立無援の茨（いばら）の道が広がることになったのでした。

議会
解散

議会は
4年間停止
したうえで…

軍拡のため
大増税を
決行する！

（＊13）本幕コラム「健康のために死を選ぶ者」を参照のこと。

（＊14）ただひたすらに念仏「南無阿弥陀仏」を唱えるばかりで、他のことを一切顧みない様。
　　　　ここでは「法は守らねばならない」というお題目（念仏）に捉われるあまり、「マクロ的視野から見た国益（他のこと）」がまったく見えていない様を表しています。

（＊15）祖国に害を与える人のこと。

「健康のためなら死んでもいい！」とは、本末転倒の笑い話ですが、実際のところ、それに近い人はたくさんいます。

文字通り、「健康のため」と称して無茶な食事制限をかけた結果、摂食障害と精神障害を起こして死んでしまう人もそうですが、特に「法」の世界においてはそうした人が数多く現れます。

そもそも法というものは、「国に秩序を与え、民に安寧をもたらすため」のものですが、所詮人間ごときが創ったものですから完璧（パーフェクト）であるはずもなく、ときにそうした本来の目的が機能しなくなり、逆に「祖国と民族を亡ぼす元凶」になって襲いかかってくることもあります。

こうして「法を守って亡びる」か「本来の機能を失った法を一時停止して危機を乗り越える」かの二者択一（オルタナティブ）に迫られたとき、この道理を理解できず、正義感を以て前者を選ぶ愚者が続出するのです。

西郷従道（つぐみち）は、憲法違反（予算流用）を犯して戦艦「三笠」を手に入れましたが、そのおかげで日本は滅亡の危機を乗り越えることができました。

これが「悪」でしょうか。

ソクラテスや山口良忠（よしただ）は、悪法を守って死んでいきました。

美談として語られることが多いですが、「死んで花実が咲くものか」、悪法を守って死ぬことがそんなに褒められたことでしょうか。

もっとも彼らのように、自分の信念を護るために賭けるものが「自分の命（ポリシー）」だけならどうぞご勝手に、その人の自由です。

しかし、児島惟謙（これかた）のごときは「法を護る」という大義名分のために祖国を存亡の機に陥れました。

これなどは「国賊」として永劫に罵られて然るべき蛮行であるにもかかわらず、今でも「護法の神様」として彼を評価する輩（やから）は後を絶ちません。

そういう者たちは、鹿を追って山が見えておらず、撥ねた雫（しずく）ばかりに目が行って大河の流れが見えていない、「自覚なき国賊」なのですが、本人は「正しい」と信じて疑っていないため始末に負えません。

第3幕

"四面楚歌"の突破口

ポーランド独立暴動

いよいよ統一事業に乗り出すことになったビスマルクでしたが、内には皇太子に疎まれて「孤立無援」、外には露・墺・仏・丁に睨まれて「四面楚歌」。そうした絶望的な状況にありながら、彼は富国強兵に努め、その爪と牙を研いで〝時〟が来るのを待った。そして、その〝時〟はポーランドからやってきたのだった。

独露中立同盟

〈 ポーランド独立暴動 〉

ドイツ統一など
以ての外！

これは今のうちに
シュレスウイヒ公国と
ホルシュタイン公国を
何とかしておかねば
ならんな！

オルデンブルク朝 第16代
フレデリク7世
1848.1/20 - 1863.11/15

Ｊ

シュレスウイヒ

ホルシュタイン

まさに文字通り四面楚歌。
誰が見ても統一など
不可能に見える…が、
ワシにならできる！

ラインラント

独連邦

南ドイツ

ドイツ統一だなんて
とんでもない！
絶対に阻止する！

ボナパルト朝 第2代
ナポレオン3世
1852.12/2 - 1870.9/4

仏

天下統一は成った！
あとは未回収の地
の奪還だな！

サヴォイ朝 初代
ヴィットーリオ＝
エマヌエーレ2世
1861.3/17 - 1887.1/9

チロール

ヴェネツィア

ハ
フラ
1848.

伊

トリエステ

Ａ Ｂ Ｃ Ｄ

① ② ③

1863年

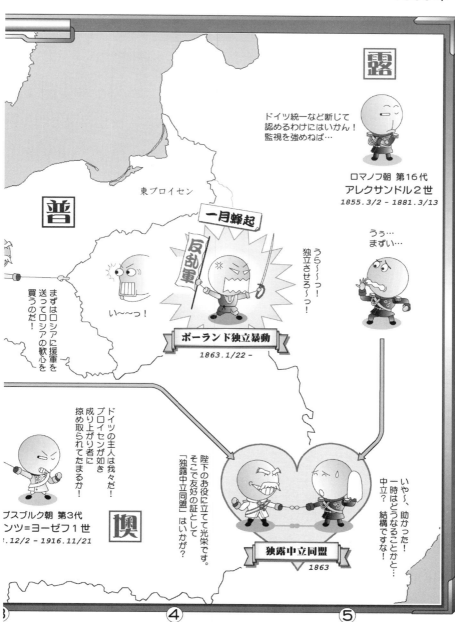

し かし、これほど苦労してようやく議会（衆議院）を黙らせたとは
いえ、これはまだ「天下統一」という大事業のスタートラインに立った
にすぎません。

　そのための道は険しく、問題は山積しています。

　ところで、大業を成すためにはまず「目標」を定めることが肝要です。

　これをあやふやにしたまま動けば、その先に待ち受けているのは〝破滅〟で
す。

　たとえば「フランス革命」。

　この革命を起こした者たちは「何を以て目標達成とするのか」「どうやってこ
の革命を止めるのか」についてまったく考えていませんでした[＊01]。

　ただ感情が爆発して暴れた（バスティーユ襲撃）だけです。

　暴れてみたら王朝が倒れてしまった。

　倒れちゃったから自分たちが政権を担わなければならなくなった。

　にもかかわらず、政権運営のノウハウを知っている者もいなければ、どこに
向かえばいいのか、どうやって革命を止めればいいのかすら誰も知らない。

　だから、フランス革命は10年という長きに亘りだらだらとつづき、血で血
を洗う大混乱となったのです。

　革命を止めたのは、革命推進者の誰でもなく、革命を外からそれを眺めてい
た若き英雄ナポレオンでした。

　またたとえば「十五年戦争[＊02]」。

　この戦争を始めたとき、「何を以て目標達成とするか」「この戦争をどうやっ
て終わらせるのか」、誰も考えていませんでした。

　その結果が、15年にもおよび300万もの犠牲者[＊03]を出す泥沼の大戦争
となったのです。

　逆に「日露戦争」では、10〜20倍もの国力差があったあの大国ロシアを

（＊01）唯一、それを考えていた（と思われる）人物がオノーレ＝ミラボーでしたが、彼は革命の
　　　　初期に病死。当初は統制されていた革命が暴走しはじめたのはそのためです。

（＊02）満洲事変（1931年）から日中戦争を経て、太平洋戦争（〜1945年）までの一連の戦争の
　　　　総称。

たった１年で跪かせることができたのは、開戦前から金子堅太郎をアメリカに飛ばすなど、政府は「どうやってこの戦争を終わらせるか」を綿密に計画していたからです。

ビスマルクほどの人物がそんなことに気づかないはずがありません。

彼は、天下統一に乗り出す前に「何を以て天下統一とするのか」を明確にします。

当時、ドイツの統一方式には大きく分けて「小独主義」と「大独主義」の２つの潮流がありました。

・小独主義：オーストリアを排除してプロイセンを中心とした統一

・大独主義：オーストリアを中心としてプロイセンまで含めた統一

当然、ビスマルクが頭に思い描いていた統一は祖国プロイセンを中心とした「小独主義」です。

具体的には、東は「東プロイセン（Ａ/Ｂ-４）」から西は「ラインラント（Ｃ-1/2）」、南は「南ドイツ（Ｃ/Ｄ-２）」から北は「シュレスウィヒ・ホルシュタイン

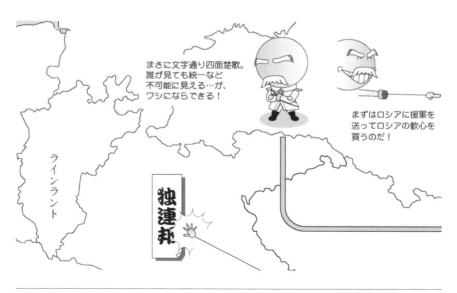

まさに文字通り四面楚歌。
誰が見ても統一など
不可能に見える…が、
ワシにならできる！

まずはロシアに援軍を
送ってロシアの歓心を
買うのだ！

ラインラント

独連邦

（＊03）犠牲者の数は多すぎて諸説紛々、「３００万」というこの数字もその概数にすぎません。

両州（A/B-2）」に至るまで。

　しかし、これを押し進めようとすれば、当然「ドイツ連邦（C-2）」の盟主たるオーストリア帝国との"衝突（戦争）"は避けられないことでしょう。

　さらに、もしドイツに統一王朝が生まれるとなれば、これと隣接することになるロシア（A-5）・フランス（D-1）・デンマーク（A-2）も、統一ドイツという脅威の出現を妨害してくるに決まっています。

　つまりビスマルクは、内にはつねに議会の突き上げを喰らい、王妃からも王太子（＊04）からも疎んじられて「孤立無援」、外には東のロシア、西のフランス、南のオーストリア、北のデンマークという外敵に睨まれて「四面楚歌」という、まさに「前門の虎、後門の狼」という状態で天下統一に邁進しなければなりませんでした（B-2/3）。

　しかも、当時ロシアは東欧随一、フランスは西欧随一、オーストリアは中欧随一の大国でしたから、凡人の目にはどうみても天下統一など「不可能」にしか見えません。

　しかし、かのナポレオンも、凡愚の目にはどうみても「不可能」にしか見えないことを「余の辞書に不可能の文字なし」と言ったとか言わなかったとか。

　天才というものは、凡人にはまったく見えない"突破口"を見つけることができるものです。

　ビスマルクもまた、こうした絶望的状態にあって、老い先短い老王ヴィルヘルム１世から「余の目の黒いうちに天下を統一してみせよ！」と言われて、これを請け負ったのですから、このビスマルクという男、よほどの「大口叩き」か「天才」かのどちらかです。

　ところで、こうした「多勢に無勢」にあるとき、無勢が多勢に対処する戦術はひとつしかありません。

　それが「各個撃破」です。

　たとえ「１vs１」でもそれぞれがプロイセンよりはるかに強いこの露・仏・墺の三大国に丁が加わって結束して東西南北の四方を取り囲んでしまった

（＊04）のちの第２代ドイツ皇帝フリードリヒ３世

らもはや"詰み"ですから、そうならないようにひとつひとつ取り崩していくのです。

　そんなときに事件は起こりました。

　当時のポーランドはロシアに併合されていましたが、1863年1月、彼ら（ポーランド人）が独立暴動（一月蜂起）を起こした（B/C-4/5）のです。

　もちろん時の露帝（ロシア）アレクサンドル2世（A/B-5）はこれに大弾圧を以て（もっ）臨みましたが、こたびの叛乱は勢い盛んで、さしものアレクサンドル2世も手を灼（や）きます。

　これを見たビスマルクは時機（チャンス）到来とばかり動きました（B-3）。

── アレクサンドル陛下。

　　もしよろしければ、我がプロイセン軍が微力ながら陛下にご助力できるか
　　と思いますが。

「ここでロシアに媚（こび）と恩を売っておいて損はない」

　こうしてプロイセンが参戦すると、ポーランド叛乱軍は東からは露軍（ロシア）、西からは普軍（プロイセン）に挟み撃ちされる形となってたちまち崩壊してしまいます。

　思わぬ援軍のおかげで鎮圧に成功して気を良くしているアレクサンドル2世と交渉し、「中立条約（D-5）」を締結することに成功しました。

　これによりビスマルクは、"四面楚歌"の一角（ロシア）を抱き込むことに成功したのです。

い〜〜っ！

一月蜂起

反乱軍

独立させろ〜〜っ！

うら〜〜っ！

ポーランド独立暴動

うぅ…
まずい…

Column 成功者の共通点

歴史上の人物を見渡してみると、2種類のタイプがいます。

「いつまで経ってもチャンスを摑めず、梲の上がらない者」と、

「数少ないチャンスを着実に摑んで、のし上がっていく者」と。

両者の違いはどこにあるのでしょうか。

ナポレオンは言っています。

── 人生という試合でもっとも重要なのは "休憩時間" の得点である。

生きていれば、特別やることもなく「時間が空く」ことはあります。

それはほんの5分10分のこともあれば、何ヶ月何年とつづくこともありますが、こうした "休憩時間" の過ごし方が人生の岐路となります。

前者はこうした "休憩時間" をだらだらと無為にすごし、後者はとりあえず今自分ができることに打ち込みます。

ナポレオンは、子供のころはイジメられっ子、長じては故郷に錦を飾る夢も破れて全財産を失いましたが、そのナポレオンが飛躍の契機となったのは、故郷から帰国後、とりあえずやることもなかった1ヶ月の "休憩時間" に書き上げた1冊の小冊子『ボーケールの晩餐』でした。

その直後に「トゥーロン攻囲戦」が起こりましたが、その小冊子のおかげでまったく無名だった彼に目が止まり、おかげでナポレオンはその攻囲戦で大活躍、一躍有名になることができました。

もし彼が、その1ヶ月の "休憩時間" を無為に過ごしていれば、彼がトゥーロンに呼ばれることもなく、そのまま歴史に埋没して一貧乏将校として消えていったことでしょう。

ビスマルクも、「統一事業」という重責を担って首相となりながら、最初は "時" が満ちるのを待つしかありませんでしたが、その間、漫然と待つのではなく、着々と軍拡や外交根回しなど、"時" が来たときに対応できるだけの準備を怠りませんでした。

であればこそ、ポーランドで「一月蜂起」が起こったとき、ただちに動くことができたのです。

第4幕

"一石四鳥"の離れ業

シュレスウィヒ＝ホルシュタイン戦争

ビスマルクが天下統一（ドイツ）をするためには、シュレスウィヒ・ホルシュタイン両州は必要不可欠だが、このタイミングでデンマークがその領有宣言を発した。ビスマルクはなんとしてもこれを阻止しなければならないが、不用意に動けば大国の介入にあって失敗してしまうだろう。ビスマルクの政治手腕が問われる。

ぜんぶワシの
モンじゃ〜！

〈 シュレスウィヒ＝ホルシュタイン戦争 〉

1863〜65年

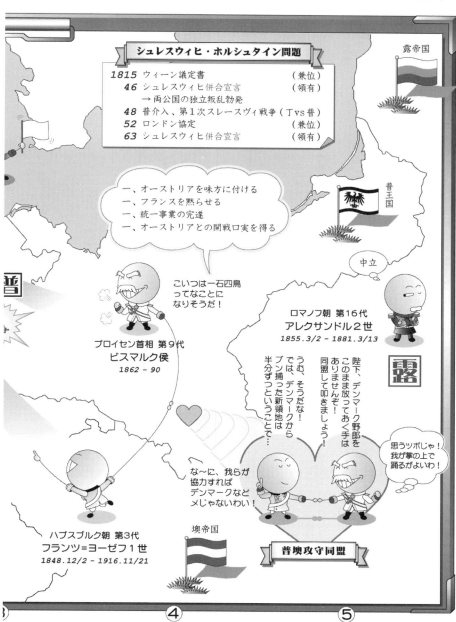

と ころで、「ポーランド独立暴動」が起こり、ビスマルクがその対処に忙殺されていた年（1863年）は、その背後でデンマーク（A-2/3）にも大きな動きがありました。

　時のデンマーク国王フレデリク7世が子なくして亡くなったことで、中世以来400年以上つづいていた名門オルデンブルク朝は断絶し、グリュックスブルク朝に交替していたのです。

　新王朝の開祖となったクリスティアン9世（A/B-1/2）は即位早々難題に逢着して頭を抱えていました。

　じつはこのころデンマークは、ドイツと隣接するシュレスウィヒ・ホルシュタイン両州（B-2/3）を支配していましたが、それは「領有」ではなく「兼位（同君連合）」という形を取っていました（A-4）。

　つまり、「デンマーク王国」と「シュレスウィヒ・ホルシュタイン公国」は形式的にはあくまで "ふたつの国" ですが、デンマーク王が「シュレスウィヒ・ホルシュタイン公」を兼位することで実質的に "ひとつの国" のように統治されていたわけです。

　ところが、ホルシュタイン公位は伝統的にサリカ法（＊01）が適用されていたため、これによると新王クリスティアン9世は女系王（＊02）（A-2）ですからシュレスウィヒ・ホルシュタインを継承できません（＊03）。

　これを避けるため、先王フレデリク7世は死の直前に憲法を改正（十一月憲法）してシュレスウィヒ・ホルシュタインを併合していたため、クリスティアン9世もこれに則って同地をこのまま統治しようとしていました。

　ビスマルクがこれに因縁をつけてきたのです。

　前幕でも触れましたように、ビスマルクの統一事業にはこの「シュレスウィヒ・ホルシュタイン両州」は必須でしたから、この事態を看過することは断じ

（＊01）もともとはフランク人サリー族の法典。その中の「女王および女系王の禁止」規定が有名となり、これに準じた王位継承法を総じて「サリカ法」と呼ぶことがあります。
　　　　そうした意味では、日本の皇室典範も「サリカ法」です（皇室典範 第一条で「皇位は皇統に属する男系の男子がこれを継承する」と明記されていますので）。

（＊02）フレデリク7世の父（クリスティアン8世）の姉（シャルロッテ）の娘（ルイーセ）の夫。

てできません。

　もっとも、当時のビスマルクはポーランドに軍を送り込んでいた最中（前幕参照）の出来事だったため、すぐにはこの問題に介入できませんでしたが、この問題を片づけ、"背後の憂い"を断つ（独露中立条約のこと）や、ビスマルクはデンマークに異議を申し立てます。

──シュレスウィヒ・ホルシュタインはドイツ人の居住地であり、
　　天下統一事業には欠かせぬ地域である。
　　ポーランドによる領有など認められない！

　しかし、だからといってビスマルクはすぐに軍を動員できません。

　じつはプロイセンは、以前にもこの地を狙ったことがあった[*04]のですが、プロイセンの快進撃を見た仏・墺・露などがヨーロッパの勢力均衡が崩れることを懸念して干渉してきたため失敗していました。

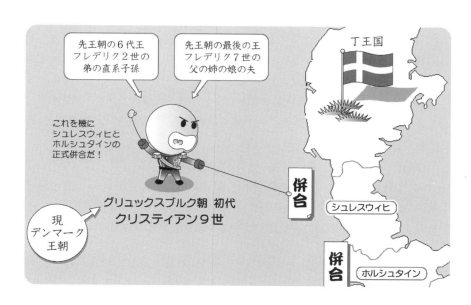

先王朝の6代王
フレデリク2世の
弟の直系子孫

先王朝の最後の王
フレデリク7世の
父の姉の娘の夫

丁王国

これを機に
シュレスウィヒと
ホルシュタインの
正式併合だ！

グリュックスブルク朝　初代
クリスティアン9世

現
デンマーク
王朝

併合

シュレスウィヒ

併合

ホルシュタイン

（＊03）「継承権がない」という意味ではなく、継承順位が落ちてしまうことで継承順位のより高い別の者が継承してしまうという意味です。

（＊04）第1次シュレスウィヒ・ホルシュタイン戦争（A-4）。

今回も、もし普丁開戦となったとき、「１対１」であればデンマークごときに敗けはしませんが、劣勢となったデンマークが仏墺に援軍要請をかけ、デンマークとの交戦中に仏墺に側背を突かれたのではひとたまりもありません。

──開戦前に、外交的根回しをしておかねばならぬ。

　イギリスは長期戦にでもならない限り大丈夫だろう。

　ロシアは中立条約を結んだからよし。（B/C-5）

　問題はフランスとオーストリアか。

　そこでビスマルクは、翌64年、まず墺帝フランツ＝ヨーゼフ１世（D-3/4）に誘いをかけます。

──陛下。

　かの地（シュレスウィヒ・ホルシュタイン両州）は我々ドイツ人のものであるのに、今はデンマークが不法に占領しております。

　ここはひとつ、我々が協力してかの地をドイツ人の手に取り戻そうではありませんか！

　取り返した暁には、シュレスウィヒ州を我が国が、ホルシュタイン州を貴国がそれぞれ領有するというのは如何？

　同じドイツ人だという民族意識をくすぐり、ホルシュタイン州を〝撒き餌〟にしてオーストリアを釣り上げ、これを味方に付けることでフランスを黙らせることもでき（＊05）、まさに一石二鳥（B-4）。

　こうして「普墺攻守同盟（D-5）」が結ばれ、ついに開戦となったのが「（第２次）シュレスウィヒ・ホルシュタイン戦争（＊06）」です。

　戦は普墺連合軍の連戦連勝（B/C-3）、デンマークが〝恃みの綱〟とした仏露の介入はついになく、デンマーク軍は為すすべなく半年と保ち堪え

（＊05）この情勢でフランスがデンマークに加担すれば、フランスはオーストリアとも交戦しなければならなくなります。普墺両国を相手にするとなれば国運をかけねばなりませんが、ナポレオン３世がそんな危ない橋を渡るわけがありません。

（＊06）高校の世界史教科書では「デンマーク戦争（B/C-3）」と書かれていますが、三十年戦争の第２期（デンマーク戦争）との混同を避けるため、本書ではこちらを使用します。

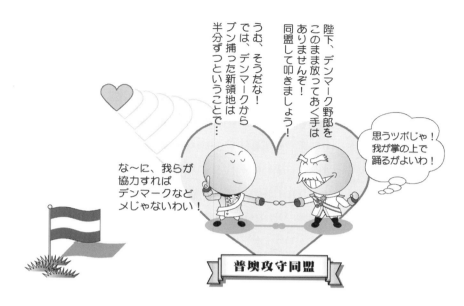

ることもできずに和を請うことになりました。

　こうして、念願のシュレスウィヒ・ホルシュタイン両州を奪取しましたが、戦前の約束通りホルシュタイン州をオーストリアに与えてしまっては、ビスマルクの人生を賭けた大事業「天下統一（ドイツ）」は成りませんから、じつはビスマルクは最初からホルシュタイン州をオーストリアにくれてやるつもりなどありませんでした（B/C-1/2）。

──オーストリアにはホルシュタインの行政権だけを与えましょう。（C/D-2）

　あっさりと約束を反故（ほご）にされそうになり、怒り心頭のオーストリアでしたが、オーストリアは国内事情のために身動きが取れず（＊07）、それを承知のビスマルクが強気に出たため、結局、ビスマルク主導（イニシアチブ）の下、オーストリアの温泉地ガスタインで以下のように定められました。

・シュレスウィヒ州の行政権はプロイセン、ホルシュタイン州の行政権はオー

──────────

（＊07）オーストリア帝国は大国とはいえ、その蓋を開けれてみれば、チェック人・スロヴァキア人・ハンガリー人・ルーマニア人など異民族の混成部隊であったため、連戦となると士気の低下が著しく、原則として連戦できないという構造欠陥を抱えていました。

ストリアに帰属するものとする。

・ただし、軍道・電信・郵便等は両州ともにプロイセンの管理とする。（C-1）

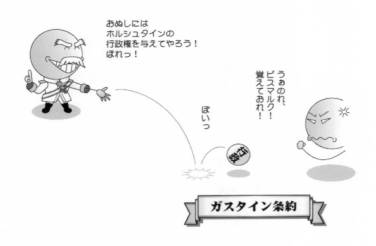

これが「ガスタイン条約（D-2/3）」ですが、これはいわば、形の上では攻守同盟の内容を守ったように見せかけながら、実質的にはプロイセンの両州総取り状態だったため、オーストリアの深い恨みを買うことになりました。

こうしてビスマルクは、オーストリアの虎の威を借りてフランスへの牽制とすると同時に、オーストリア軍を利用してシュレスウィヒ・ホルシュタイン両州を手に入れ、わざとオーストリアの怒りを買うことでオーストリアを潰す戦争口実も得る（B-4）。

先の「二鳥」と合わせれば、「一石四鳥（B/C-4）」ともいうべき離れ業をやってのけ、ついに宿願のシュレスウィヒ・ホルシュタイン両州を手に入れます。

すべてはビスマルクの掌の上で動いていたのでした。

第5幕

「親友」の囁き

ビアリッツ会盟

デンマークを倒したビスマルクの〝次なる敵〟はオーストリア。しかしその前にフランスのナポレオン3世に中立を約束させなければならない。とはいえ、ナポレオンがプロイセンのために動いてくれるはずもなく、どうすれば…。それにイタリアも味方に付けておかねば。ビスマルクに休息の日は訪れない。

ライン左岸

え、それくれるの!?

ビアリッツ密約

〈 ビアリッツ会盟 〉

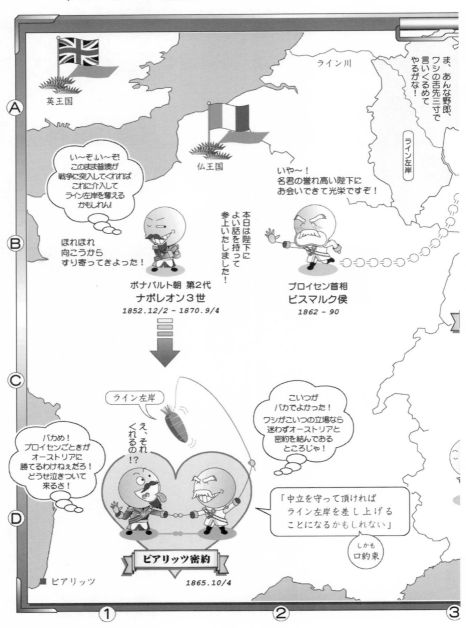

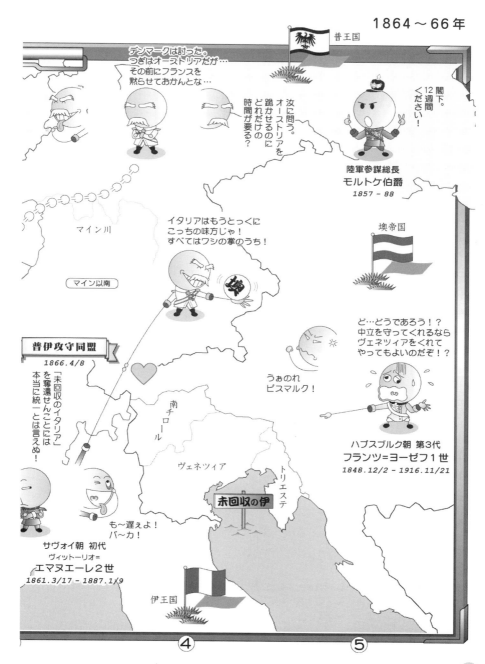

天下を統一するためには、"目の上のタンコブ"たるオーストリアとの決戦は避けられないと考えていたビスマルクは、デンマークとの諍いを利用してオーストリア軍を"手駒"として使い、これをわざと怒らせ、戦争口実を設けることに成功しました。

これはまさに『三國志(演義)』の中で荀彧(＊01)が仕掛けた「駆虎呑狼の計」を彷彿とさせる計略です。

「駆虎呑狼」とは、「虎(劉備)をけしかけて豹(袁術)を襲わせ、その隙に狼(呂布)が虎の巣穴(徐州)を奪う」という計略でしたが、この「虎」をオーストリア、「豹」をデンマーク、「狼」をプロイセン、「巣穴」をシュレスウィヒ・ホルシュタインと見立てれば、「オーストリアをけしかけてデンマークを襲わせ、その隙にプロイセンがシュレスウィヒ・ホルシュタインを奪う」となり、今回のビスマルクの計略とそっくりです。

『三國志』では、巣穴(徐州)を奪われた虎(劉備)とこれを奪った狼(呂布)は敵対関係に入りました(＊02)が、果たせる哉、今回も巣穴(シュレスウィヒ・ホルシュタイン)をめぐって虎(オーストリア)と狼(プロイセン)は敵対関係になります。

もはや開戦は決定的となり、ビスマルクは来たるべき決戦に備えて着々と戦争準備を整えていきます。

このとき、ビスマルクにとってもっとも大きな懸念となっていたのはフランス、ナポレオン3世(B-1)でした。

―― オーストリアと戦になったとしても「1対1」なら勝算はある。

　　問題はナポレオンだ。

　　ここでフランスに介入されては非常に困る。(A-3/4)

そこで1865年5月、ビスマルクはナポレオン3世に会見を申し入れ(B-2)、両名はフランスの保養地ビアリッツ(D-1)で会見することになりました。

ビスマルクは提案します。

(＊01)魏の曹操の参謀。荀子の13世末孫と言われ、曹操をして「我が子房」、鍾繇をして「顔回以来の傑物」、司馬懿をして「百数十年にわたって荀彧ほどの賢才はおらぬ」、陳寿をして「王佐の風格」と言わしめたほど、各方面から絶賛された人物。

――陛下、如何でありましょうや。

　もし近い将来、我が国（プロイセン）とオーストリアが開戦となった暁には、

　陛下にあられせられましては、是非「好意的中立」を守っていただきたい

のですが。

　もちろん、ナポレオン３世は介入する気満々（A/B-1）でしたから、このビスマルクの要求に対して「諾（ウィ）」とも「否（ノン）」とも答えず、のらりくらりとお茶を濁そうとします。

　しかし相手が悪すぎました。

　ナポレオン３世はけっして愚帝ではありませんでしたが、さりとてお世辞にも賢帝とは言えず、敢えて申さば〝凡帝〟でしたが、これに対してビスマルクはその名を歴史に留める大宰相です。

　あまりにも役者が違いすぎて、ナポレオン３世ごときの外交駆引（かけひき）など通用する相手ではありません。

い～ぞ、い～ぞ！
このまま普墺が
戦争に突入してくれれば
これに介入して
ライン左岸を奪える
かもしれん！

ほれほれ
向こうから
すり寄ってきよった！

本日は陛下に
よい話を持って
参上いたしました！

いや～！
名君の誉れ高い陛下に
お会いできて光栄ですぞ！

ボナバルト朝 第2代
ナポレオン３世

プロイセン首相
ビスマルク侯

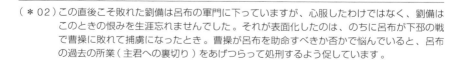

（＊02）この直後こそ敗れた劉備は呂布の軍門に下っていますが、心服したわけではなく、劉備はこのときの恨みを生涯忘れませんでした。それが表面化したのは、のちに呂布が下邳の戦で曹操に敗れて捕虜になったとき。曹操が呂布を助命すべきか否かで悩んでいると、呂布の過去の所業（主君への裏切り）をあげつらって処刑するよう促しています。

──陛下。ここはひとつ腹を割って話し合いましょう。

　私が遠路はるばるここまでやってきたのは「プロイセン首相」としてではありません、陛下の「親友」としてやってきたのです。

　その私が陛下が損をするようなことを提案するわけがないでしょう。如何でありましょうや。

　もし陛下が中立を約してくださるというのなら、我が国としては、ライン左岸を陛下に差しあげることも可能かと存じ上げます。（D-2/3）

　ライン左岸（A/B-3）！

　ナポレオン3世が来たるべき普墺戦争に介入する気満々だったのは、ここをうまく立ち回って「ライン左岸」を手に入れんとする野心があったためです（A/B-1）。

ライン左岸

え、それくれるの！？

こいつが
バカでよかった！
ワシがこいつの立場なら
迷わずオーストリアと
密約を結んでおる
ところじゃ！

「中立を守って頂ければ
ライン左岸を差し上げる
ことになるかもしれない」

しかも
口約束

ビアリッツ密約

（＊03）「口約束では約束を反故にされても文句が言えないではないか！」と思われるかもしれませんが、ナポレオン3世もバカではありませんので、そんなことはわかっていました。
　しかし、彼は「普墺が開戦となれば、プロイセンもそれなりに善戦するだろうが、結局はオーストリアが勝つだろう」と考え、「したがって、敗色濃厚となればどうせ私を頼ってくるはず。そのときに『ビアリッツ会盟の履行』を迫れば、ビスマルクも呑まざるを得まい」と想定していたのでした。結果的にすべてハズレましたが。

　それが「ただ黙って見ているだけ」で手に入るというのなら、こんなおいしい話はありません。

　目の前に“にんじん（C/D-1/2）”をぶら下げられたナポレオン３世も「それなら！」とこの話に乗ってきます。

　もちろんビスマルクは、ナポレオン３世が「ライン左岸」を狙っていることを百も承知だったからこそ、この“餌”を持ち出したのですが、ビスマルクの本心はこれをくれてやるつもりなど毛頭ありません。

　目の色を輝かせて身を乗り出すナポレオンに、ビスマルクはこうつづけます。

――されど陛下。

　　先ほども申し上げましたように、今日、私がここにやってきたのは「プロイセン首相」としてではなく「親友」としてです。

　　したがいまして、この合意を書面に認めることができないことをお察しいただきたい。

　　しかし、私と陛下の間のことです、そこはご信頼あれ。

　このため、こたびの“約定”は書面に認められることなく口約束にすぎなかった(＊03)ため、「ビアリッツ条約」とは呼ばれず、単に「ビアリッツ会盟」とか「ビアリッツ密約（D-1/2）」と呼ばれることになりました。

――よし、これでフランスは動かぬ。

　　ロシアとは中立条約を結んで友好を維持しているし、

　　デンマークは先の戦に敗れたばかりで動けまい(＊04)。

　　しかし、勝利を確実なものとするためにはまだ足らぬ！

　すぐれた策士というものは、普通の人が「そこまでせんでも…」と思うくらい、十重二十重に策を繞らせておくものです。

　「第一の作戦」が失敗したら「第二の作戦」、それが失敗しても「第三の」…といった具合に。

　神様でない以上、失敗しない人などいませんが、すぐれた人物が驚くほど失

（＊04）このときだけでなく、デンマークは「シュレスウィヒ＝ホルシュタイン戦争」に敗れて以降、現在に至るまで、ヨーロッパの覇権争いに名を連ねることはなくなり、国内的には民主化が、外交の場では中立主義が進むことになりました。

敗が少ないのはそうしたわけです。

　たとえば日本連合艦隊参謀の秋山真之などは、日露戦争において、絶対に失敗の許されない「日本海海戦」にあたって「七段構えの戦法」を以て臨んだものです。

　その「第一段」では連繋水雷（＊05）による先制攻撃を企図していたものの、これは海が荒れていた（＊06）ために使えませんでしたが、「第二段」、それでも決着がつかなければ「第三段」「第四段」と詰め将棋のように作戦を実行していきました。

　結局、「第四段」でバルチック艦隊の撃滅に成功したため、「第五段」以降を用いることはありませんでしたが、すぐれた軍師はさほどに用心深いもの。

　ビスマルクも同じです。

　ところで古今東西、「名将」「名参謀」「名軍師」と言われる人は、詭計奸計を用いて敵の裏を掻き、策を弄して敵の側背を突き、つねに権謀術数を繞らすもの。

　「策を用いず正面から正々堂々と戦う！」というのは、人間的には好感は持てるかもしれませんが、李左車の策を無視して正面から攻めて大敗を喫した趙将陳余や、ベトンで固められた旅順要塞に何の策もなく正面突撃を繰り返して甚大な損害を出した伊地知幸介の例を挙げるまでもなく、そうした将は総じて「無能」です（＊07）。

　老獪にして狡猾、奸智に長けたビスマルクともあろう者が、これから大国オーストリアとの決戦を控えて「正面から正々堂々と戦う」などと考えるはずもなく。

　戦略上もっとも容易でもっとも効果があるのが「挟撃」でしたから、そこでビスマルクが目を付けたのがイタリア（D-4）でした。

（＊05）連繋水雷とは「水雷をロープで繋げて横に浮かべたもの」で、敵艦がそのロープに触れると、たぐり寄せられるように水雷が敵艦に接触してこれを爆沈させるという新兵器。

（＊06）開戦とともに大本営に送った電文「本日、天気晴朗ナレトモ波高シ」は、「空は晴れ上がっており視程がよいのだが、海は荒れていて第一段（連繋水雷による攻撃）は使えなくなった」という意味だと言われています（他説あり）。

　じつは当時のイタリアは、1861年に「半島統一を成し遂げた！」と喧伝して「イタリア王国」を称していたものの、実際には、ラツィオ・ヴェネツィア（C/D-4）・トリエステ（C/D-4/5）・南チロール（C-4）といった、いまだ回収できていない重要拠点がいくつも残っていました。

　ラツィオは古都ローマを中心とする行政区で、日本でいえば「関東地方」に相当する重要地域でしたし、ヴェネツィア・トリエステは商業が発達した地域でしたから、日本なら「阪神」に相当するような地域。

　そして南チロールは、イタリアの「最北の地」「産業は乏しいが自然は豊か」「他国に占領されて久しい」といったところから、さしずめ日本でいえば「北方領土」をイメージする地です。

　南チロールはまだしも、これらラツィオ・ヴェネツィアを領有せずして「統一」とは片腹痛し。

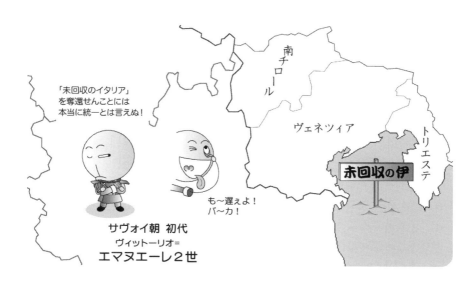

（＊07）「正面作戦」は、たとえ結果的に戦に勝てたとしてもそれを指揮した将は凡そ無能です。戦というものは「目先の局地戦の勝利」よりも、「如何に自軍の損害を少なくするか」の方が戦略上圧倒的に重要であって、正面作戦は勝てたとしても自軍の損害が大きくなるためです。逆に言えば、（ケースバイケースとはいえ）「甚大な損害を被った勝利」より「被害の少ない敗北」を選ぶ将の方が有能ということです。

当然イタリアも「完全統一！」を目指していましたが、このうち特にヴェネツィア・トリエステ・南チロールの３地域は大国オーストリアに占領されていており、おいそれと手が出せるものではありません。

　つまり、今や 普 伊 にとってオーストリアは"共通の敵"となっていたわけで、そこでビスマルクは１８６６年４月、イタリアを誘ってオーストリアを仮想敵国とした「 普 伊 攻守同盟（B/C-3）」を結びます。

「これより３ヶ月の内に 普 伊 のどちらか一方が対 墺 開戦した暁には、

　　もう一方の国もただちに参戦すること。」

　その期限をわずか「３ヶ月」と切ったのは異常な短さですが、その事実こそ、このときすでにプロイセンが「３ヶ月以内の開戦」を決意していたことを意味しています。

　そしてこれにより、プロイセンが「天下統一」を賭けて北から、イタリアは「未回収地奪還」を賭けて南からオーストリアを挟撃することが可能となりました。

　これで細工は流々、準備は万端、あとは仕上げを御覧じろ。

　ビスマルクの"仕上げ"は、ちょいと"ある情報"を流してやるだけでした。

　それが、ビアリッツでの 普 仏 間の密約情報です。

　これを知った 墺 帝フランツ＝ヨーゼフ２世（C-5）は激怒。

　開戦を決意したオーストリアは、背後の憂いを断つため、イタリアに「中立を守ってくれるならヴェネツィアを譲る用意がある」と打診（C-5）しましたが、すでにイタリアはプロイセンと「攻守同盟」を結んでいましたし、参戦すればヴェネツィアどころか、南チロール・トリエステまで奪還できるかもしれないためこれを無視（C/D-3/4）、 普 墺 戦争勃発とともにプロイセン側に立って参戦することになります。

　すべてはビスマルクの 掌 の上（B-4）。

　そして最後のダメ押しに、ビスマルクは６月７日、オーストリアとの懸案となっていたホルシュタイン州に軍を進めてオーストリアを挑発すると、その１週間後の１４日にはオーストリアに操られた「ドイツ連邦」がこれに非難決議を行ったためプロイセンは連邦を脱退。

　翌１５日には、プロイセンは最後通牒を突きつけて軍を動員、ここに

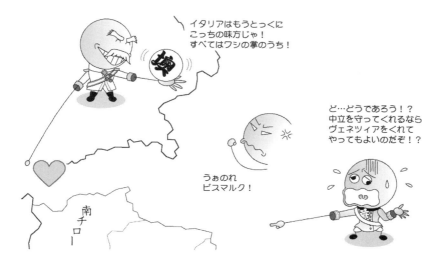

イタリアはもうとっくに
こっちの味方じゃ！
すべてはワシの掌のうち！

ど…どうであろう！？
中立を守ってくれるなら
ヴェネツィアをくれて
やってもよいのだぞ！？

うぉのれ
ビスマルク！

南チロー

第１章　ビスマルク登場

第２章　ビスマルクの独擅場

第３章　ビスマルクの内政

第４章　ビスマルク外交

最終章　ビスマルク失脚後

「 普 墺 戦争 」が勃発（＊08）することになりました。

　こうしてひとたび戦争が勃発してしまえば、戦略家としてのビスマルクの仕事はここまで。

　あとの戦術に関することは参謀総長モルトケにすべてを託します。

　されどその“バトン”を渡す前に、ビスマルクはモルトケに確認しておきたいことがありました。

　先にも述べましたようにオーストリア帝国と言えば、大国中の大国。

　それに対してプロイセンは小国。

　当時、新聞一面を「 普 墺 開戦！」の見出しが踊ったとき、ヨーロッパの人々はビスマルクを嗤ったものです。

「ビスマルクは狂ったぞ！

（＊08）普墺戦争の勃発は、プロイセンがホルシュタイン州に侵寇した「６月７日」とする説、ドイツ連邦とプロイセンが決裂した「６月14日」とする説、プロイセンが実際に軍を動員した「６月15日」とする説があります。ふつうに考えれば、プロイセンが軍を動員した「15日説」が妥当と思われますが、別名の「七週間戦争」という名は、「６月７日」から数えたときに仮条約の締結（７月26日）までを数えたものです。

プロイセンのごとき小国が、大国オーストリアに勝てるわけがなかろう！

ビスマルクは何がしたいのだ？　祖国を亡ぼしたいのか！？」

しかし、こうした評を下した人々は大きな勘違いしています。

日露戦争をはじめとして、歴史上、小国が大国に勝った例などいくらでもあります。

したがって、小国プロイセンにも勝機がないわけではありません。

ただし、その確率が低いことは確かですし、小国が大国に勝つためにはクリアしなければならない"絶対条件"があります。

この条件を満たさずして小国が大国に勝った事例は人類史上ひとつたりともありません。

それが「短期決戦」です^{（＊9）}。

その点を確認するために、開戦直後、ビスマルクは参謀総長モルトケを呼び出して詰問しました。

「閣下、お呼びでございましょうか」

──うむ。卿を呼んだのは他でもない。

　　こたびの大戦は、勝機はどこにあると考えておる？

「それはもう"短期決戦"しかありません！」

──うむ。では、そのうえで今一度汝に問う。

　　卿はいったい如何ほどの時間があれば　敵　を跪かせることができるかね？（A-4）

「閣下。どうか12週間ください。（A-5）

　　12週間いただければ、かならずやオーストリアを跪かせて見せましょう！」

「12週間（3ヶ月）」とは大きく出たものです。

あの大国オーストリアをたったの「3ヶ月で降伏させる」など、これを常識でしか物事を考えることができない凡相が聞かされたならば「そんな大言壮語、

（＊9）　ボクシングで喩えるなら、3R（ラウンド）で息が上がってしまうスタミナ不足のボクサー（小国）と、12Rフルで戦ってもスタミナの切れないボクサー（大国）が戦うとき、スタミナ不足のボクサーに勝機があるとしたら、相手を3R以内に倒す（短期決戦）以外に道はありません。それと同じです。

聞きたくもないわ！」と怒ったことでしょう。

　しかし、「 天才（ビスマルク）、天才（モルトケ）を知る（＊10）」。

　じつはビスマルクとモルトケは性格が真逆で気が合わず、けっして仲がよいわけではありませんでしたが、モルトケはビスマルクの才を高く評価し、ビスマルクはモルトケの采配に絶大な信頼を寄せていましたから、モルトケの「12週間」という数字にもビスマルクは動じません。

──よし、12週間だな。

　ならばその12週間、私が責任を以（もっ）て要求されるだけの兵員・武器・弾薬・兵糧・軍馬・医療具・軍服、その他一切の輜重（しちょう）（＊11）を前線に送りつづけよう。

　ただし、13週目はないと思いたまえ。

　我が国は12週間でその国力のすべてを出し尽くす。

　13週目に入ったら、弾の一発、麦の一粒も送られてくると思うな。

　兵法に「 小出し遅出しは兵法の愚 」という言葉がありますが、まさにビスマルクは少ない国力を出し惜しみ（小出し）することなく短期のうちに一気に吐き出すことで勝負を決めようというわけでした。

閣下。12週間ください！

汝に問う。オーストリアを跪かせるのにどれだけの時間が要る？

陸軍参謀総長
モルトケ伯爵

（＊10）「 天才の言動を真に理解できるのは天才だけである 」という意味。
　　　しかしながら、この言葉の "真意" を理解できている人はほんとうに少ない。
　　　詳しくは、本幕パネル「 天才、天才を知る 」を参照のこと。

（＊11）軍隊において、前線に補給するべき一切の軍需物資の総称。

Column 「天才、天才を知る」

「天才、天才を知る」という言葉について、以前ネットの質問箱で、「凡人が『この人は天才だ』と考える人は天才ではないのでしょうか?」という質問を見たことがありますが、これに回答していた人は誰ひとりとしてこの言葉の真意を理解できていない、トンチンカンでピント外れなものばかりでした。

天才というのは凡人にはまったく理解できない言動をよく取ります。

したがって凡人は、天才が"結果"を出すまでは、彼を「天才」だと認識できず、「変人」、場合によっては「狂人」と評価します。

ところが、その天才が"結果"を出した途端、「あの人は天才だ!」と掌返しをしますが、それは"結果"を見てそう思っただけであって、天才の言動が理解できたからではありません。

また、凡人が運と時流のみで大きな実績を上げることがありますが、"結果"でしか物事を判断できない凡人は、その人のことを「天才だ!」と絶讃し、やがてその人が没落すると「なぁんだ、運がよかっただけの凡人だったか」とふたたび掌を返します。

これに対して、天才は天才の言動がよく理解できるため、その人が実績を上げる前の無名時代からその言動だけを見て「この人は(俺と同じ)天才だ」と断ずることができますし、逆に凡人がどんなに実績を上げようが、「この人は運がよかっただけの凡人」と見切ることができます。

これが「天才、天才を知る」という言葉の真意です。

以前、野球選手のイチローが大リーグに挑戦しようとしたとき、「あんな小さな体で通用するわけがない」「大リーグはそんなに甘くない!」という雑音があちこちから聞こえてきました。

ところが、いざ大リーグに行ってみれば、「通用する」どころの話ではない、「歴史に名を刻むほどの大活躍」を見せます。

すると、イチローの大リーグ挑戦をさんざん誹謗していた輩がとたんに掌を返し「天才!」と賛辞を贈る。これが「凡人」の実態です。

第6幕

砲声に赴け!

普墺戦争
プロイセン オーストリア

ついに普墺戦争の火蓋は切られた！

しかし、プロイセンに倍する人口を抱えた大国オーストリアは強敵。そのうえ「ドイツ連邦」の主要国までオーストリア陣営に付いてしまい、四面楚歌。

凡将ならば悲嘆に暮れようこの状況にありながら、参謀総長モルトケには勝算があった。

「陛下は本日の会戦のみならず、
　こたびの戦争にも勝利されました」

参謀総長
大モルトケ

〈 普墺戦争 〉

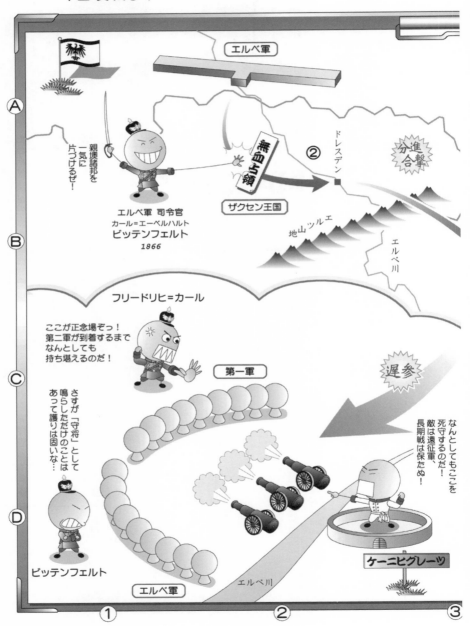

第6幕　普墺戦争

第1章　ビスマルク登場

第2章　ビスマルクの独擅場

第3章　ビスマルクの内政

第4章　ビスマルク外交

最終章　ビスマルク失脚後

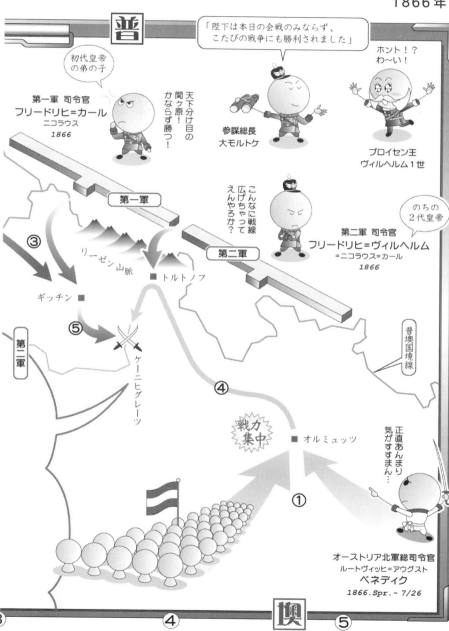

1866年

普

「陛下は本日の会戦のみならず、
こたびの戦争にも勝利されました」

ホント！？
わ〜い！

初代皇帝
の弟の子

第一軍 司令官
フリードリヒ＝カール
ニコラウス
1866

天下分け目の
関ヶ原！
かならず勝つ！

参謀総長
大モルトケ

プロイセン王
ヴィルヘルム1世

第一軍

こんなに戦線
広げちゃって
えんやろか？

のちの
2代皇帝

第二軍

③

リーゼン山脈

第二軍 司令官
フリードリヒ＝ヴィルヘルム
＝ニコラウス＝カール
1866

トルトノフ

ギッチン

⑤

第二軍

ケーニヒグレーツ

普墺国境線

④

戦力
集中

オルミュッツ

正直あんまり
気がすすまん…

①

オーストリア北軍総司令官
ルートヴィッヒ＝アウグスト
ベネディク
1866.Spr.‒7/26

墺

④

⑤

こ　のように、ビスマルクが「戦略」を立て、モルトケが「戦術」を練る。
この二人が動きやすいようにローンが体制を整え[＊01]、この三者の連携がうまく噛み合ったことが、プロイセンの勝因と言えました。

── ビスマルクが敵を絞り、　　　（外交）

　　ローンが剣を研ぎ、　　　　（軍制改革）

　　モルトケがその剣を振るう。（戦争）

　ここまで、外にビスマルク・内にローンがお膳立てをしました。

　あとはモルトケが敵（オーストリア）を討ち破れば完了です。

　確かに敵（オーストリア）は大国。

　当時プロイセンの人口 1800 万に対し、オーストリアの人口 3500 万と、プロイセンに倍する人口を抱えていました。

　人口こそが経済力を支え、経済力が軍事力を支えますから、人口が半分というのは如何にも厳しい。

　しかしながら。

　確かにその軍事力は「数」に恃んで見た目に威容を誇り、優勢にあるときこそ勢い盛んかもしれませんが、その軍隊もひと皮めくれば、多民族で構成されていたため忠誠心も士気も低く、ひとたび劣勢に陥ったとき、ふんばりが利かずたちまち雲散霧消するような箍のゆるい軍隊です[＊02]。

　そのうえ、多民族国家の哀しさ、その唯一恃みの「数」もつねに国内叛乱に睨みを利かせるため一定の兵力を国内駐屯軍に割かざるを得ず[＊03]、さらには「ビスマルク外交」の成果により南からイタリア軍が攻め上がってきたため、これにも兵を割かねばならなくなって、「数の優位」すら絶対的なものでもなくなってしまいます。

　しかし、それよりも致命的な問題は墺（オーストリア）軍の戦術思想が古かったこと。

（＊01）このあたり、『三國志』の赤壁の戦のころの「孫劉同盟」で喩えるとわかりやすいかもしれません。諸葛亮（ビスマルク）が戦略を練り、周瑜（モルトケ）が前線で戦い、魯粛（ローン）が両者の仲を取り持つ。この３人の誰が欠けても勝利はなかったでしょう。

（＊02）先と同じく「赤壁の戦」で喩えるなら、さしずめオーストリア軍は「曹操軍」となります。確かに大軍なれど、その中身は士気の低い河北兵・荊州兵その他の混成軍でした。

　組織というものは、伝統が永くなればなるほど"組織疲労"が起こって柔軟性を欠くようになり、硬直化し、改革しにくい体質となっていくものです。

　中世以来の永い伝統をもつオーストリアも当時すでに改革精神を失っており、たとえばこの60年ほど前、「パン屋の親父や葡萄畑の農夫が集まった烏合の衆」と見下していたナポレオン軍に完膚なきまでに敗れ去り、自国の後進性が白日の下にさらけ出されたときですら、近代化に着手することなく旧態依然とした軍制をつづけています。

　時の皇帝フランツ＝ヨーゼフ1世は治世67年にわたって、時代錯誤極まりない「王権神授説」を信奉し、改革を断固拒否しましたが、時代はつねに移ろいゆき、その時代に合わせて改革できない組織は、それがどんな大帝国であろうが例外なく、新しい時代に適応できずに亡ぶ運命にあります。

　これに対してプロイセンは、ナポレオン軍に敗北(＊04)したショックからただちに近代化(＊05)に着手しています。

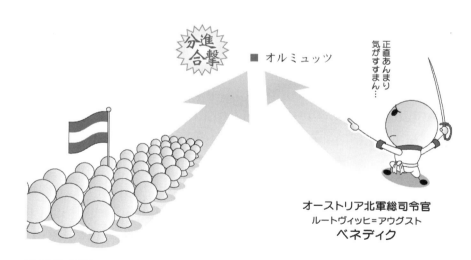

分進
合撃

■ オルミュッツ

正直あんまり
気がすすまん…

オーストリア北軍総司令官
ルートヴィッヒ＝アウグスト
ベネディク

第 1 章　ビスマルク登場

第 2 章　ビスマルクの独擅場

第 3 章　ビスマルクの内政

第 4 章　ビスマルク外交

最終章　ビスマルク失脚後

(＊03)そうしておかなければ、交戦中に国内で異民族叛乱が起きてしまうためです。『三國志』なら孫呉がそんな感じで、赤壁に全軍を送り込むわけにはいかない事情がありました。

(＊04)1806年にイエナの戦とアウエルシュテットの戦で連敗しています。

(＊05)1807年以降の「シュタイン・ハルデンベルク改革(プロイセン改革)」。

参謀本部を立ち上げ、その初代参謀総長となった G．J．D．シャルンホルスト(＊06)や A．W．A．グナイゼナウ伯爵らによる軍制改革もその一環でした。

如何に数を揃えようと、思想や制度が古いのではその力を発揮できません。

こたびの戦争について、上辺の「数字」でしか判断することしかできない人たちは「オーストリアの完勝！」を予想しましたが、オーストリアの弱点を研究し尽くしていたビスマルクやモルトケは、数で劣るプロイセンにも勝機は充分あると確信していたのでした。

宣戦布告が行われるや、用意周到、モルトケは鉄道を利用してアッという間に普墺国境（B/C-5）に軍を配備します。

・右翼：K．ビッテンフェルト大将 率いるエルベ軍（4.8万）（A -1/2）
・中翼：F．カール親王(＊07) 率いる 第一軍（11.5万）（A/B-3/4）
・左翼：F．ヴィルヘルム(＊08) 率いる 第二軍（9.3万）（B -4/5）

プロイセンの敵は南のオーストリアだけではなく、これと同調したハノーヴァー王国・ザクセン王国（A/B-2）・南独4邦(＊09)などの親墺諸邦とも戦わなければならなかったため、これに対して西から南までなんと400kmにもわたって広く戦力を分散して配置せざるを得なくなります。

しかし、兵法では「戦力分散」は孫子もクラウゼヴィッツも厳に戒めている愚策中の愚策。

そのため、こうした布陣に各方面から猛反発が生まれます。

ではなぜ、名将モルトケともあろう者がこんな"愚策"を採ったのか。

じつは、兵力を分散することも利点がないわけでもありません。

戦力分散が愚策なのは「戦闘中」のことであって、まだ敵軍が遠方にいるときには、兵を広く配置した方が宿営地の確保が容易になりますし、物資の輸送・人員の移動もスムーズになって兵站の負担が軽減されます。

（＊06）彼の後任がグナイゼナウ。そのあと5人ほどの歴任者を挟んでモルトケが登場します。

（＊07）当時の普国王ヴィルヘルム1世の甥（弟の子）。

（＊08）当時の普国王ヴィルヘルム1世の子。のちの第2代ドイツ皇帝 フリードリヒ3世。

　また、敵軍の位置が把握できていないときなども、戦力を広く分散させておいた方が敵軍の発見もしやすく、側背を衝かれる危険性も少なくなります。

　つまり、まだ「開戦前」なら、むしろ戦力は分散しておいた方がいろいろと利点（メリット）の方が大きいのです。

　しかし、「いざ開戦！」となった途端、オセロのように白は黒に裏返り、一気に欠点（デメリット）が噴出して、戦力を分散した軍は敗れ去ります。

── 砲声に赴け！

　「開戦前」は戦力を分散していた方が何かと有利ですが、「開戦後」は戦力集中が絶対有利となれば、開戦前は戦力を分散しておいて、いざ開戦となったら全軍を一気に砲声のする方角（戦場）へと急行させる ── というのが兵法の大原則で、これを「分進合撃（A/B-3）」といい、ナポレオン軍が無敵の強さを誇った秘訣のひとつも、彼がこの「分進合撃」を巧みに操ったからです。

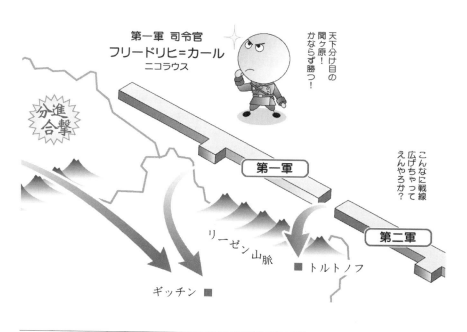

（＊09）「南独3邦」といえば、バイエルン王国・ヴュルテンベルク王国・バーデン大公国。
　　　　「南独4邦」なら、これにヘッセン大公国を加える。

　　　　　オーストリア
　　　　墺　軍20万強が続々とオルミュッツ（C/D-5）に結集する中で、これと第二

軍（B-4/5）が遭遇戦（＊10）でも起こしてしまったらすべてはおしまいです。

　　しかし、そうした危機的な状況の中で、モルトケには確信がありました。
　　　　　　　　　　　　　　オーストリア
「だいじょうぶ！　　墺　軍は動かぬ！

　やつらがオルミュッツでまごまごしている隙に西方のドイツ諸邦を叩く！」

　　そして結果はモルトケの予想通り。
　オーストリア
　　墺　軍はオルミュッツから動きませんでした。
　オーストリア　　　　　　　　　　　　　　　　チャンス　　　　　　なにゆえ
　　墺　軍にとってこれほどの千載一遇の好機はなかったのに、何故か。
　　　　　　　　　　オーストリア
　　じつは、当時の　墺　軍には「兵力の集中が終わるまでは攻撃に移ってはなら
　　　　　　　　　　　　　　　　　　　オーストリア　　　　　　ルートヴィッヒ　アウグスト
ない」という軍規があり、このときの　墺　軍総大将　Ｌ　．Ａ．ベネディク
　　　　　　ぼくしゅ
はこれを墨守していた（＊11）ためです。
　　　　　　　　オーストリア　　　　　　　　　　　　　　プロイセン
　　こうして　墺　軍がモタモタしているうちに、　普　軍右翼（A-2）のビッテ

ンフェルト大将（A/B-1）が準備不足のハノーヴァー・ヘッセン・ザクセン

（B-2）軍を各個撃破の要領で開戦直後にアッという間に蹴散らし、ついにザク

センの都ドレスデン（A/B-2/3）を陥とします。
　　　　　　　　　　プロイセン　　　　　　　　　　　　　　オーストリア
　　本来であれば、　普　軍右翼（エルベ軍）が親　墺　諸邦に向いているうちに、
　　　　　　　　　　　　　　　　　プロイセン
戦力が集まっていようがいまいが　普　軍左翼（第二軍）に「分進合撃」を仕掛

けるべきでした。
　　　　　　オーストリア　　　　　　　プロイセン
　　この時点で　墺　軍の兵力は　普　第二軍の２倍以上でしたから、もしそうし
　　　　　　　　　　　　　プロイセン
ていたら戦力を分散していた　普　軍は確実に敗走していたでしょう。
　　　　　　　　　　　　　　　　　オーストリア
　　しかし、だからといってその責を　墺　将ベネディク元帥だけに求めるのは酷

というものです。

　　この「分進合撃」というのは口でいうほど容易なものではなく、これを円滑

に遂行するためには、将校らが戦争全体の戦略をよく理解し、いちいち大本営

からの指示を仰ぐことなく自己判断で積極的かつ的確に軍を動かすことができな

ければなりません。

（＊10）進軍中、意図せずばったり敵軍と出会って、いきなり戦闘状態になること。

（＊11）兵法というものは「教科書通り」従っていればよいものではありません。

　　　　　詳しくは、本幕パネル「事は教科書通りには運ばぬ」をご覧ください。

　ところがオーストリアは19世紀に入って以降、軍制改革も意識改革も行われず、18世紀の古い戦略思想のままでしたから、新時代の戦略思想を理解できる将が育たなかったのは彼のせいではありませんし、そもそも彼はここまで「守将」として名を上げてきた歴戦の将であって「攻将」ではありません。

　明らかなオーストリア側の人選ミスです[*12]。

　さらに、大本営からの指示を待たずに動かなければならないということは、各部隊に大きな軍権を与えなければなりませんが、墺軍は"異民族[*13]による混成軍"であって士気・忠誠心が低く、これに大きな軍権を与えることはできない相談でした。

　したがって、墺軍がオルミュッツでモタついたのは、「総大将ベネディクの無能」というより「墺軍の構造欠陥」であり、それを理解していたからこそ、モルトケも「動かない！」と確信が持てたわけです。

　閑話休題。

　エルベ軍が親墺諸邦を打ち破って側背の憂いを拭い去ると、その足でギッチン（B/C-3/4）に向かい、そこで普第一軍（A/B-3/4）と合流を図り、さらにこの動きに合わせて第二軍もリーゼン山脈（B-3/4）を越えて国境を突破、分進合撃を図ります。

　じつは、このころには墺軍20万も進軍を始めていたため、7月3日、ついにトルトノフ（B-4）で普第二軍との遭遇戦が始まりました。

　数で勝る墺軍が勝利し、トルトノフを押さえたにもかかわらず、被害そのものは墺軍の方が甚大で、自信を失ったベネディク元帥は軍を退いてエルベ川（B-2/3）（D-2）沿いにあるケーニヒグレーツ要塞（B/C-4）（D-2/3）に入城し、ここで防衛体制に入ることにします。

　さて、ここまで棋士のように盤面（戦場地図）を睨みながらベルリンの執務

（＊12）ベネディク将軍は40年以上にもわたって一線で戦功を上げつづけ、元帥にまで上り詰めた人物で、けっして無能だったというわけではありませんでしたが、物には「適財適所」というものがあり、「守将」として実績を積んできた彼には不向きな任務でした。
　　　　しかし、この敗戦により彼は戦争責任を問われ、戦後、引退を余儀なくされています。

（＊13）チェック人・スロヴァキア人・マジャール人・ルーマニア人・クロアティア人など。

室から采配していたモルトケでしたが、こ こが決戦地と見た彼は、皇 帝と
宰相を伴い、執務室から出て決戦地へと向かい、直接陣頭指揮を執ることにし
ました。

　彼ら３人が戦 地に到着（７月１日）してまもなく、土砂降りの雨の中、そ
の眼下で戦端が開かれます（７月３日）。

　これが世に名高い「ケーニヒグレーツの戦（サドワの戦）」です。

　ところが、開戦時こっちに向かっているはずの第二軍が戦場に到着していな
かったため、数に劣る普 軍は苦戦を強いられます。

「くそ！ 第二軍はまだか！

　『ただちに砲声に赴け！』と急使を出しておるのに、

　王太子（Ｂ-５）は何をしておる！？」

　モルトケの隣で焦れる皇 帝と宰相。

　さしものビスマルクも「これは敗色濃厚だぞ」と隣のモルトケの様子を窺いま
すが、飄 々としていて心の内を摑みきれない。

　そこでビスマルクはモルトケの心中を遺らんと、彼の好きな葉巻を勧めてみ
ます。

　彼は差し出された葉巻ケースから落ち着いた表情で品定めをし、そのうちの
一本を取り上げると、入念にこれを眺め、ようやくナイフで吸い口を切り、そ
の香りを楽しみ、満足そうに葉巻を燻らせています。

　その様子たるや、まるで自宅の暖炉の前でロッキングチェアに揺られながら
くつろいでいるかのよう。

　──ふむ、作戦参謀がこれだけ落ち着いているんだから大丈夫なのだろう。

　これでビスマルクも一安心。

　しかし、じつはこのときモルトケは内心大いに焦っていました。

　さりとて、それを周りに悟られ、指導部が動揺したのでは兵も浮足立ってし
まい、勝てる戦も勝てなくなります。

　総大将というものは、こういうときこそドンと構えていなければなりません
から[＊14]、じつは虚勢を張っていたのでした。

　しかし、待てど暮らせど第二軍は現れず、時が経つにつれジリジリと戦況は
悪化していき、いよいよ壊 陣営は勝利を確信しはじめる一方、不安に駆ら

れたヴィルヘルム1世はついに撤退を口にしはじめます。

「モルトケ、ちゃんと退路は確保してあるんじゃろうな？」

　モルトケは閑かに、しかし力強くこれに答えます。

── 陛下。撤退はありません。

　我々は今ここで祖国存亡を賭けて戦っているのです。

　撤退のことなど考えたら勝てる戦も勝てません。

　退路などない。

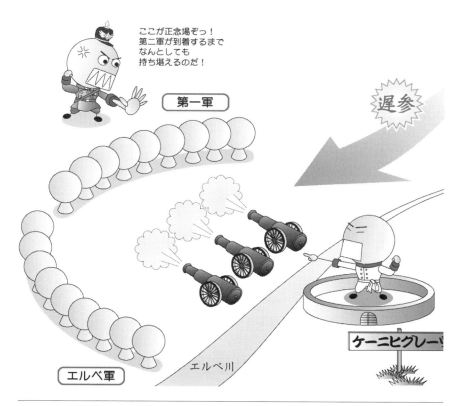

（＊14）たとえば、「三方ヶ原の戦」では恐怖に駆られてウンチを漏らし（異説あり）、「関ヶ原の戦」のときは戦況が思わしくないと血が流れるほど爪を嚙み、鞍を叩いて苛立ちを隠さなかった家康などは、まったく大将の器ではないことがわかります。古今東西、小人が天下を獲ってしまうことはありますが、ひとたび天下を獲れば「大人物」として語り継がれることになります。家康の「大人物像」もそうして後世に捏造されたものにすぎません。

勝って栄光を手に入れるか、さもなくば"死"あるのみ。

モルトケはまさに「背水の陣」で<ruby>こ<rt>ケー</rt></ruby>こに臨んでいるその覚悟を<ruby>国王<rt>ヴィルヘルム1</rt></ruby>に宣言したのでした。

勝敗の<ruby>帰趨<rt>きすう</rt></ruby>は、戦線が持ち<ruby>堪<rt>こた</rt></ruby>えているうちに「第二軍」が間に合うか否かにかかっています。

この状況は、まるっきりナポレオン１世の最終決戦「ワーテルローの戦」そのもの（＊15）。

あのときも、ナポレオン軍は苦況にありながらグルーシー軍が「砲声に駆けつけ」てくれることを願っていたものです。

──ええい、グルーシーは何をしておる！？

この砲声がやつの耳に届いていないはずがあるまい！！

ここでグルーシーが「砲声に駆けつけ」てくれればナポレオンの勝利、駆けつけてくれなければ敗北という状況にあって、ついにグルーシー軍が来ることはなく（＊16）、ナポレオン軍は敗走し、その後の末路は悲惨でした。

ビスマルクとてもちろんそうした歴史は知っていましたから、今、眼下で展開する戦況と「ワーテルロー」を重ねていたことでしょう。

モルトケの隣で、険しい表情でずっと望遠鏡を覗いていたビスマルクは<ruby>墺<rt>オーストリア</rt></ruby>軍右翼の砲兵部隊が突然射撃方向を横に向けたことに気づきます。

「ん！？」

すぐさま<ruby>墺<rt>オーストリア</rt></ruby>軍が砲撃している方向に望遠鏡を向けてみると、その先に"並木"が見える。

──あんなところに並木などあったか？

しかし、その"並木"のようなものは動いていました。

ビスマルクはそれまでの険しい表情から、すっと口元がゆるんで満足そうな

（＊15）このあたり詳しい描写は『世界史劇場 駆け抜けるナポレオン』（ベレ出版）をご覧ください。

（＊16）戦場遅参といえば、日本史では「関ヶ原合戦における徳川秀忠遅参」が有名です。
　　あのときもついに間に合わず、結果的に徳川軍が勝ったからよかったものの、戦後、秀忠は家康からひどい叱責を受け、秀忠はこのときの遅参がトラウマになってしまいます。

笑みを湛えながら、黙って望遠鏡をモルトケに差し出します。

　ビスマルクの表情からすべてを悟ったモルトケも、望遠鏡を受け取り、これを覗いたのち、望遠鏡をヴィルヘルム1世（A-5）に差し出しながら言いました。

——陛下。

　　陛下は本日の会戦（ケーニヒグレーツの戦）のみならず、

　　こたびの戦争（普 墺 戦争）そのものにも勝利されました。（A-4/5）

　まだその時点では眼下の戦闘は劣勢でしたが、モルトケ・ビスマルクが勝利を確信した瞬間でした。

　事実、第二軍の到来で形勢はたちまち逆転し、墺 軍はほどなく潰走しはじめます。

　開戦時、モルトケがビスマルクに「12週間ください」と訴えた普 墺 戦争は、開戦（6月15日）からわずか3週目で決着がついたのでした[*17]。

「陛下は本日の会戦のみならず、
　こたびの戦争にも勝利されました。」

ホント！？
わ～い！

参謀総長
大モルトケ

プロイセン王
ヴィルヘルム1世

（＊17）ただし、このあとも小競り合いはつづき、仮条約（ニコルスブルク仮条約）が結ばれて最終的に戦闘が終わったのは6週目の最終日、正式にプラハ平和条約が結ばれたのが10週目の最終日になります。約束の「12週間」より大幅に短く終わったことになります。

第1章　ビスマルク登場　第2章　ビスマルクの独擅場　第3章　ビスマルクの内政　第4章　ビスマルク外交　最終章　ビスマルク失脚後

　「普墺戦争（プロイセン オーストリア）」において、モルトケは"教科書（クラウゼヴィッツ）"に反した「戦力分散」を実行ながら勝利をもぎ取りました。

　中国では、漢の韓信が「井陘の戦（せいけい）」で"教科書（孫子）"に反した「背水の陣（し）」を布いて勝利をつかみ、趙の趙括は「長平の戦（ちょうかつ）」で教科書通りの采配を揮って祖国を亡ぼすほどの大敗を喫しました。

　これらの結果に凡将たちは首をひねったものですが、しかしながら、教科書などあくまで「基本論」「一般論」が書かれているだけなので、ありとあらゆる要素が複雑に絡みあう"現場"では教科書どおりに事は運ばないのは至極あたりまえのことです。

　優秀な人はそのことをよく理解して行動しますが、それに気づけない者が優秀な人の言動を訝（いぶか）るのです。

　学生時代、教科書に書かれている言葉の"真意"も理解せず、ただ「字面の丸暗記」に徹して点数稼ぎをしてきた者の哀れな末路です。

　そんな小手先の業（わざ）でよしんば高得点を上げたところで、そうして得た知識は社会人になってから役に立つことはありません。

　古くより「十（とお）で神童」と謳（うた）われた人が「二十（はたち）過ぎればただの人」となる所以（ゆえん）で、冒頭に上げた趙括（ちょうかつ）も「神童」の誉れ高かったものでしたが、じつのところ、ほんとうに優秀な人というのは、むしろ子供のころ学業成績が芳（かんば）しくない人の方が多いくらいです。

　なんとなれば、そうした人は子供のころから教科書に書かれた"字面"を追うのではなく、「なぜそうなる？」「これは何の役に立つ？」「本当にそうか？」といちいち物事を深く掘り下げて考える習慣があるからです。

　そのため、「言葉の真意を理解せず、ただ言葉を丸暗記しているだけ」の子にどんどん先を越されて成績も振るわず、傍目（はため）には「ドン臭い子」「理解の遅い子」に映るのです。

　しかし、子供のころからのそうした作業の積み重ねが、成人したあとに常人離れした洞察力・達観力となって発現することになります。

第7幕

底知れぬ遠謀深慮
プラハ平和条約

「ケーニヒグレーツの戦（ウィーン）」で大勝利を収めると、参謀本部は「このまま帝都を制圧せよ！」と息巻いたが、こうした勢力を抑えて講和を急いだビスマルク。プロイセンにこれ以上戦う力はない。勝ったからこそ終戦を模索するべき好機（チャンス）なのだ。こうして普（プロイセン）・墺（オーストリア）戦争は終わりを遂げ、戦後処理が行われた。

ハノーヴァー・
ヘッセン・ナッサウ・
フランクフルト……

普墺戦争で
オーストリア側に
付いた諸邦は
片っ端から併合だ！

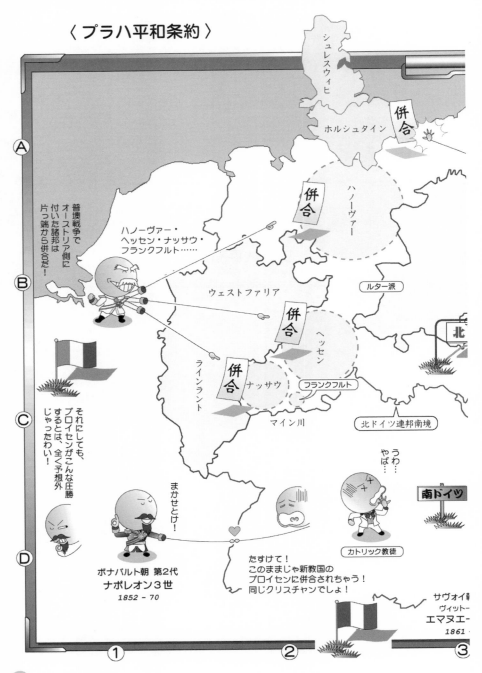

〈 プラハ平和条約 〉

シュレスウィヒ

併合

ホルシュタイン

A

ハノーヴァー・
ヘッセン・ナッサウ・
フランクフルト……

併合

ハノーヴァー

普墺戦争でオーストリア側に付いた諸邦は片っ端から併合だ！

ルター派

B

ウェストファリア

併合

ヘッセン

北

併合

ラインラント

ナッサウ

フランクフルト

北ドイツ連邦南境

マイン川

C

それにしても、プロイセンがこんな圧勝するとは、全く予想外じゃったわい。

うわ…
やば…

南ドイツ

まかせとけ！

カトリック教徒

D

ボナパルト朝 第2代
ナポレオン3世
1852 - 70

たすけて！
このままじゃ新教国の
プロイセンに併合されちゃう！
同じクリスチャンでしょ！

サヴォイ
ヴィット—
エマヌエ—
1861

1

2

3

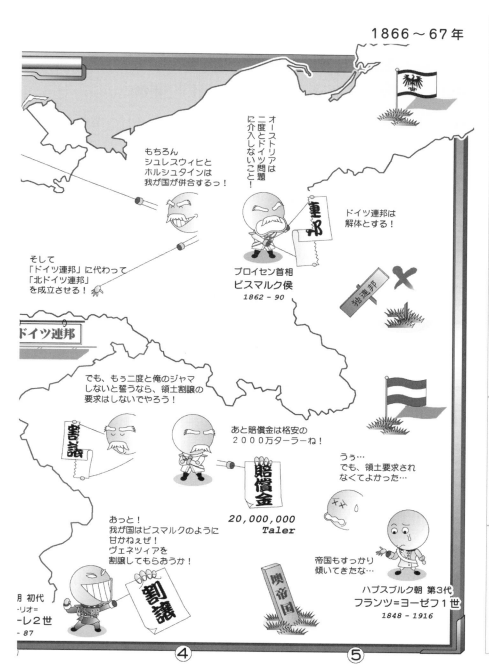

1866〜67年

もちろん
シュレスウィヒと
ホルシュタインは
我が国が併合するっ!

オーストリアは
二度とドイツ問題
に介入しないこと!

ドイツ連邦は
解体とする!

そして
「ドイツ連邦」に代わって
「北ドイツ連邦」
を成立させる!

連邦

北連邦

プロイセン首相
ビスマルク侯
1862 - 90

ドイツ連邦

でも、もぅ二度と俺のジャマ
しないと誓うなら、領土割譲の
要求はしないでやろう!

あと賠償金は格安の
2000万ターラーね!

うぅ…
でも、領土要求され
なくてよかった…

抗議

賠償金

20,000,000
Taler

おっと!
我が国はビスマルクのように
甘かねぇぜ!ヴェネツィアを
割譲してもらおうか!

割譲

帝国もすっかり
傾いてきたな…

墺帝国

ハプスブルク朝 第3代
フランツ=ヨーゼフ1世
1848 - 1916

月 初代
-リオ=
-レ2世
- 87

④

⑤

この たびの決戦「ケーニヒグレーツの戦」に勝利したことで、普軍（プロイセン）は大きく前線を進めることができ、墺帝都ウィーン（オーストリア）までわずか60kmまで迫ることができました。

この大勝利に舞い上がったヴィルヘルム1世や参謀本部の中からは「このまま一気に帝都制圧（ウィーン）！」との声が上がります。

あのモルトケですら「速やかに帝都を攻略せよ（ウィーン）！」と息巻く始末。

嗚呼（ああ）！

確かにモルトケは当代切っての「戦術家」でしたが、この言葉から彼が「戦略」というものをまったく理解できていないことがわかります。

「戦略」と「戦術」はまったくの別物であり、モルトケは「戦術家」、ビスマルクは「戦略家」と役割分担ができていました。

ビスマルクはそのことをよく心得ており、事、「戦略」に関することは誰にも口出しさせずに自分の信ずる采配を揮（ふる）いましたが、自分の領分を越える「戦術」に関することはすべてその専門家のモルトケに託してただのひとことも口出ししませんでした。

そのことは、前幕の「ケーニヒグレーツの戦」で戦況が刻一刻と逼迫（ひっぱく）していく中、ビスマルクはたいへんな焦りを覚えたにもかかわらず、「これは大丈夫なのか？」と確認する一言すら発せず、ただモルトケに葉巻（ツィガレ）を勧めてみただけだったことからもわかります。

「彼の領分（モルトケ）には一言も口出ししない（フィールド）」というビスマルクの信念がよく表れている逸話（エピソード）です。

その戦略家ビスマルクが「このあたりが潮時」と考えていました。

「勝ちすぎてはならぬ！（＊01）」

さすがはビスマルク、よく心得ています。

"戦略"がよく理解できていない者は、目の前の勝利についつい気をよくしてやりすぎて、墓穴を掘ってしまうもの。

（＊01）本幕コラム「勝ちすぎてはならない」を参照。

（＊02）北条氏綱が我が子・氏康に宛てた『五ヶ条の訓戒』の中の一節。
　　　　日露戦争直後に東郷平八郎が引用したことでも有名な言葉。

「勝って兜の緒を締めよ^{（＊02）}」とは北条氏綱の言葉ですが、"戦略"をよく知る者は"目先の勝利"に目を眩まされて増長することなく、そのさらに先にある"真の勝利"を見据えてむしろ慎重になります。

そもそも戦というものは「始める」ことより「終わらせる」ことの方がずっと難しい^{（＊03）}。

そして、大勝したその瞬間こそ、またとない終戦の好機なのです。

もしここで調子に乗ってずるずると戦争をつづけてしまえば、オーストリアは城に立て籠もって決死の抗戦をつづけるでしょう。

しかしそうなってしまえば、戦争はドロ沼化してしまい、プロイセン勝利の大前提たる「短期決戦」が雲散霧消してしまいます。

そのうえ、プロイセン軍は敵地のド真ん中で戦いつづけねばならなくなり、これまでの戦勝を支えていた兵站が破綻してしまいます^{（＊04）}から、これまでのようには戦えません。

もはやこれ以上戦っても、プロイセンにとっていいことなどひとつもないのです。

オーストリアは2度とドイツ問題に介入しないこと！

ドイツ連邦は解体とする！

プロイセン首相
ビスマルク侯

北ドイツ連邦

独連邦 ✕

（＊03）本書「第1章 第3幕」を参照。

（＊04）今まではプロイセン国内の鉄道を使って兵站が維持されていましたが、オーストリア領では鉄道が整備されていなかったため、兵站が崩壊することになります。

さらに百歩譲って、もしそのあとも連戦連勝しつづけることができたとしても、やはりプロイセンにとってよいことはありません。

　なんとなれば、これ以上勝てば「プロイセンの勝ちすぎ」を懸念したナポレオン3世が介入してくることは疑いないためです[＊05]。

　実際、「ケーニヒグレーツの戦」の翌々日には早くも、ナポレオン3世が口を挟んできました。

　ここでナポレオン3世に首を突っ込まれては、こたびの大勝利もすべてが水の泡になってしまいます。

　この大勝利を活かすためにも、戦略的に見てここが "潮時" なのです。

　こうして「帝都制圧（ウィーン）！」を叫ぶ者たちを抑え込み、ビスマルクは和平交渉に入りました。

　開戦より7週ほど経った7月26日、ニコルスブルクで仮条約が結ばれ、さらに1ヶ月後の8月23日、正式に「プラハ（次幕パネルC-3/4）平和条約」が締結されることとなりました。

　その内容は以下のとおり。

- シュレスウィヒ・ホルシュタイン両州は 普（プロイセン） に帰属　　（A-2/3）
- オーストリアを盟主とする「ドイツ連邦」を解体　　　　　（A/B-5）
- マイン川以北に 普（プロイセン） を盟主とする「北ドイツ連邦」を発足（A/B-3）
- 以後、ドイツの統一問題についてオーストリアの不介入　（A-4/5）
- 賠償金2000万ターラー[＊06]を支払う　　　　　　　（C/D-4/5）
- プロイセンには領土の割譲はなし　　　　　　　　　　（C-3/4）
- イタリアにはヴェネツィアを割譲　　　　　　　　　　（D-3/4）

（＊05）一応「ビアリッツの密約」でフランスは中立を守ることになっていましたが、あんなものは "口約束" にすぎませんので。

（＊06）16世紀以来ドイツ文化圏で使用されていた貨幣単位。
　　　　「1ターレル銀貨」には16.65gの銀が使用されており、現在の銀相場で計算するとおよそ1000円。そこから換算すると「2000万ターラー」は200億円ほどになります。

　この講和条件を知ったモルトケもヴィルヘルム 1 世も不満を隠さず^{（＊07）}、
国王はビスマルクを呼び出して詰問しています。

「こたびの戦、歴史上稀に見るほどの我が国の大勝利であったはずじゃな？」

――御意。

「ならば、何故にかくも賠償金が少ない？^{（＊08）}

　そのうえ、領土割譲が一切ないとはどういうことじゃ!?

　南部戦線で負けっ放しだったイタリアですらヴェネツィアをもらったそうでは
ないか！

　何故に我が国は領土の割譲すらないのだ!?」

　うつむき加減に黙って聞いていたビスマルクは、すっと顔をあげ、意志の強
い眼で王を見据え、閑かにされど力強く答えます。

――陛下。

　　我々の最終目的は何でありましょうや？

（＊07）モルトケは「この戦争は満点とは言えぬ」と不満を口にしています。
　　　　「せっかくのワシの満点勝利をビスマルクが台無しにした」という意味です。

（＊08）このときの「プラハ平和条約」の説明で「賠償金の要求はなかった」と説明している書が
　　　　たいへん多いですが誤りです。確かに、当時の賠償金相場から見れば格安でしたが、支
　　　　払っていないわけではありません。

オーストリアからもらうちっとばかりの領土ですか、天下統一（ドイツ）ですか？

もちろん「天下統一（ドイツ）」に決まっています。

しかし、こたびの戦（いくさ）では統一まで至りませんでした。

マイン川（C-2）以北のドイツ諸邦は「北ドイツ連邦」という形でプロイセンの手に入りましたが、南ドイツ（C/D-3）がビスマルクの手の内からこぼれ落ちてしまっていたためです。

じつは、おなじドイツ人と言っても、プロイセンを含めて北独（ドイツ）諸邦がルター派（B-2/3）だったのに対して、南独（ドイツ）諸邦は旧教徒（カトリック）（D-2/3）ばかりだったため、プロイセンに併合されてしまえば、宗教弾圧されてしまうのではないかと危惧していました。

したがって彼らは、徹底してプロイセンに併合されることに抗（あらが）い、戦前は旧教（カトリック）国のオーストリアを恃（たの）みとし、これが普（プロイセン）墺（オーストリア）戦争に敗れると今度は旧教（カトリック）国フランスを頼って（D-1/2）、頑としてプロイセンに服することを潔しとしませんでした。

フランスを後盾にされたのでは、さしものビスマルクも今回は南ドイツの併呑を諦めざるを得なかったのです。

──南ドイツなくして天下統一（ドイツ）とは言えません。

そして南ドイツを我が手に収めるためには、やつらが恃（たの）みとしているフランス・ナポレオン3世（D-1）を倒す以外にありません。

しかし、今ここで我らが増長してオーストリアに厳しい講和条件を押し付けたらどうなりますか？

オーストリアは「汚名返上！」「失地恢復（かいふく）！」を掲げて、薪（まき）に臥（ふ）し胆（きも）を嘗（な）めて（＊09）我が国に復讐を誓うでしょう。

そんなときに普（プロイセン）仏（フランス）戦争でも起ころうものなら、かならずやオーストリアはフランス側に付きます。

我が国は仏（フランス）墺（オーストリア）に東西から挟撃され、亡びることになりましょうぞ！

（＊09）中国の春秋時代、越に敗れた呉王が「硬い薪の上で寝る（臥薪）」ことでその復讐を忘れないようにし、その呉に敗れた越王が「苦い胆汁を舐める（嘗胆）」ことでその復讐を忘れないようにした、という故事より。

「な、なるほど…」

――さらに付け加えるならば。

天下統一した暁^{あかつき}には、「統一ドイツ^{ドイツ}」の仇敵となるのはかならず露^{ロシア}仏^{フランス}でしょう。

そのとき同胞オーストリアまで敵に回ったら、我が国は三方から攻めたてられ、せっかく統一しても早晩亡びることになります。

したがって今、大勝したからこそ彼らに強い態度で臨んではならないのです。

今ここで彼らに甘い対処をしておくのはオーストリアのためではありません、我が国^{プロイセン}のためなのです！

これを聞かされたヴィルヘルム 1 世は己^{おのれ}の不明を羞^はじます。

「うぅむ、そちがそこまで考えておったとは。

余はそこまで考えが回らなんだ。

もはや何も言わぬ。

善^よきに計らうがよい。そちの思うところを成せ」

ヴィルヘルム 1 世はビスマルクの底知れぬ遠謀深慮にすっかり舌を巻き、以降は彼に意見することもなくなり、ビスマルクは自由に政治を動かすことができるようになったのでした。

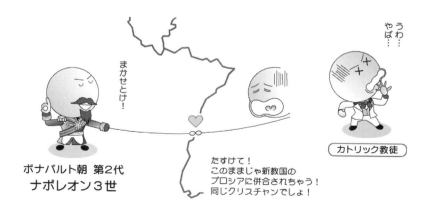

うわ…
やば…

カトリック教徒

まかせとけ！

ボナパルト朝　第2代
ナポレオン3世

たすけて！
このままじゃ新教国の
プロシアに併合されちゃう！
同じクリスチャンでしょ！

連戦連勝！　百戦百勝！

見た目に華々しく、勢いもあり、人々から絶讃され、勝った本人も気分がいいのですが、じつはその先に待っているものは「破滅」です。

ひとつには「戦術と戦略は違う」ため。

ひとつには「出る杭は打たれる」ためです。

中国では、楚漢戦争において生涯に七十余戦して無敗を誇った項羽でしたが、最後には側近にも見棄てられ、恋女房には自害され、肢体バラバラにされて討死しました。

その項羽に仕えたこともあり、「漢の三傑」のひとりだった韓信もまた無敵を誇り、連戦連勝をつづけて一時期は斉王にまで上り詰めながら、最後は淮陰侯にまで零落し、ついに宮中で謀殺されてしまいました。

ヨーロッパでは、カルタゴのハンニバルがポエニ戦争中、鬼神の如き連戦連勝を誇りましたが、最後は味方に裏切られてザマに散りました。

ナポレオンもまた、勝利を重ねて全欧を制覇しましたが、ロシアとの戦に一敗地にまみれただけで、アッという間に苦境に陥り、最後は絶海の孤島・セントヘレナ島で“看守”のハドソン＝ローに侮辱され、愚弄され、腐った葡萄酒を飲まされるなど、いやがらせとイビリの限りを尽くされて屈辱の中に死んでいきました。

例を挙げれば枚挙に遑がありませんが、百戦百勝をつづける者がことごとく破滅する運命を辿るのは「たまたま」ではなく「摂理」です。

上に挙げた４人とも、目先の勝利（戦術の勝利）にこだわりすぎて「戦略」を考えず、またあまりにも勝ちすぎたために周りから“怖れ”と“嫉妬”を受けて亡ぼされました。

たとえ目の前の戦に勝てたとしても、つねに全体を見据えながら慎重に事を進めないならば、その勝利自体が我が身を亡ぼします。

孫子も言っています。

――百戦百勝は善の善なる者に非ざるなり。

第2章 ビスマルク独擅場(どくせんじょう)

第1幕

新たなる国際秩序にひそむ敵意
プラハ平和条約後の欧州(ヨーロッパ)情勢

「普墺戦争」の勃発〝以前〟と〝以後〟では、欧州の国際情勢が劇的に変化し、その後、20世紀に至るまでの基本的な国際秩序が形成された。

プロイセンを囲む英(イギリス)・仏(フランス)・墺(オーストリア)・露(ロシア)・伊(イタリア)・丁(デンマーク)の国々は戦前・前後でどのように変化していったのか。

それが今後、歴史にどのような影響を与えるのか。

普墺戦争以後、急速にフランスの国際的立場が悪化してきてるぞ…。
くそぉ、ビスマルクめ！

ボナパルト朝 第2代
ナポレオン3世

〈 プラハ平和条約後の欧州情勢 〉

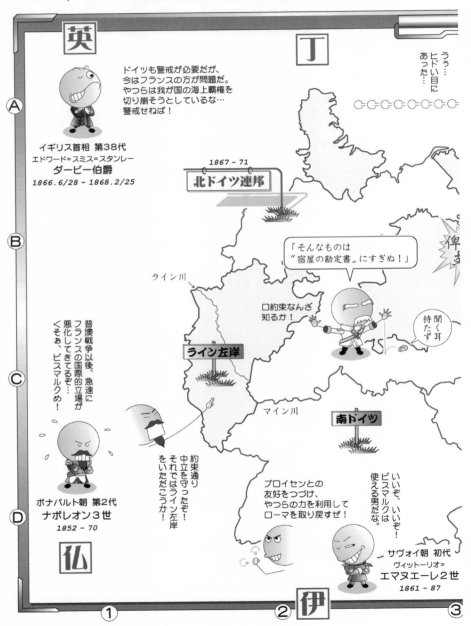

1867年

普 墺 戦争は欧州の国際情勢を劇的に変えます。

まず、ビスマルクの評価からして激変しました。

そもそもビスマルクといえば、若いころは「狂人ユンカー」と陰口を叩かれ、首相就任前は「民兵上がりの田舎貴族風情が！」と見下され、首相就任直後に「鉄血演説」で各方面から反発を喰らい、議会を解散して与野党から敵を作り、宮廷からも疎まれ、お世辞にも評判がよいとはいえない人物でした。

ところが、こたびの大勝は彼の評価を九地の底より九天の上へと昇らせます。

侍従武官（＊01）からは、

「閣下。閣下は今や偉大な人物となられました。

もし本会戦に敗れでもしていたら、天下の極悪人になっていたでしょうが」

…と冗談交じりに賞賛されましたし、ビスマルクを毛嫌いし開戦にも反対していた王太子（第二軍司令官）ですらもこのときばかりは彼を讃えました。

ところで、戦争が一段落したことで、「鉄血演説」以来、永らく停止されていた議会が4年ぶりに開催される運びになりました。

その最初の議題となったのが、ビスマルクによる「議会停止」について、これが「合意」か否か。

ふつうに考えて明らかに違憲でしたし、4年間にもわたって強引に発言の場を奪われてきた議員たちは怒り心頭でしょうから、ここぞとばかり徹底的にビスマルクを糾弾する —— かと思いきや。

いざ蓋を開けてみれば「ビスマルク支持230：不支持7」という圧倒多数でビスマルクが支持されます（B-3）。

本書「第1章 第5幕」の『コラム』でも触れましたが、凡人というのは人物の「資質」「度量」を「結果」でしか評価できないからです。

今回、ビスマルクが「結果」を示しました。

だから、昨日まで彼を罵りつづけてきた人たちが一斉にすり寄ってきたの

（＊01）国王直属の軍人。

（＊02）「権威」というものは、構築するのに膨大な時間がかかるのに、一度キズが付くと修復はほぼ不可能という性質を持っています。このときオーストリアの権威にキズが付いたことは、帝国の寿命を大きく縮めたと言ってよいでしょう。

です。

　これまでビスマルクを糾弾してきた「進歩党（DFP）」は崩壊。

　党員の半数が離党してビスマルク翼賛政党「国民自由党（NLP）」を結成する有様。

　"掌返し（てのひら）"もここまで露骨ならば、かえって清々しい（？）。

　ビスマルクの環境はプロイセン国内だけではなく、対外的にも好転していきました。

　まず、敵対していたオーストリア（D-4）は"小国プロイセンごとき"にいいところなく敗れたことで、その"権威（オーソリティ）"に拭い（ぬぐ）がたき大きなキズが付き（＊02）、国内ではこれを侮る動きが活性化して抑えが効かなくなり、対外的には急速に国際競争力を失っていきました。

　さらには、あれほどの大敗であったにもかかわらず、意外なほどの寛大な講和条件に、オーストリア宮廷ではビスマルクに対する好感度が上がり、戦前までの「全ドイツの盟主」たる矜恃（きょうじ）はどこへやら、以降はプロイセンにおもねり、すがり、その顔色を窺い（うかが）ながら動くようになっていきます。

　国内では、1848年の独立運動で独立の一歩手前までいきながら鎮圧されてしまったチェック人とハンガリー人（＊03）（D-5）たちの自治要求は激しく、オーストリア政府はたった今プロイセンに敗れたばかりで国内がガタガタ

ハプスブルク朝 第３代
フランツ＝ヨーゼフ１世

なに!?
自治と議会を
くれるのか!?
それなら独立運動
するまでもないか…

（＊03）彼ら自身は「マジャール」と自称していますが、日本人は彼らを慣習的に「ハンガリー」と呼んでいます。イギリス人が日本を「Nippon」と呼ばずに「Japan」と呼ぶように、さまざまな歴史的理由があって、自称と他称にズレが生じることはよくあります。

なのに、万が一にも今このタイミングで独立運動など起こされては、それこそ「帝国（カイザートゥーム）」そのものが解体しかねません。

　そこで、彼らと"妥協（アウスグライヒ）（D-4）"を図ることにします。

　すなわち、彼らハンガリー人に「自治」と「議会」を与え（C/D-5）、平時においては独立国家と変わらぬ権利を与えてやる代わりに、ともにオーストリア皇帝を戴き（＊04）、軍事・外交・財政だけは依然としてオーストリアが握りつづける"ゆるい連邦体"として存続を維持しようとするものです。

　こうして、まずはハンガリー人に自治と議会を与えた（1867年）ことで、オーストリアは「2つの政府」「2つの議会」「2つの首都」を持ちながら「一人の皇帝」にとって統治される「墺洪（オーストリアハンガリー）二重帝国（D-4/5）」へと生まれ変わったのでした（＊05）。

　この"妥協（アウスグライヒ）"によって生まれた国家体制が、オーストリアの最終形態となって、1918年に「帝国（カイザートゥーム）」が解体するまでつづくことになります。

　つぎに、その前に戦ったデンマーク（A-2）を見ていくと、この国も敗戦後、オーストリア帝国と似たような情勢に陥っていました。

　敗戦により、王権はその権威（オーソリティ）を大きくキズ付けられて弱体化。

　そのため、戦前まで抱いていた「北欧覇権」の野望どころではなくなり、以降は「外に失いしものを内にて取り戻さん！（＊06）」と政策を180°転換し、ガタガタになってしまった内政に力を注ぐようになります。

　そのために、内には「民主主義」を標榜して"妥協"を図り、外には国際問題に巻き込まれないために「中立主義」を掲げたことで、以降のデンマークは歴史の表舞台から姿を消していくことになりました（A-3/4）。

　つぎに、戦前から友好関係にあった露（ロシア）（B-4/5）と伊（イタリア）（D-2/3）とはその関係がつづきます。

（＊04）ただし、「オーストリア皇帝がハンガリー国王を兼位する」という形を取りましたから、名目的にはハンガリー人が戴いているのはあくまで「ハンガリー国王」ですが。

（＊05）じつは、つぎにチェック人にも自治を与えて「オーストリア＝ハンガリー＝ボヘミア三重帝国」とするつもり（1871年）だったのですが、ハンガリーの大反対（スラヴ人の勢力伸長を怖れた）によって潰され、結局実現しませんでした。

ベレ出版の出版案内

2020/01

学びたい人のためのメールマガジン 「まなマガ」

新刊情報や気になる話題をピックアップ。
毎月２回好評配信中！

 ベレ出版　〒 162-0832 東京都新宿区岩戸町 12　レベッカビル
PHONE 03-5225-4790　FAX 03-5225-4795

　当時のロシアは、バルカン半島から中央アジア方面でイギリスと衝突しており、1856 年の「パリ条約（ B/C-5 ）」を反故（ほご）にしたいと考え、その後盾としてプロイセンとの友好を望みましたし、イタリアもいまだ "未回収"（イレデンタ）であったラツィオ地方の奪還のためにフランスと敵対しており、プロイセンとの友好を望んだ（ D-2 ）ためです。

　イギリス（ A-1 ）はドイツの強大化に警戒心を抱いてはいたものの、当時はそれよりフランスとの対立が最優先課題でしたから、ドイツまで敵に回してしまうことは賢くないと特に敵対することもありませんでした。

　このように、「ケーニヒグレーツの戦」を境として、プロイセンの周りに主敵と呼べるものがほとんどなくなり、唯一 "敵国" と呼ぶべきは、ほとんどフランス（ナポレオン 3 世）（ D-1 ）のみとなります。

　戦後、ナポレオン 3 世は「ビアリッツ密約」に基づき、ライン左岸の地の割譲を要求（ C-1/2 ）していますが、ビスマルクはけんもほろろ（ B/C2/3 ）。

──あんな口約束など "宿屋の勘定書" にすぎぬ！（ B-2/3 ）

　こうして　普　仏（プロイセン　フランス）の対立が鮮明化していきましたが、戦争に至るほどの口実が見つからないまま時だけが過ぎていきました。

（ ＊06 ）デンマークの詩人Ｈ．Ｐ．ホルストの言葉。

　「普墺戦争」でオーストリアは「北部戦線」でプロイセンと、「南部戦線」でイタリアと戦う二正面作戦を強いられていました。

　その「南部戦線」ではもっとも有名な戦いが「リッサ沖海戦」です。

　リッサ沖海戦は「装甲艦隊同士の海戦」としては初のものだったため、その動向・帰趨が世界中から注目を浴びることになりました。

　この海戦では、単縦陣（縦一列）で航行する伊艦隊の横っ腹に、蜂矢陣（矢印形）の墺艦隊が突っ込んでいったため、伊艦隊を "横棒"、墺艦隊を "縦棒" とする「Ｔ字陣形」となります。

　ところで、海戦というものは中世以前までは衝角（船首に装備された突起）を敵船の横っ腹にぶつけて沈める戦術が一般的でしたので、こうした「Ｔ字陣形」となった場合、"縦棒" が圧倒的に有利でした。

　ところが、近世に入って大砲を横っ腹に並べるようになると、これを一斉砲撃すれば、敵艦が衝角をぶつける前に撃沈できてしまうため、"横棒" の方が有利という逆転現象が起きます。

　そのため今回のリッサ沖海戦では「"横棒" の伊艦隊が有利」のはずでしたが、蓋を開けてみれば、中世さながらの衝角突撃を行った "縦棒（墺艦隊）" が圧勝します。

　これは鉄板を張りめぐらせて防御力が増した装甲艦だったため、相対的に大砲性能が落ちたことに一因があったのですが、これにより「装甲艦隊同士なら衝角突撃が有効」という "常識" が拡がっていきました。

　しかし、当時の大砲性能は日進月歩、すぐに大砲の貫通力が装甲を上回ったことでこの "常識" は無効化したにもかかわらず、人々はこの "常識" に縛られたまま、20世紀に突入していきます。

　こうして迎えた日露戦争「日本海海戦」では、日本連合艦隊がこの "常識" を覆して、敢えて「丁字戦法」の "横棒" となってバルチック艦隊の迎撃に成功すると、以降、衝角は姿を消していきました。

　つねに時代を切り拓くのは "常識" を打ち破った者なのです。

第2幕

"絶妙な"情報漏洩
普（プロイセン）仏（フランス）戦争の口実

「天下統一（ドイツ）」まで、残されたのは南ドイツのみ。これを併合するためには、その後盾となっているフランスを倒さねばならない。しかし、戦争を起こすためには、それ相応の口実がいるものだが、それがなかなか見つからないでいると、それは、プロイセンでもフランスでもない、スペインから舞い込んできた。

そんなことになったら
我が国はドイツとスペインに
挟み撃ちにされるではないか！

認めはせん！
認めはせん！
認めはせんぞぉ！

ボナパルト朝 第2代
ナポレオン3世

〈 普仏戦争の口実 〉

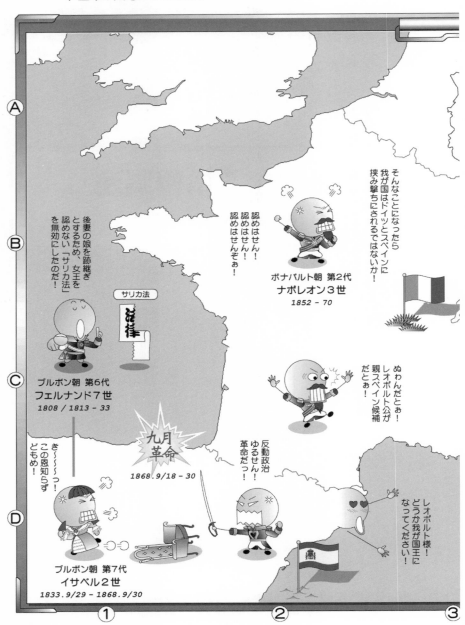

そんなことになったら
我が国はドイツとスペインに
挟み撃ちにされるではないか！

認めせん！
認めせん！
認めせん！
認めせんぞぉ！

ボナパルト朝　第2代
ナポレオン３世
1852 - 70

後妻の娘を跡継ぎ
とするため、女王を
認めない「サリカ法」
を無効にしたのだ！

サリカ法

ブルボン朝　第6代
フェルナンド７世
1808 / 1813 - 33

ぬわんだとぉ！
レオポルト公が
親スペイン候補
だとぉ！

九月
革命

1868.9/18 - 30

反動政治
ゆるせん！
革命だっ！

き～～～っ！
この恩知らず
どもめ！

ブルボン朝　第7代
イサベル２世
1833.9/29 - 1868.9/30

レオポルト様！
どうか我が国の
国王に
なってください！

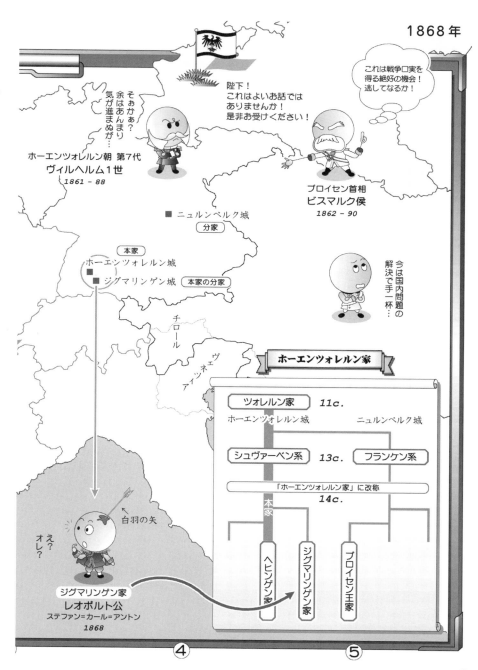

1868年

これは戦争口実を
得る絶好の機会！
逃してなるか！

そぉかぁ？
余はあんまり
気が進まぬが…

陛下！
これはよいお話では
ありませんか！
是非お受けください！

ホーエンツォレルン朝 第7代
ヴィルヘルム1世
1861 – 88

プロイセン首相
ビスマルク侯
1862 – 90

■ ニュルンベルク城

分家

今は国内問題の
解決で手一杯…

本家
ホーエンツォレルン城
■
■ ジグマリンゲン城 本家の分家

チロール

ヴェ
ネ
ツ
イ
ア

ホーエンツォレルン家

ツォレルン家 11c.
ホーエンツォレルン城   ニュルンベルク城

シュヴァーベン系 13c. フランケン系

「ホーエンツォレルン家」に改称
14c.

本家

ヘ
ヒ
ン
ゲ
ン
家

ジ
グ
マ
リ
ン
ゲ
ン
家

プ
ロ
イ
セ
ン
王
家

白羽の矢

え？
オレ？

ジグマリンゲン家
レオポルト公
ステファン=カール=アントン
1868

④   ⑤

普墺　戦争の勝利に目処が立ったころから、すでにビスマルクは照準をフランスに合わせていました。

天下統一のためには南ドイツの併合は絶対ですが、南ドイツを併合するためには、その後盾となっていたフランスを打倒する以外になかったためです。

しかし、戦争をするためには“口実”が要りますが、今回それがなかなか見つかりません。

なければ、探す。場合によっては作る。

ビスマルクはつねづねこう言っていました。

―― 原因が生まれたから戦争するのではない、

　　　戦争が必要だからその原因を作るのだ。

「将棋」は戦をシミュレーションしたものですが、将棋の世界でも「先手必勝」「王手小手より先手がこわい」と言われるように、他のどんな攻撃よりも先手に勝るものはありません。

すなわち、原因が生まれてからその対応に追われたのでは、すべてが後手後手に回るため、それは「戦う前からの敗北」を意味しており、そうならないためにビスマルクは、戦争が始まる原因を作る段階から“先手”を打とうというわけです。

そんな折、　普　仏ともに関係のないところで動いた歴史がビスマルクを助けることになります。

それが「スペイン九月革命（＊01）（C/D-1）」です。

当時のスペインはブルボン朝（＊02）のイサベル2世（D-1）の御世でしたが、彼女は政治に疎く無定見なくせに、政治の難局にあって気まぐれにこれに口を挟んで引っ掻き回したため、議会からも軍部からも国民からも総スカンを喰らい、その怒りはついに1868年9月、革命となって現れます（D-2）。

（＊01）1868年9月に起こったため。また、無血革命だったため、イギリスの「名誉革命」になぞらえて「スペイン名誉革命」ともいいます。

（＊02）フランスではフランス革命（とその後のごたごた）で消えていった「ブルボン朝」ですが、スペインでは1701年以降、途中幾度かの断絶（サボヤ朝・共和制）、空位（独裁制）を挟みながらも、現在までブルボン朝です。

そして、ひとたび「革命」が起こるや、彼女を支持する者はほとんど現れず、孤立無援となったイサベル２世はフランスに亡命、無血革命を成功させました。

こうしてスペインに革命政府が生まれたものの、〝主を失った玉座〟に誰を座らせるのかが問題となります。

ヨーロッパでは革命や断絶などで玉座が空いたとき、最後の王の親戚筋をたどっていって、適当な新王を迎えるというのが慣例です。

ただ、今回は親戚筋をたどっていってもなかなか適当な人物が見つからず難航しました。

そうした中で〝白羽の矢〟が立ったのがジグマリンゲン家のレオポルト公（D-3/4）です。

「ジグマリンゲン家（D-4/5）」とは、プロイセン王室「ホーエンツォレルン家」の本家筋に当たる家柄(＊03)で、この２年前にはルーマニア王も輩出している伝統と格式ある家柄のうえ、宗教は伝統的に旧教（カトリック）で、妻はポルトガル王室の娘という、条件としては申し分のない人物でした。

（＊03）詳しくは、本幕コラムを参照。

しかし、王として請われたレオポルト公自身はあまり気乗りせず[*04]、「事が重大すぎて私の一存では判断できない！」と父（カール＝アントン侯）に相談しましたが、その父も「事が重大すぎて、以下同文！」と 普 王ヴィルヘルム1世（A-4）に丸投げし、ヴィルヘルム1世はヴィルヘルム1世で「余は政策の一切を宰相に一任しておる」—— ということで、巡り巡って"決断"はビスマルク（A-5）に回ってくることになったのでした。

　ビスマルクは心の中で手を叩いて喜びます。

—— しめたっ！

　　戦争口実が向こうから転がり込んできよった！

　レオポルト公本人も、その父も、国王も全員があまり気乗りしていない中で、決断を迫られたビスマルクだけが話を進めるよう周りを説得します。

—— 陛下、これはお受けするのが吉ですぞ。

　いろいろと難色を示す各方面に 彼 は、スペイン革命政府に対して「フランスの横槍が入っても面倒です。事は極秘裡に事を進めるとよいでしょう」と助言しましたが、即位への準備を進めていく中、その事実が突然フランスの新聞にスッパ抜かれてしまいます（C-2）。

「ビスマルク、我が国に敵対的策動！」

「如何なる手段を用いてもこれを阻止すべし！」

　この「まだ即位を止めることができるギリギリのタイミングでナポレオンの知るところなった」のは、じつはビスマルクにとって願ったり叶ったり、最高の展開です。

　今回の話に関係筋のほとんどの人が難色を示したのは、「普 王 家の本家筋がスペイン王になれば、いろいろと複雑な外交問題が長く尾を引くことになり、長い目で見れば結局得策でない」と考えたためです。

　しかしそんな誰でも思い付くようなこと、あの天資聡穎[*05]かつ老獪なビスマルクともあろう者が考え及ばないわけがありません。

（＊04）当時のスペインは、政治は混乱、経済は破綻、外交は複雑で、王になっても苦労が絶えないことは目に見えていましたので。

（＊05）生まれついて才知にすぐれて賢明な様。

第1章　ビスマルク登場

第2章　ビスマルクの独擅場

第3章　ビスマルクの内政

第4章　ビスマルク外交

最終章　ビスマルク失脚後

　ビスマルクとて、近い将来「天下統一」が成った暁には、国内問題に集中するため仏露とはなるべく友好を保ちたいと考えていましたから、レオポルト公がスペイン国王となれば、将来の禍根となり、プロイセンにとっていいことはありません。

　したがって、じつはビスマルクも本当はレオポルト公をスペイン王にしたくない。

　一番いいのは、即位を止めることができるギリギリのタイミングで事が露見することで、「フランスの反普輿論を沸騰させる」というビスマルクの目論見は達しつつ「結局フランスの反対で即位は流れる」こと。

　今回、ビスマルクの思惑通りの絶妙なタイミングで事が露見したことは、この情報をフランスの新聞に漏洩した"黒幕"が誰であったのかを如実に物語っています[＊06]。

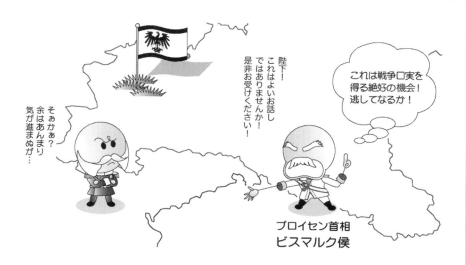

（＊06）一応、公式には、情報漏れは「スペインから」ということになっていますが。

Column ジグマリンゲン家とは？

　プロイセンの王室にあたる「ホーエンツォレルン家」は、その歴史を
ずっとたどっていけば、中世（11世紀）にまで遡ることができ、発祥
当時は「ツォレルン家」と称していた南ドイツの貧乏伯爵にすぎませんで
した（本幕パネルC/D-4/5）。

　しかし、12世紀ごろから勢力を拡大し、14世紀ごろになると家名に
「高貴な」を冠して「ホーエンツォレルン家」と改めます。

　家名を改める少し前（13世紀初頭）、拡大した領土を兄弟で2つに
分割継承させることになり、旧領（ツォレルン城）を継承した本家筋の
「シュヴァーベン系」と、新領（ニュルンベルク城）を継承した分家筋の
「フランケン系」に分かれます。

　このホーエンツォレルン家の分家筋にあたるフランケン系がドイツ皇帝
に連なることになります。

　フランケン系は15世紀から北ドイツのブランデンブルク辺境伯を、
16世紀にはプロイセン公の地位を得て、19世紀初頭にはこれを併せて
プロイセン王となり、そしてついにはドイツ皇帝まで上り詰めていった
のですが、これとは対照的に、本家筋のシュヴァーベン系はその間ずっ
と南ドイツの一貴族のままでした。

　それどころか、1848年の革命騒ぎでその地位すら危うくなり、領地
をプロイセン王国（分家筋）に献上し、その臣下となることでなんとか所
領安堵するのが精一杯という有様となり、シュヴァーベン系の本家筋（ヘ
ヒンゲン家）はほどなく断絶してしまい、その分家だけが細々と生き残
ることになりました。

　その本家筋の分家こそが、ジグマリンゲン城を居城としていた「ジグ
マリンゲン家」で、スペイン王候補となったレオポルト公の弟（カール）
はルーマニア王となり、妹たちはそれぞれポルトガル王妃（シュテファ
ニー）、ベルギー王母（マリア）となって、ヨーロッパの王家に君臨する
名家となります。

第2章 ビスマルク独壇場

第3幕

すべてはビスマルクの掌の上に

エムス電報事件

ビスマルクは「スペイン王位継承問題」を利用してフランスとの戦争口実を作ろうと考え、すべてはビスマルクの描いた筋書き通りに進んでいた。ところが、肝心の皇帝（カイザー）がビスマルクの外交意図をまったく理解できず、これを御破算にしてしまう。そのためビスマルクはもうひと工夫しなければならなくなるのであった。

ナポ公め！
まんまとワシの用意した
エサにかかりおった！
これで戦争口実が
できたぞっ！

プロイセン首相
ビスマルク侯

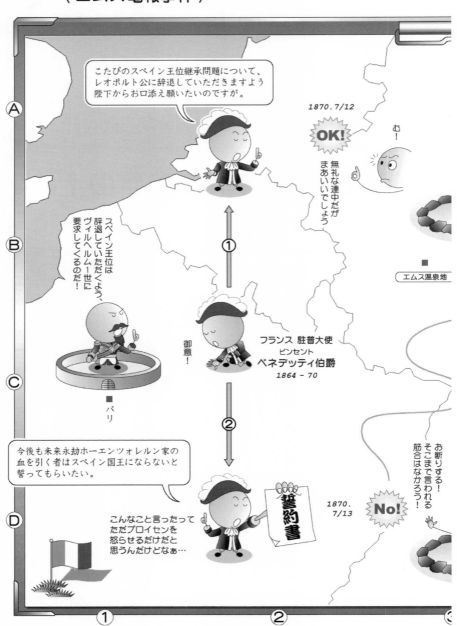

〈 エムス電報事件 〉

104

1870年

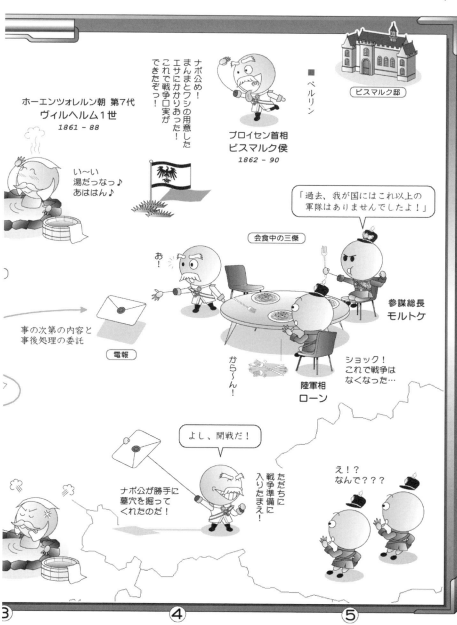

ホーエンツォレルン朝 第7代
ヴィルヘルム1世
1861 - 88

い～い
湯だっなっ♪
あはん♪

ナポ公め！
まんまとワシの用意した
エサにかかりおった！
これで戦争口実が
できたぞっ！

■ ベルリン

ビスマルク邸

プロイセン首相
ビスマルク侯
1862 - 90

「過去、我が国にはこれ以上の
軍隊はありませんでしたよ！」

会食中の三傑

お！

参謀総長
モルトケ

事の次第の内容と
事後処理の委託

電報

から～ん！

陸軍相
ローン

ショック！
これで戦争は
なくなった…

よし、開戦だ！

ナポ公が勝手に
墓穴を掘って
くれたのだ！

ただちに
戦争準備に
入りたまえ！

え！？
なんで？？？

③　　　④　　　⑤

第1章 ビスマルク登場
第2章 ビスマルクの独擅場
第3章 ビスマルクの内政
第4章 ビスマルク外交
最終章 ビスマルク失脚後

すべてはビスマルクの掌（てのひら）の上、思惑通り。

万一レオポルト公がスペイン国王にでもなろうものなら、フランスは「ホーエンツォレルン朝（ドイツ）」と「ホーエンツォレルン朝（スペイン）」に挟み撃ちにされる格好となりますから、ナポレオン３世がこれを看過できないのも当然と言えました。

「これを見過ごせば、余はフランソワ１世[＊01]になってしまう！」

しかしその一方で、ナポレオン３世は「普仏開戦（プロイセン フランス）」を望んでいませんでした。

当時のフランスは、外交的にはメキシコ問題に忙殺され、合衆国（アメリカ）と敵対し、軍事的には劣勢[＊02]で、何より彼自身が重い病に冒されており[＊03]、気力も知力も体力も衰え、とても戦場を駆け巡ることなどできなかったためです。

幸い、フランソワ１世のときとは違って、まだレオポルト公は即位はしていないのですから、その前に外交的手段で解決することも可能かもしれません。

ナポレオンは事を穏便に進めるため、国内では輿論（よろん）を煽って「開戦！」を叫ぶ主戦派（タカ）を抑えつつ、対外的には駐普大使（プロイセン）Ｖ．ベネデッティ伯爵（ヴァンサン）（C-2）に

スペイン王位は辞退していただくよう、ヴィルヘルム１世に要求してくるのだ！

御意！

フランス　駐普大使
ビンセント
ベネデッティ伯爵

（＊01）ヴァロア朝 第9代 国王（1515〜47年）。フランソワ１世の御世、フランスは「ハプスブルク朝（スペイン）」と「ハプスブルク朝（ドイツ）」に挟み撃ちにされ、外交的な苦境に陥ったことがあります。フランスはこの包囲態勢を打破するため、幾たびもの戦争を仕掛け、ヨーロッパは戦乱に巻き込まれていきました。

（＊02）メキシコ遠征で弱体化した上、多くの軍をメキシコ防備軍として駐留させていました。

命じて 普王ヴィルヘルム1世の説得に走らせました（C-1）。

　ところで当時、ヴィルヘルム1世は休暇を取ってドイツでも有数の温泉地エムス（B-3）に保養に来ていました。

　そこへベネデッティ伯爵が訪れます（A-2）。

「今やフランスの輿論は激昂し、我が君が必死にこれを抑えていますが、

　もはや抑えが効かなくなりつつあります。

　両国の和平のためにも是非とも！　是非ともご善処のほどを！」（A-1/2）

　お人好しのヴィルヘルム1世は、ベネデッティの必死の訴えを受け、表向きは「考えておく」とだけ伝えながら、実際にはこの要請を受けて、ジグマリンゲン家に「こたびの要請は辞退するよう」通達したのでした（A-2/3）。

　これはビスマルクに内密のまま、王の独断で行われます。

── 事の顛末をあやつに伝えれば、反対するに決まっておるからな。（＊04）

　しかし、事後にそのことを知らされたビスマルクは落胆し、「国王の信任がないのならば」と辞任を考えたほど。

　もしこのまま事態が落ち着いていたら、ほんとうにビスマルクは辞任してし

（＊03）このころのナポレオン3世は、永年のストレスで腎臓結石や膀胱結石を患っており、歩行すらままならず、とても乗馬して戦場を駆け巡ることなどできない状態で、息子（ルイ）への譲位を考えていたほどでした。

（＊04）当時のヴィルヘルム1世は、北ドイツを手に入れ、強国の仲間入りをしたことで満足してしまい、これ以上フランスと事を構えて、今の状況が水泡に帰すことを怖れていました。

まい、そこから先の歴史も大きく変わったことでしょう。

　しかしやはり、歴史はビスマルクを必要としていたようです。

　すぐに、そうした辞任の考えが吹き飛ぶ事件が起こります。

　フランスでは、「受諾するはずがない！」「断ればそれが戦争口実になる！」と息巻いていたフランス主戦派が、ヴィルヘルム１世があまりにもあっけなく「辞退（タカ）」を受け容（い）れてしまったため拍子抜け。

　そこで今度は、さらに「ホーエンツォレルン家の血を引く者は未来永劫にわたってスペイン国王にならない」と誓約させるよう、ナポレオンに迫ります。

　病のために気力も判断力も衰えていたナポレオンはこれに応じてしまい、ふたたびベネデッティ伯爵にその旨を通達しました。

　そうとは知らず、すべて事は済んだとエムスで休暇を楽しんでいたヴィルヘルム１世は、朝（７月13日）の散歩中、その先にベネデッティ伯爵の姿を認めてげんなり。

──おはよう、ベネデッティ卿。

　　して、今日は何用かな？

「スペイン王位の継承問題についてですが…」

──そのことについては、余がレオポルト公に辞退するよう通達したことは

　　すでにそちも知っておろう？

今後も未来永劫ホーエンツォレルン家の血を引く者はスペイン国王にならないと誓ってもらいたい。

こんなこと言ったってただプロイセンを怒らせるだけだと思うんだけどなぁ…

　まだ 彼（レオポルト）から返事は来ておらぬが、今日明日にも「辞退する」との書簡が届くであろう。

　それでこの件は終わりだ。これ以上、余に何をせよと申すのだ？

「今回のことはそれでよいとしても、我が君が怖れておりますのは、第２第３の"レオポルト公（ナポレオン3）"が現れることでございます。

　そこで、今後「ホーエンツォレルン家の血を引く者は未来永劫スペイン国王にならない」ことを陛下ご自身の口から宣言いただき、その誓約書にサインを戴きたいのです。（C/D-1）」

　これはどう贔屓目（ひいき）に見ても無礼千万な要求です。

　まるで無条件降伏した敗将に対するかのごとき要求で、さしもの"お人好しヴィルヘルム"も怒りの色を隠せませんでした。

　この会見の直後、レオポルト公から「辞退する」旨の書簡が届いたので、ヴィルヘルム１世は２人の側近、侍従長（H.J.W.R.アーベケン（ハインリヒ ヨハン ヴィルヘルム ルドルフ））と内相（F.A.オイレンブルク伯爵（フリードリヒ アルブレヒト））と話し合い、「今しがた、レオポルト公より返事を受け取ったので、これ以上話すことはない」との返事を伝える（D-2/3）とともに、今回の一連の顛末をベルリンにいるビスマルクに打電することにします（B/C-3/4）。

　エムスからこの電報が届いたのはその日の夕方でしたが、そのときビスマル

クは自邸（A-5）でローン陸相（C-5）・モルトケ参謀総長（B-5）と善後策を協議するため会食していた（B/C-4/5）ところでした。

　ビスマルクがエムスからの電報（A/B-4）を読み上げると、モルトケ・ローン両名は落胆のあまり持っていたフォークを落としてしまった（C-4/5）と言います。

「 これで開戦はなくなった！
　掴（つか）みかけた“果実”はあっさり手をすり抜けてしまった！」

　ビスマルクが東奔西走してようやくたぐり寄せた天下統一（ドイツ）のチャンスを、外交をまったく理解できないヴィルヘルム１世の独断によって台無しにされたのですから、彼らのショックたるや如何ばかりか。

　しかし。

　モルトケ・ローン両名が嘆く中、じっと電文を見ていたビスマルクが、ぽつっと意外な言葉を口にします。

「過去、我が国にはこれ以上の
　軍隊はありませんでしたよ！」

会食中の三傑

お！

参謀総長
モルトケ

電報

から〜ん！

ショック！
これで戦争は
なくなった…

陸軍相
ローン

―― モルトケ。

　　一応確認しておくが、我が連邦軍はフランス軍と戦って確実に勝てるのだろうな？

「我が国創建以来、

　　我が軍がこれほど強くなったことはありませんでしたよ。（ A/B-5 ）

　　いざ開戦となれば、相手が誰であろうと後れを取ることはないでしょう！」

―― よろしい。ならば、開戦だ。（ C/D-4 ）

　　ただちに戦争準備に入りたまえ。

　　きょとんとして顔を見合わすモルトケとローン（ D-5 ）。

「いや…、そうはおっしゃいますが閣下。

　　その電報を読むかぎり、陛下はフランスと和解してしまっております。

　　もはや開戦はありますまい？」

―― いや、諦めるのはまだ早いぞ。

　　ここに「事の次第を新聞に公表するかどうかの判断を私に委ねる」とある。

　　そこで私は、これを新聞に発表して開戦に持ち込もうと思う。

「されど閣下。

　　この電報を発表したところで戦争にはなりますまい？」

―― ふむ、このまま発表すればな。

　　だが、ここの部分をこう省略して発表すればどうじゃ！？

　　モルトケとローンは眼を見開いて驚きます。

「な、なるほど！！

　　これなら、フランス人が読めばフランスが侮辱を受けたように読め、

　　ドイツ人が読めばドイツが侮辱を受けたように読めますな！

　　しかも、文面を改竄したわけでもないから嘘ではない！」

　　こうして、エムスからの電報は〝少し省略〟されて、翌日、新聞発表されました[*05]（次幕パネル D-1 ＆ D-5 ）。

　　しかもこの日は、よりによって「７月14日」。

（＊05）これを「エムス電報事件」と言います。

第１章　ビスマルク登場

第２章　ビスマルクの独擅場

第３章　ビスマルクの内政

第４章　ビスマルク外交

最終章　ビスマルク失脚後

エムス電報 原文

　ベネデッティ伯は散歩中の余を待ち受けており、最後には極めて執拗に余に対して以下のことを要求してきた。

　「今後、如何なる未来においても、かかる問題が復活し、再びホーエンツォルン家の国王候補が上がった時には、陛下が将来にわたって決してこれに同意しないことを我がナポレオン陛下に約束願いたい。そして、その旨をただちにパリに打電する権限を得たい」と。

　このきわめて執拗で無礼な要求に、最後には余もやや厳しくこれを拒絶した。

　なんとなれば、かかる契約は誰しも永久に承認できぬ事だからである。

　余は公（＊06）から何の報告も受け取っていない（＊07）し、パリおよびマドリッドの動向に関しては、余よりも卿（けい）の方が早く報告に接しているようであるから、余の政府が本件に何等関知しない事は承知のことだろう、と答えた。

　その後、余は公（＊06）より1通の書簡を受け取った。

　先にベネデッティ伯に対し、「目下、公（＊06）より返事を待っているところだ」と告げたが、これを受け取った今、余は前述の無理な要求（＊08）に関して、オイレンブルク伯およびアーベケン侍従長の意見に基づき、これ以上ベネデッティ伯との引見を必要と認めず、ただ侍従武官を通して次の如く通達せしめた。

　「今、余はレオポルド公よりの報告に接した。しかし、これは大使が既にパリから知らされていることであるから、余は大使に対してこれ以上言うべきことは何もない」と。

　さて、このベネデッティ伯の新たな要求（＊08）とその拒否の次第であるが、直ちに我が在外使臣に通達するか、新聞紙上に公表するかについての判断は、余はまったく卿（けい）（＊09）に委ねるものとする。

エムス電報 新聞発表 ^(＊10)

　ベネデッティ伯は散歩中の余を待ち受けており、最後には極めて執拗に余に対して以下のことを要求してきた。

　「今後、如何なる未来においても、かかる問題が復活し、再びホーエンツォルン家の国王候補が上がった時には、陛下が将来にわたって決してこれに同意しないことを我がナポレオン陛下に約束願いたい。そして、その旨をただちにパリに打電する権限を得たい」と。

　このきわめて執拗で無礼な要求に、最期には余もやや厳しくこれを拒絶した。

　なんとなれば、かかる契約は誰しも永久に承認できぬ事だからである。

　余はこれ以上ベネデッティ伯との引見を必要と認めず、ただ侍従武官を通して次の如く通達せしめた。

　「余は大使に対してこれ以上言うべきことは何もない」と。

〜 解 説 〜

　朝の引見のあと、ヴィルヘルム1世は「レオポルト公からの書簡」を受け取りましたが、その内容はベネデッティ伯も周知のものであったため、「そのことで改めて引見する必要はない」と伝えただけでしたが、その経緯を削除することで、さもベネデッティ伯爵が国王の逆鱗に嬰れ、愚弄されて追い返されたように読めるようにしました。

（＊06）スペイン国王候補レオポルト公のこと。

（＊07）この時点では、ヴィルヘルム1世の「辞退要請」に対するレオポルト公の返事がまだ来ていませんでしたので、そのことを言っています。

（＊08）「ホーエンツォレルン家の血筋の者は永久にスペイン王位を継がない」という要求のこと。

（＊09）ビスマルクのこと。

（＊10）左ページの「原文」から下線部 〰〰〰 を恣意的に削除したもの。

この日は、フランス人にとって永遠に忘れることができない重要な日、「フランス革命記念日」です。

　この愛国心（ナショナリズム）が最高潮に達するこの日に、国の代表たる大使が憎っくきドイツから侮辱を受けたとなれば、これを読んだフランス国民が激昂するのは当然だったでしょう。

　フランス輿論（よろん）は一気に沸騰して、もはやナポレオン３世とてこれを抑え込むことは不可能となります。

　また、ドイツ輿論（よろん）も「フラ公に侮辱された！」と一気に反仏に傾き、その勢いたるや、それまでフランスにすがっていた南独（ドイツ）諸邦ですら、「フラ公め、我々ドイツ人をどこまで見下せば気が済むのだ！？」と民族意識を刺激されて一斉に「プロイセン支持」に回ってしまったほど。

　これまでどうしても「一枚岩」になれなかったドイツ諸邦が、このたった一枚の紙切れ（エムス電報）で「反仏（アンチ・フランス）」で結束したのです。

　こうして、普仏（プロイセンフランス）戦争は避けられないものとなっていったのでした。

　「シュレスウィヒ＝ホルシュタイン戦争」然（しか）り、「普墺（プロイセンオーストリア）戦争」然り、そしてこたびの「普仏（プロイセンフランス）戦争」然り、すべてはビスマルクの〝掌（てのひら）の上〟で踊らされていったのでした。

よし、開戦だ！

ナポ公が勝手に墓穴を掘ってくれたのだ！

ただちに戦争準備に入りたまえ！

え！？
なんで？？？

第2章 ビスマルク独壇場

第4幕

マリオネットの負け惜しみ

普 仏 戦争の勃発
（プロイセン フランス）

「エムス電報」が新聞発表されるや、ビスマルクの思惑通り、独仏の輿論は沸騰。こうして普仏戦争が起こったが、ナポレオン3世はその中で無理矢理踊らされたマリオネットにすぎず、ビスマルクに翻弄され、モルトケにねじ伏せられ、そして失脚することになる。帝位を息子に譲位しようと計画していた矢先であった。

世論
沸騰

エムス電報

ドイツ野郎のブンザイでナマイキな！
我がフランスの力、思い知らせてやるぞ！

〈 普仏戦争の勃発 〉

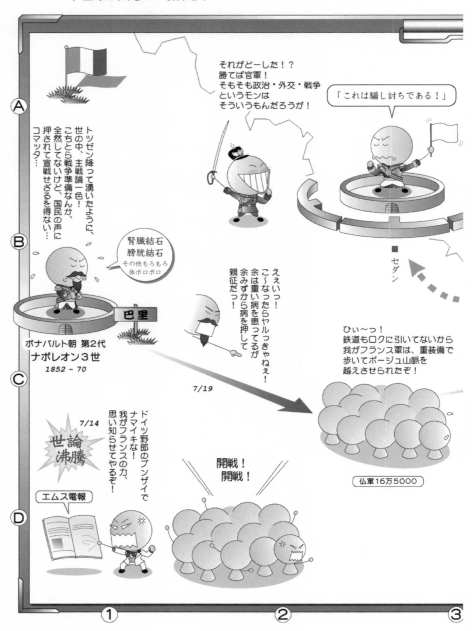

それがどーした！？
勝てば官軍！
そもそも政治・外交・戦争
というモンは
そういうもんだろうが！

「これは騙し討ちである！」

トッゼン降って湧いたように、
世の中、主戦論一色！
こちとら戦争準備なんか、
全然してないけど、国民の声に
押されて宣戦せざるを得ない…
コマッタ…

■ セダン

腎臓結石
膀胱結石
その他もろもろ
体ボロボロ

えいっ！
こ〜なったらヤルっきゃねぇ！
余は重い病を患ってるが
余みずから病を押して
親征だっ！

ボナパルト朝 第2代
ナポレオン3世
1852 - 70

巴里

7/19

7/14

世論
沸騰

ドイツ野郎のブンザイで
ナマイキな！
我がフランスの力、
思い知らせてやるぞ！

エムス電報

開戦！
開戦！

ひぃ〜っ！
鉄道もロクに引いてないから
我がフランス軍は、重装備で
歩いてボージュ山脈を
越えさせられたぞ！

仏軍16万5000

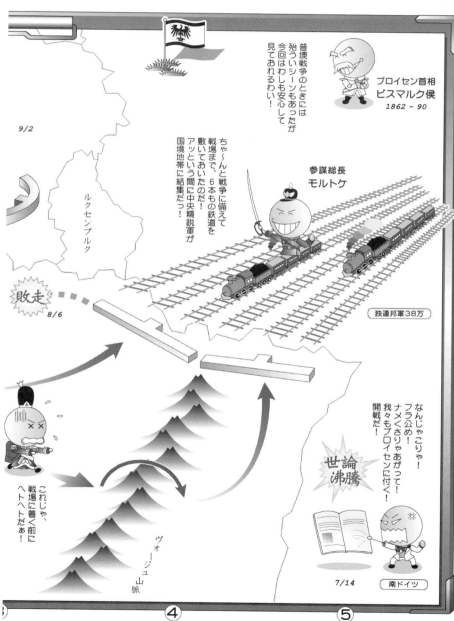

1870年

9/2

ルクセンブルク

普壊戦争のときには
殆ういシーンもあったが
今回はわしも安心して
見ておれるわい！

プロイセン首相
ビスマルク侯
1862 - 90

ちゃ～んと戦争に備えて
戦場まで、6本もの鉄道を
敷いておいたのだ！
アッという間に中央精鋭軍が
国境地帯に結集だっ！

参謀総長
モルトケ

独連邦軍38万

敗走

8/6

これじゃ、戦場に着く前に
ヘトヘトだぁ！

ヴォージュ山脈

世論沸騰

なんじゃこりゃ！
フラ公め！
ナメくさりゃあがって！
我々もプロイセンに付く！
開戦だ！

7/14

南ドイツ

④

⑤

ナポレオン3世（B/C-1）にしてみれば、前日（7月13日）にベネデッティ伯爵からの報告を受けて、「永久辞退」の要求こそ認められなかったものの、取りあえず穏便に事が運び、ホッと胸をなでおろしていたのに、一晩寝て目が覚めたら、輿論（よろん）は一斉に「戦争だ！」「ベルリンへ！」の大合唱となっていた（D-1/2）のですから、まさに"寝耳に水""青天の霹靂（へきれき）"だったことでしょう。

ナポレオン3世もこの輿論（よろん）に逆らえず、その日のうちに「開戦」を決議、翌15日には動員令が出され、19日には宣戦布告（C-1/2）となりました。

これが「普（プロイセン）　仏（フランス）戦争」の始まりです。

その外交手腕で開戦に持っていくまでがビスマルク（A-5）の仕事。

これまで同様、いざ「開戦！」となれば、ここからはモルトケ（B-5）にバトンタッチされます。

「戦略」はビスマルクが立て、「戦術」はモルトケが練る。

この2人の才が絶妙に扶（たす）け合ってここまでもうまくやってきましたし、今回もそうです。

戦（いくさ）に勝つ秘訣は、外交的には周辺諸国を味方に取り込むこと。

軍事的には兵の練度・士気が高く、兵器がすぐれ、兵站（へいたん）がしっかりしていて綿密な戦争準備をしていること。

そして経済的には兵站（へいたん）を支える物資が潤沢で、その輸送路が盤石であること。

国民が戦争を支持していること。

しかし現実のフランスは、外交的にはビスマルクによって孤立化させられ、軍事的には兵の練度は低く、兵器も劣悪（＊01）で、戦前には「30万の兵を動員できる！」と豪語していましたが実際には20万も動員できませんでした。

しかも突発的に起こった戦争だったため、まったく戦争準備などしておらず、

（＊01）ひどいものになると、ナポレオン1世の時代（60年前）の"骨董品"で武装している部隊もあったほどでした。

（＊02）フランスは「国境を越えて攻勢に出る」のか「国内の防禦に徹する」のかという基本戦略すら決めていませんでした。すでに触れましたように、戦争目標を設定していない戦争など、始める前から負けは決まっているようなものです。

兵站<ruby>兵站<rt>へいたん</rt></ruby>はガタガタ、鉄道も整備されておらず、基本戦略すら決めぬまま軍を送り出す有様（＊02）（C/D-2/3）。

　これに対してプロイセンは、外交的にはフランス孤立化を成功させ、軍事的には普<ruby>普<rt>プロイセン</rt></ruby>　墺<ruby>墺<rt>オーストリア</rt></ruby>戦争で実戦経験を積んだ練度の高い兵を抱え、士気も高く、兵器も最新のものを取りそろえ、北独<ruby>独<rt>ドイツ</rt></ruby>連邦の兵も掻き集めれば、50万近くの兵を動員できました。

　そのうえ、戦争準備は普<ruby>普<rt>プロイセン</rt></ruby>　墺<ruby>墺<rt>オーストリア</rt></ruby>戦争が終わった直後から準備万端行われており、戦場予定地の精密な地図を作らせ（＊03）、ベルリンから戦場までの鉄道を 6 本も敷いて（B-5）兵站<ruby>兵站<rt>へいたん</rt></ruby>も万全とし、基本戦略は「敵野戦軍主力の殲滅<ruby>殲滅<rt>せんめつ</rt></ruby>」と決めていました。

　もう何から何まで、始まる前から勝敗が決しているような戦争でした。

　ナポレオンとて、勝てる戦ならただちに開戦してプロイセンを倒し、賠償金をがっぽり取って、主戦派や国民からの「ナポレオン万歳<ruby>万歳<rt>タカ</rt></ruby>」の歓喜の声を聞き、

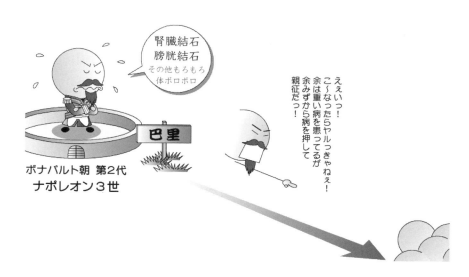

腎臓結石
膀胱結石
その他もろもろ
体ボロボロ

ボナパルト朝　第2代
ナポレオン3世

えええっ！
こ〜なったらヤルっきゃねえ！
余は重い病を患ってるが
余みずから病を押して
親征だっ！

巴里

（＊03）観光客を装ったスパイをフランスに送り込んで戦場予定地の地図を作らせていました。
　　　その精密さたるや、当時フランス自身が持っていた自国の地図よりも正確だったといいます。そのうえフランスはその地図すら持っていかなかったというドタバタぶりでした。

揺らいでいた帝政を盤石のものとしたいに決まっていますが、それができないとわかっていたから、戦争回避に尽力していたのに、無知ゆえにそんなこととは露知らぬ国民は無邪気に戦勝を疑わず、「ラ・マルセイエーズ」を繰り返し唱い、ナポレオンに開戦を迫る。

こうした国民の要求に抗しきれず、ついにナポレオン3世は出陣しましたが、大将（ナポレオン3）は気力も体力も判断力も失った"瀕死の病人（ベリーシックマン）（＊04）（B-1）"、あわてて掻き集めた兵力は公称の半分の16万5000が精一杯（C/D-2/3）、そのうえ鉄道の整備もされていなかったため、重い装備を背負って歩いてヴォージュ山脈を越えなければならない部隊も現れ（C/D-3/4）、戦場に着いたころには戦う前から兵は疲労困憊（こんぱい）。

そのうえ、戦場をどこに設定するかも決めていなかったため、自国（フランス）の地図すら持っていかなかったというドタバタぶり。

地図もなく、どうやって作戦を立てようとしていたのか……。

これとは対照的に、独軍（ドイツ）は後詰（ごづめ）（＊05）に10万もの兵を残しながら、仏軍（フランス）がモタモタしているうちに、38万（B/C-5）の精鋭が6本の鉄道を使ってアッという間に前線に結集、国境を越え、すべてにおいて準備不足の仏軍（フランス）に襲いかかります。

結果は火を見るより明らかでした。

崩壊する前線を目の当たりにして、ナポレオンはいったんパリ（B/C-1）近郊まで退（ひ）いて、ここで迎え討つことを考えます。

これは「後手の一撃（バックハンド・ブロー）（＊06）」というかなり効果のある基本戦術のひとつでしたが、「戦術的撤退」と「敗走」の区別も付かない無知な皇后（ウージェニー）や首相（バリカオ）が身の保身から「退却などしたら国民の支持を失う」と大反対したため、まともな作戦行動も取れません。

（＊04）大袈裟な表現ではなく、実際このたった2年半後、このとき患っていた病（膀胱結石）が原因で亡くなっています。

（＊05）「後詰」とは、何かあったときのために先陣の後方で待機している軍のこと。予備軍。
　　　　今回は、万が一オーストリアがフランス側に立って参戦した場合に、側背を守ることを目的として残されました。

　しかし、このように緒戦で連戦連勝を収めてもなお、モルトケの表情が弛む_{ゆる}ことはありません。

　モルトケの"軍事目標"はあくまで「敵野戦軍主力の殲滅_{せんめつ}」。

──そのために一刻も早く敵主力の位置を把握せねば！

　戦_{いくさ}において敵軍の位置を把握することはたいへん重要な意味を持ち、その情報如何_{いかん}で勝敗の帰趨が決することもある最高機密^{トップシークレット}です^(＊07)。

　通常であれば、その情報を得るため、方々に斥候^{せっこう}(＊08)を散らして敵軍の位置を探索させるもの。

　ところが今回、モルトケは労せず敵軍の"最高機密^{トップシークレット}"を正確に知ることができました。

ちゃ～んと戦争に備えて戦場まで、6本もの鉄道を敷いておいたのだ！アッという間に中央精鋭軍が国境地帯に結集だっ！

参謀総長
モルトケ

独連邦軍38万

（＊06）「砂漠の狐（デザートフォックス）」の異名をとったロンメル将軍の得意技。

（＊07）「桶狭間の戦」でも多勢に無勢の中、織田軍に勝利をもたらしたのは、斥候からもたらされた「敵主力軍の位置」の情報でした。

（＊08）敵軍の位置・敵情・地形などを探りにいく兵。敵に見つかれば殺される危険な任務で、ときに偽情報を摑まされて味方に大損害を与えてしまうこともある重要な任務。

なんとなれば、当時の仏(フランス)軍には軍事機密(ミリタリーシークレット)を管理する情報部すらなく、その動向はフランスのマスコミにダダ漏れ。翌日には、

――〇月〇日、我が軍主力〇万は〇〇に入城！

…と、逐一仏(フランス)軍の正確な兵力と位置を大々的、かつコト細かに報道してくれたためです。

　皇帝(ナポレオン3)は"瀕死の病人(ベリーシックマン)"、将校らは無能、兵站(へいたん)はガタガタ。

　大衆はただ感情的に喚(わめ)くだけで、政治家は選挙の心配ばかり、皇后(ウージェニー)は知りもしない戦術に口を挟んでこれを引っ掻き回す。

　そのうえマスコミが軍事機密(ミリタリーシークレット)をダダ漏れさせるときては、これでナポレオンに「勝て！」というのが無慈悲な話です。

　こうして皇帝(ナポレオン3)は、アッという間にセダン（B-2/3）に包囲され（セダンの戦）、ほどなく白旗を振ることになったのでした。

　開城時、ナポレオンは口惜しそうに言いました。

「これは騙し討ちである！（A-2/3）」

　しかしながら、そもそも政治・軍事・外交というものは"狐と狸の化かし合い"なのであって、「騙し討ちされた」というのなら、された方が悪いというだけのことにすぎません。

それがどーした！？
勝てば官軍！
そもそも政治・外交・戦争
というモンは
そういうもんだろうが！

「これは騙し討ちである！」

第5幕

栄光と屈辱のヴェルサイユ

ドイツ第二帝国（ツヴァイテライヒ）の成立

ナポレオン3世は跪（ひざまず）いたが、戦争は終わらなかった。フランスは、この〝弱い皇帝〟を退位させ、戦争の続行を宣言してきたのだ。しかし、ビスマルクはそんなことより頭の痛い問題を抱えていた。この戦争が終わる前にどうしても「第二帝国（ツヴァイテライヒ）」を成立させておきたかったが、その即位式典の場所の選定に難儀していたのだ。

ハラが減っては
戦はできぬ…

国防政府

パリ

〈 ドイツ第二帝国の成立 〉

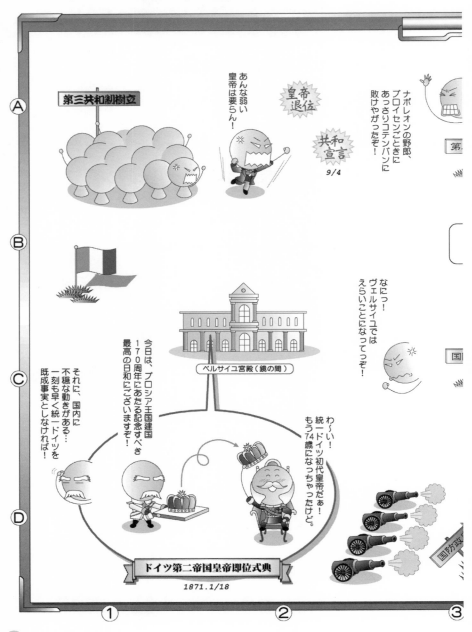

1870〜71年

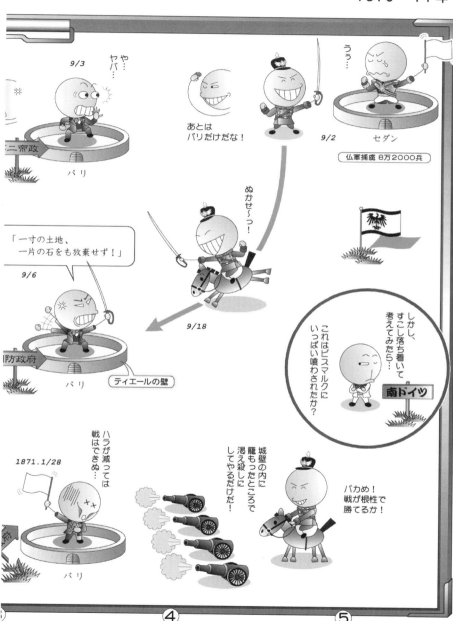

こうして９月２日、ナポレオン３世は白旗を振りました（A-5）。
戦端が開かれて（８月２日）からちょうど１ヶ月後のことです。

これで戦争は終わった ── と思いきや、翌日、ナポレオンの敗報がパリに伝わる（A-3/4）と、パリ市民たちは「弱い皇帝（アンブルール）など要らない！」とただちにナポレオンを退位させ、共和宣言（＊01）をした（９月４日）（A-2）ばかりか、「一寸の土地、一片の石をも放棄せず！」（B-3/4）
…とただちに（９月６日）「国防政府（C-3）」を立ち上げ、戦争を継続することを宣言します。

しかし、軍部はすでに崩壊同然。

こうしたとき、フランスはいつも“伝家の宝刀”を抜きます。

「祖国は危機に瀕す！」

フランスは軍が崩壊すると、いつもこの非常事態宣言を発して“義勇兵”を募りますが、今回もアッという間に30万もの市民が集まりました（＊02）。

このような盛り上がりを見せるパリに、９月18日、独軍（ドイツ）が殺到（B-4/5）して「ティエールの壁（＊03）（C-4）」の中に閉じ籠もるパリ市民を包囲、攻城戦が始まります。

攻城戦については、孫子も「城を攻むるは下策」としていますし、クラウゼヴィッツを生んだドイツでも「攻城三倍則」が唱えられるほど困難を伴います。

しかしながらそれは、攻城側があくまで敵城を「短期で攻め陥とす」ことを目指した場合であって、攻城側にゆっくり時間をかけて「飢え殺し（兵糧攻め）」を以て臨む（D-4/5）覚悟があるならば、籠城側に勝機はありません。

また籠城するパリでも、威勢がいいのはこうした「目の前の現実」がまったく見えていない無知蒙昧な民衆だけで、共和国政府は「勝ち目のない現実」を見据え、裏では和平交渉に入っていました。

（＊01）このとき生まれた共和国が「第三共和制」で、第二次世界大戦でヒトラーに解体されるまでつづきます。戦後、共和国が復活して「第四共和制」となり、ド・ゴール大統領以降、現在までつづく「第五共和制」に連なります。

（＊02）もっともその実体は、日当１フラン50サンチーム（現在の日本円に換算すると1500円前後）欲しさにむらがった失業者たちでしたが。

とはいえ、和平交渉を成立させるためには徹底抗戦の " 熱病 (＊04) " に冒された民衆の目を覚まさせなければなりませんが、いつの世もどこの国も、大衆というものは " 感情 " で判断し、 " 衝動 " で動くものであって、 " 理屈 " が通じる相手ではありません。

ここでもし、新政府が理を諭して「 和睦 」を唱えようものなら、ナポレオン 3 世同様、彼らの怒りを買って逆に新政府が倒されてしまうでしょう。

さらに問題は、パリ城内では自給自足ができないため、アッという間に食糧が底を突くこと。

この 2 つの問題を解決するため、政府は口先だけで「 徹底抗戦！ 」を叫んで大衆に迎合しながら、血の気の多い者から順に隊列を組ませ、勝ち目のない無謀な突撃を繰り返させます。

―― 和睦に反対するバカどもを敵（ドイツ）が始末してくれる。

そのうえ、死んでいったやつらの分、兵糧（ひょうろう）が浮く。

一石二鳥だ。

（ ＊03 ）1840 年代後半 ～ 1920 年代にかけてパリ全域を取り囲むようにして存在していた城壁。

（ ＊04 ）当時の共和国政府（ 国防政府 ）がこのときの熱狂する民衆を指して言った言葉。

たいへんひどい仕打のように見えるかもしれませんが、「降伏を望む政府（または軍首脳）」と「徹底抗戦を叫ぶ国民（または兵士）」の意志の乖離（かいり）がある場合、よく使われる "手" です（＊05）。

　こうして「パリ攻囲戦」自体はつづきましたが、すでに勝負は見えており、あとは時間の問題。

　戦争の終わりが見えてきたとなればモルトケの仕事も一段落、ふたたびビスマルクに "バトン" が渡されることになります。

　もちろん彼はすでにつぎの "一手" を見据えていました。

　それがドイツの宿願「天下統一」です。

　普墺（プロイセン オーストリア）戦争の際にもそのチャンスは訪れましたが、あのときは南独（ドイツ）4邦（＊06）がプロイセンに併合されてしまうことを潔（いさぎよ）しとせず、ナポレオン3世にすがったため失敗しました。

　しかし今回は、その南独4邦も「連邦軍（ドイツ）」の一員としてともに共同戦線を張ってナポレオン3世を倒し、いまだ交戦中です。

　ひとたびこの戦争が終わってしまえば、南独4邦の "熱病（ドイツ）" もすぐに冷めてしまう（C-5）ことは目に見えており、「天下統一（ドイツ）」の好機（チャンス）はその熱が冷めやらぬ今をおいて他にない！　急がねば！

　しかし、問題はその「統一ドイツ皇帝即位式典」をどこで挙行すべきか。

　ふつうに考えれば首都「ベルリン」ですが、当時はフランスとの交戦中にあってベルリンはパリから遠すぎて、すべてのドイツ代表をここに集めるのは無理がありました。

　それに、いまだプロイセン王が「統一ドイツ皇帝」として即位することを苦々しく思う勢力があり、ベルリンで即位式典を上げることはそうした者たち（特に南独（ドイツ）諸邦）を不用意に刺激し、せっかくの結束ムードにヒビを入れてし

（＊05）例を挙げれば枚挙に遑がありませんが、たとえば日清戦争の「平壌会戦」でも、城を放棄して撤退を望む清朝側の守将（葉志超）は、「徹底抗戦！」を叫ぶ兵をわざと無謀な突撃を繰り返させて日本軍に殺させ、あらかた主戦派がいなくなったのを見計らってから撤退しています。

（＊06）バイエルン王国・ヴュルテンベルク王国・バーデン大公国・ヘッセン大公国。

ヴェルサイユ宮殿 鳥瞰　　　　　　　　　　　　© Google Earth

まう懼れがあります。

　では、フランクフルト[*07]はどうか。

　フランクフルトなら、歴代「神聖ローマ帝国」の皇帝が即位してきた、歴史
的に由緒正しき場所ですし、パリからもそれほど遠くなく、最適かとも思われ
ましたが、じつはそうであるが故に、今度はオーストリアを不必要に刺激して
しまう懼れがあり、これも落選となりました。

　その他の候補地も「あちらを立てればこちらが立たず」で、ドイツ国内で適
当な場所が見当たりません。

　そこで、「ドイツ諸邦が同盟して外征したとき、その敵地の中枢都市でその盟
主を選んだ」というドイツの慣例に倣うことにします。

―――――――――――――――――――――――――――――――――――――

（*07）単に「フランクフルト」とある場合には、たいていマイン河畔のフランクフルト（フラン
　　　クフルト＝アム＝マイン）を指し、オーデル河畔にある方は「フランクフルト＝アンデル
　　　＝オーデル」と呼んで区別します。

こたびの外征（<ruby>普<rt>プロイセン</rt></ruby>　<ruby>仏<rt>フランス</rt></ruby>戦争）での"敵地の中枢都市"といえばもちろんパリですが、ここは現在交戦中なので無理。

　そこで、その副都とも言うべき、パリから20kmほど南西にあるヴェルサイユに"白羽の矢"が立つことになりました。

　ここならば、歴代ブルボン朝国王（＊08）の住まいたる荘厳なヴェルサイユ宮殿（C-2）があります。

　このヴェルサイユ宮殿（前ページ写真参照）は、北翼棟と南翼棟の中央に中庭（王の内庭）を配し、これを囲むようにして本館がありますが、その一番奥の2階にある回廊「鏡の間（＊09）」はイベントごとには最適の場所。

　年が明けて1871年1月18日、その鏡の間で「ドイツ皇帝即位式典」が催されることになりました（D-1/2）。

　ビスマルクとて考えに考えた上でここしかなかったとはいえ、まさに「パリ攻囲戦」のまっただ中、フランス人がドイツ人に対する憎しみを燃えたぎらせている中で、そのフランス文化の象徴であり誇りであるヴェルサイユ宮殿で即位式典を挙行したことは、フランス人の深い恨みを買い、のちのちドイツにとって「滅亡と屈辱の歴史」の遠因となってしまう（＊10）のでしたが。

ドイツ第二帝国皇帝即位式典

（＊08）ルイ14世・ルイ15世・ルイ16世の3代。

（＊09）長さ75mもの回廊に578枚もの鏡が壁一面に貼られているため、この名があります。外国特使との謁見、祝宴などの場として使用されました。

（＊10）「滅亡」については、拙著『世界史劇場 第一次世界大戦の衝撃』で、「屈辱」については『世界史劇場 ナチスはこうして政権を奪取した』にて詳説しています。

第6幕

パリ＝コミューンの誕生

ヴェルサイユ仮条約

ナポレオン3世につづいて国防政府も白旗を振り、よ
うやく普仏戦争も講和へと舵を切った。ところが、そ
の講和内容にパリ市民は激怒、やがてそれは叛乱と
なって結実する。これが「パリ＝コミューン」である。

しかし、素人集団による国家運営などうまくいくはず
もなく、凄惨な最後を迎えることになった。

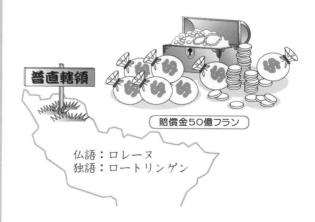

普直轄領

賠償金50億フラン

仏語：ロレーヌ
独語：ロートリンゲン

〈 ヴェルサイユ仮条約 〉

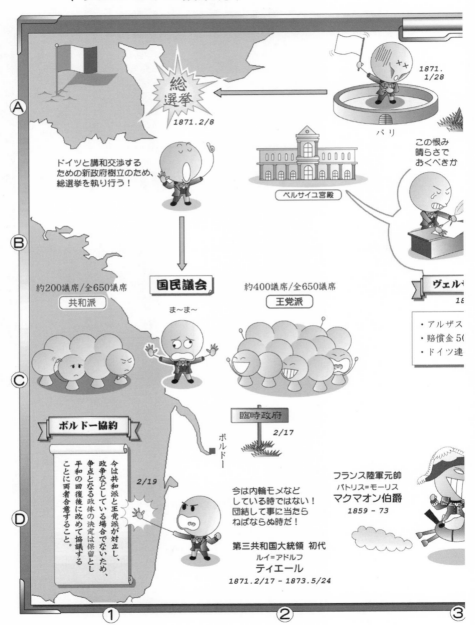

1871.
1/28

パリ

総選挙
1871.2/8

ドイツと講和交渉する
ための新政府樹立のため、
総選挙を執り行う！

ベルサイユ宮殿

この恨み
晴らさで
おくべきか

約200議席/全650議席
共和派

国民議会
ま〜ま〜

約400議席/全650議席
王党派

ヴェル

18

・アルザス
・賠償金 50
・ドイツ連

ボルドー協約

臨時政府
2/17

ボ
ル
ド
ー

今は共和派と王党派が対立し、
政争などしている場合でないため、
争点となる政体の決定は保留とし
平和の回復後に改めて協議する
ことに両者合意すること。

2/19

今は内輪モメなど
している時ではない！
団結して事に当たら
ねばならぬ時だ！

第三共和国大統領　初代
ルイ＝アドルフ
ティエール
1871.2/17 - 1873.5/24

フランス陸軍元帥
パトリス＝モーリス
マクマオン伯爵
1859 - 73

① ② ③

1871年

普直轄領

仏語：ロレーヌ
独語：ロートリンゲン

賠償金50億フラン

仏語：アルザス
独語：エルザス

国務政府

さっさとそいつに
サインして
もらおうか！

講和の条件は
これだ！

・史上初の労働者による自治政権
・史上初の 社会主義政権

...サイユ仮条約

...871.2/26

...・ロレーヌの割譲
...50億フラン
...邦軍のパリ入城

なんなんだ、
その屈辱的な
条約は〜っ！

パリ

売国奴政府など認めん！
我々の理想郷を創るのだ！

パリコミューン

3/18 - 5/29
(for 73 days)

叛逆者どもを
皆殺しにして
名を上げてやるぜ！

血の
一週間

5/21 - 28

ぐぁぁぁぁ！

パリ

よぉ〜〜しっ！
理想の国造りを
するぞぉ〜っ！

・女性参政権 ・官吏は随時罷免可能
・政教分離 ・官吏俸給は労働者以下
・常備軍の廃止 ・各種労働者保護立法
・共和暦の採用 ・私有財産の否定的立法
・児童の夜間労働の禁止

さて、ヴェルサイユで「ドイツ第二帝国即位式典(ツヴァイテライヒ)」が行われていたちょうどそのころ。

　場面をパリに戻すと、その"屈辱の日"はパリが連邦軍に包囲されてからちょうど4ヶ月目の日で、すでに兵糧(ひょうろう)は底を尽き、カビだらけのパンや、戦に必要な軍馬、雀などはたちまち喰い尽くされ、やがては下水を駆けまわるネズミを争って喰らうようになるまでパリ市民は追い詰められていました。

　そのうえ、そこまでして踏ん張ってみたところで、その先に光明が差すわけでもなく、無謀な突撃を繰り返したことで主戦派(タカ)もあらかた戦死し、生き残っている主戦派(タカ)も一気に意気消沈し、ついに輿論も休戦に傾いて(トーンダウン)(よろん)、即位式典からわずか10日後(1月28日)、ついにナポレオンにつづいて新政府も白旗を振ることになったのでした(A-2/3)。

　ここにようやく「普(プロイセン)　仏(フランス)戦争」は終わりを告げます。

　フランス国防政府は「普(プロイセン)　仏(フランス)戦争を戦い抜くため」に生まれた政府でしたから、それが敗戦によってその役割を終えると、つぎに「和平交渉をするため」の新政府を作る必要に駆られます。

　これが「臨時政府(C/D-2)」です。

　そこで、まだ降伏から10日も経たぬ2月8日には総選挙(A-1/2)が実施され、17日にはボルドー(＊01)(C/D-1/2)に「国民議会(B/C-1/2)」が設置されます。

　しかし、蓋(ふた)を開けてみれば、この国民議会は全650議席のうち「共和派」がたった1/3(約200議席)(B/C-1)で、残りの2/3(400議席以上)が「王党派」(B/C-2)という有様(＊02)。

　そのため、このまま「王政復古か!?」とも思われましたが、王党派も一枚岩でなく「正統ブルボン派」や「傍系オルレアン派」など、どの系統を新王に立てるかで対立していたためどの党派も過半数を取れず、議会はいきなり政体を

（＊01）パリ包囲戦の直前に、パリの富裕層の多くが逃げてきていた、いわば疎開地。

（＊02）選挙期間は3週間しか与えられず、パリ以外ではほとんど選挙活動も行われなかったため、どこまで民意が反映されているか怪しいものでしたが、当時の非常事態を考えれば致し方ない側面がありました。

めぐって空転することに。

―― この国家存亡の機にあって内部対立などしていられない！

　臨時政府の行政長官（のちに大統領）となったＬ.Ａ.ティエール（D-2）は、東奔西走して彼らを説得、「政体については講和が成立したのちに議論する」という合意（ボルドー協約）（D-1）を取り付け、今は講和問題に専念することに成功します。

　こうして２月26日、ヴェルサイユで仮条約が成立（B-3）しました。

- アルザス・ロレーヌ両州の割譲
- 賠償金50億フラン^{（＊03）}の支払い
- ただちにパリを開城し、ドイツ連邦軍の入城を認める（C-3）

　「普仏戦争」はよく「普墺戦争」と比較されますが、それと較べてもあまりにも厳しすぎる！

（＊03）現在の資産価値に換算すると、およそ5000億円。普仏戦争の時の賠償金（2000万ターラー≒200億円）のざっと25倍。ちなみに、この仕返しとして第一次世界大戦後にフランスがドイツに要求した賠償金額がそのさらに400倍の200兆円（1320億金マルク）。

アルザス・ロレーヌ両州（A/B-4/5）は地下資源（石炭・鉄鉱など）豊富な、戦後のフランス経済を支える地盤として期待されていた土地で、賠償金は桁違いの高額。

　それだけでも許せないのに、あの憎っくき独軍（ドイツ）がこれから我が町パリを我がもの顔に闊歩する！？

　これを知ったパリ市民（ジャン）は激怒、パリ全体に不穏な空気が覆います。

　3月1日、独連邦軍が仮条約に基づいてヌイイ門（＊04）から入城し、あのナポレオン1世が造った凱旋門（トリオンフ）をくぐり、シャンゼリゼ通り（アヴニュ）で祝勝パレードを実施したのですが、通りには人っ子ひとり現れずに寂（しず）まり返り、通り沿い（アヴニュ）の建物の窓からは弔旗（ちょう）（黒い旗）がはためくというただならぬ雰囲気。

　一応そのままルーブル宮に入城したものの、ドイツ兵らはこの険悪な雰囲気に生きた心地がせず、たった2日でパリから逃げ出してしまったほど。

　このときこそ何も起こらなかったものの、いつ何時、爆発するか知れない情勢に、3月18日、ティエールはパリに入城して普（プロイセン）仏（フランス）戦争時に使用していまだパリ市内に保管されていた武器を接収し、パリを武装解除しようとしましたが、それがかえって叛乱勃発の契機となってしまいます（＊05）。

　「コミューン万歳！」（ヴィーヴ・ラ・コミューヌ）の声が市内をこだまし、パリは騒乱状態となり、ティエール以下政府高官はヴェルサイユに逃亡、まもなくパリには労働者（プロレタリア）を中心とした政府が生まれました（3月28日）。

　これこそ、「史上初の労働者（プロレタリア）による自治政権」であり、「史上初の社会主義政権（ソシアリスト）」となったパリ＝コミューンです（B/C-5）。

　その勢いの激しさを前に、ティエールは這々（ほうほう）の体（てい）でパリを脱出し、臨時政府の拠点をヴェルサイユに移さざるを得なかったほど。

　彼らはその勢いに乗って、女性に参政権を附与し、労働者に各種の保護立法

（＊04）かつて、パリ市の北東にあった「ティエールの壁」の城門。

（＊05）臨時政府は、夜明け前のうちに秘かに武器を接収しようと試みたのですが、たまたまその現場を目撃したパリジェンヌたちが騒ぎはじめてしまいます。
　　　　接収部隊の将軍（クロード＝ルコント少将）が兵に射殺を命じましたが、兵らはこれを拒否し、逆に将軍の方が捕らえられ処刑されてしまい、叛乱となっていきました。

（＊06）を制定し、官吏俸給を労働者以下に減給し、その他にも政教分離、常備軍廃止、私有財産の否定、革命暦^{（＊07）}の採用（D-5）── などなど、"政治素人_{シロート}が頭の中で思い描いた理想政策"を矢継ぎ早に立法化していきます。

しかしながら。

過去、こうした「短期のうちに"理想"を追求した政治」がうまくいった例_{ためし}はなく、それはうまくいかないどころか、かならず"破局_{カタストロフ}"を招く ── ということは歴史によって証明されています。

なんとなれば、政治・経済・外交というものは「理想を追求すればうまくいく」などという、そんな単純_{シンプル}なものでもなければ安直_{チープ}なものではなく、それどころか相対性理論・量子論^{（＊08）}がタッグを組んでも太刀_{たち}打ちできないほどの複雑怪奇・難解至極・混沌_{カオス}たる存在であり、"常識"などまるで通用しない世界であるためです。

そんな政治の世界に"常識"や"理想"などを取り込もうとすれば、たちまち大混乱に陥ることは必然で、もし政治というものが、そんなにも簡単_{イージー}なもので

なんなんだ、
その屈辱的な
条約は～っ！

・史上初の労働者による自治政権
・史上初の　　　　　社会主義政権

パリコミューン

売国奴政府など認めん！
我々の理想郷を創るのだ！

（＊06）結社・集会の自由、発言・信教の自由、失業者などの生活保護、社会保障など。

（＊07）フランス革命期に制定された暦。

（＊08）相対性理論が"マクロの世界"を、量子論が"ミクロの世界"を扱った物理理論。
　　　　ともに「一般常識」がまったく通用しない、極めて難解な理論体系です。

第１章　ビスマルク登場
第２章　ビスマルクの独擅場
第３章　ビスマルクの内政
第４章　ビスマルク外交
最終章　ビスマルク失脚後

あるならば、世界などとうの昔に楽園（パラダイス）となっていたでしょう。

　人類は、この「政治」という"制御（コントロール）不能の暴れ馬"の手綱（たづな）をどう取ればよいのか、悠久の歴史の中で無数の失敗を繰り返しながら、少しづつ少しづつその術策（ノウハウ）を蓄え、体系化してきましたが、こうして手に入れた術策体系（ノウハウ）は、一般大衆などには到底理解できるような代物ではありませんでした。

　それなのに、まったく政治・経済・外交の知識も経験もない者たちが実権を握って国家の舵取りをしようというのですから、うまくいくはずもなく。

　その幼稚さと言ったら、敵対するティエール政権（臨時政府）から「パリ市内の現金・證券（しょうけん）の返還」を求められると素直にこれに応ずるという無能をさらけ出し、戦（いくさ）となれば如何（いか）に味方を増やすかの「外交」がモノを言うのにこうした努力はまったく行われず(＊09)、コミューンが意気盛んな最初期のうちにヴェルサイユに進軍していればティエール政権など崩壊していたのに、自分たちの"理想政策"の立法化にばかり時間を割き、その最初で最後の最大好機（チャンス）すら活かせない。

　他にもすべてにおいて悪手・失態・愚行・怠慢のオンパレード。

　それもこれもパリ＝コミューンの首脳が政治・経済・外交にまったく疎（うと）い素人（シロート）集団なるが故。

　これとは対照的に、ティエールは強（したた）か。

　パリ＝コミューンから返還してもらった現金・證券（しょうけん）を軍事費に回し、ついさきほどまで敵だった独軍（ドイツ）に頭を下げて捕虜を返還してもらって兵力を復活させ、各地に起こった叛乱を外交的に孤立化させてこれを各個撃破。

　満を持し、パリ＝コミューンが生まれたちょうど2ヶ月後の5月18日からパリ攻略戦に入り、周辺の防衛拠点をつぎつぎと陥（お）としていきます。

　そしてついに総司令官Ｐ.Ｍ.マクマオン伯爵（バトリス　モーリス）（D-3）は「ティエールの

（＊09）各地でパリ＝コミューンに追従する暴動が起き、コミューン宣言する都市が現れたのに、これと連携する努力も行われず、そのためすぐに孤立化し、崩壊してしまいます。

（＊10）「テオドシウスの壁」に護られて難攻不落を誇ったコンスタンティノープルも、一説には「城門の掛け忘れによって易々とオスマン帝国軍が侵入できた」と言われています。
　　　どんな強固な城塞であろうとも、味方の裏切り・無能の前にはどうしようもありません。

壁」に立て籠もるパリ＝コミューンを囲みました。

　この城壁が難関だったため、城内のスパイを使ってサン＝クルー門の鍵を内側から開けさせ^{（＊10）}、５月21日これを突破します。

　しかし、市内に入城したヴェルサイユ軍は、「一般市民」と「連盟兵」の区別が付かなかったため、

――疑わしきは殺せ！

　…と、老若男女を問わぬ無慈悲な殺戮・虐殺が敢行されていきました^{（＊11）}。

　ある者は「灰髪（シュヴーグリ）だから」、ある者は「手が汚れているから」、ある者は「時計を持っていたから」という理由なき理由で。

　28日までに最後の組織的抵抗は終わり、パリ＝コミューンはたった73日間の短い寿命を終えることになりましたが、その後も白色テロルがつづき、２〜３万人ものパリ市民が虐殺されることになったのでした。

（＊11）これを「血の一週間（D-3/4）」といいます。中国でも後漢末、袁紹が宦官虐殺を行ったとき、混乱する宮城の中で誰が宦官がわからなかったため、「髭の生えていない者（宦官は髭が生えない）は片端から殺せ！」と命じています。これにより、ただ髭を剃っていただけの者まで問答無用で殺されたため、宦官じゃない者は服を脱ぎ捨て、斬りかかろうとする兵士に男性器を振り回して自分が宦官でないことを示しました。

Column 因果応報

　「血の一週間」での凄惨な殺戮は、そこだけを見るとパリ市民に対する同情の念を禁じ得ません。

　しかしながら、歴史に限らず物事すべて森羅万象、一部だけを見ていたのでは"真実"はその姿を現しません。

　仏教には「因果応報」── 吉事も凶事もすべての結果は自分の言動が原因となって自ら招き寄せたもの ── という考え方があります。

　とするならば、パリ市民がこれほどの凄惨な虐殺を受けねばならなかった"原因"も彼ら自身の言動にあることになります。

　敢えてそれを探すならば、「己の力量を過信し、己の手に負えないものに安易に手を出した」ことへの報いでしょう。

　中国の故事に、「龍というのは普段は滝壺の奥深くで閑かに暮らしているのに、これを乗りこなそうとある若者が龍にちょっかいをかけた結果、その"逆鱗（81枚ある龍の鱗のうち1枚だけ逆さに生えている鱗）"に嬰れてしまい、龍は怒り狂って天に昇り、嵐を呼び、大河を氾濫させ、すべての者の命を奪う」というものがあります。

　身の程知らず（ある若者）が制御不能な存在（龍）に手を出せば、かならず天罰（龍の怒り）を喰らうという寓話ですが、この"龍"を「政治」、"ある若者"を「パリ市民」と置き換えれば、"龍の怒り"が「血の一週間」だったということになります。

　振り返るに、今、人類は「遺伝子操作」「人工知能」など、人間の領分を超えた"神の領域"というべきものに手を出しつつあります。

　これらは人間ごときにはまったく制御不能なものなのに、その自覚なく、自らの能力を過信し、一部に警鐘を鳴らす者がいてもまったく聞く耳を持たず、これに邁進しつづけています。

　これは「理想郷を夢見て、自分の領分を超えた政治に手を出して凄惨な殺戮をされたパリ＝コミューン市民」とまったく同じ。

　人類はいつの日かかならず凄惨な報いを受けることになるでしょう。

第3章 ビスマルクの内政

第1幕

帝国の "2つの顔"

ドイツ帝国憲法

天下を統一したといっても、それは"上辺"だけのこと。ここからが本当の"国造り"と言ってよい。まずは近代国家として「統一ドイツ憲法」を創らねばなりませんが、500年にわたる分断国家から生まれ変わるためには一朝一夕にはゆきません。これから漸進的に統一の歩みを進めていかねばならない。

憲法

ドイツ第二帝国憲法

〈 ドイツ帝国憲法 〉

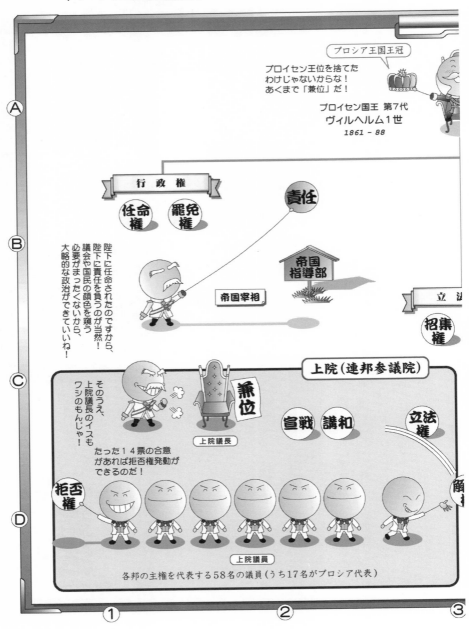

プロシア王国王冠

プロイセン王位を捨てた
わけじゃないからな！
あくまで「兼位」だ！

プロイセン国王 第7代
ヴィルヘルム1世
1861 – 88

行 政 権

任命権　罷免権　責任

陛下に任命されたのですから、
陛下に責任を負うのが当然！
議会や国民の顔色を窺う
必要がまったくないから、
大略的な政治ができていいね！

帝国指導部

帝国宰相

立法

招集権

そのうえ、
上院議長の
イスも
ワシの
もんじゃ！

兼位

上院（連邦参議院）

上院議長

宣戦　講和

立法権

たった14票の合意
があれば拒否権発動が
できるのだ！

拒否権

顔

上院議員

各邦の主権を代表する58名の議員（うち17名がプロシア代表）

① ② ③

1871年

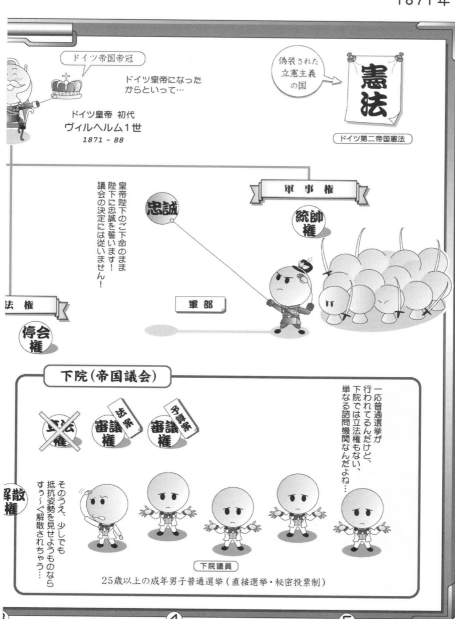

ドイツ帝国帝冠

ドイツ皇帝になったからといって…

ドイツ皇帝 初代
ヴィルヘルム1世
1871 - 88

偽装された立憲主義の国 → **憲法**

ドイツ第二帝国憲法

皇帝陛下のご下命のまま陛下に忠誠を誓います！議会の決定には従いません！

軍事権

忠誠

統帥権

軍部

法権

停会権

下院（帝国議会）

一応普通選挙が行われてるんだけど、下院では立法権もない、単なる諮問機関なんだよね…。

立法権

審議権

法案

審議権

予算案

解散権

そのうえ、少しでも抵抗姿勢を見せようものならすぅ～ぐ解散されちゃう…

下院議員

25歳以上の成年男子普通選挙（直接選挙・秘密投票制）

苦

節10年、ようやく天下統一は成り、フランスも片づいた！

しかし、心得違いをしてならないのは、これは"終わり"ではなく"始まり"だということです。

ついこの間まで500年にわたって分断国家だったドイツは、もはや「分断ドイツ」こそが"常態"となっていました。

政治・社会・経済、その他ありとあらゆる統治システムから国民意識、生活の隅々に至るまで有形無形すべてが「分断ドイツ」を前提に成り立っているのですから、それが「今日からプロイセンを中心として統一ドイツとなった！」といわれて、全ドイツが上から下まで右から左まで一斉に「ははーっ！」となるわけがありません。

"ジグソーパズル"で喩えるなら、「天下統一」はバラバラのピースを組み終わったばかりのところ。

一見すると「完成」したように見えますが、机から落としてやるだけで、いとも簡単にバラバラに戻ってしまう脆い状態です。

ここで気を緩めず、ひとつひとつのピースを「のり付け」しなければ本当の完成とは言えず、ジグソーパズルと違って、じつのところこちらの方が天下統一よりずっと困難で時間のかかる作業なのです。

中国にこんな逸話があります。

ドイツの分断時代同様、400年もつづいた分裂時代(魏晋南北朝)を経て、ようやく安定王朝を築きあげたのが唐の太宗です[01]。

そこで太宗は、魏晋南北朝の400年間、幾たびも「統一寸前」あるいは「短期統一」が生まれては泡沫のように消えていった過去に鑑み、自らの帝国の行く末を案じて、家臣団に尋ねています。

── 帝王の御業は「創業」と「守成」、どちらが難しいであろうか。

重鎮のひとり房玄齢は答えます。

(＊01)よく「隋を以て統一時代」と語られますが、その間、西晋がいったん天下を統一したように見えながらわずか20年で崩壊してしまったため「分裂時代の一部」として語られるように、隋の再統一もわずか30年と保たずに破れており、西晋に準ずるなら「分裂時代の一部」と解釈することもできます。
天下がほんとうに安定したのは唐の2代太宗の御世になってからです。

144

「それはもちろん創業でしょう。

　天下が乱れ、数多の群雄が割拠する中からこれを勝ち抜き、

　天下を手中に収めるは至難の業なのですから」

　しかし、これに対して魏徴が反駁して曰く。

「いえ、やはり守成でございましょう。

　古来、天下に覇を唱えた者など掃いて捨てるほどおりますが、

　そうして得た天下を永く維持できた者はひとりもおりませぬ故」（＊02）

　創業の困難さは誰にでも理解できますが、守勢の困難さは見えづらく、だからこそこれを守るのは至難なのです。

　ビスマルクほどの人物がそこに考えが及ばぬわけがありません。

　そこでまず、「帝国」の基本的な枠組をどう整えていくか。

　そしてそれを「憲法（＊03）」によって規定しなければなりません。

　ところで、「ドイツ第二帝国」について巷間よく勘違いされていることがあります。

　そのひとつが、「これまでの諸邦が発展的に解消して政治的に単一政権となった」というもの。

　然に非ず。

プロシア王国王冠

ドイツ帝国帝冠

プロイセン国王　第7代
ヴィルヘルム1世

ドイツ皇帝　初代
ヴィルヘルム1世

（＊02）このときの会話が後世「創業は易く、守勢は難し」という格言になりました。

（＊03）正式名称は「ドイツ国憲法」ですが、一般的には「ドイツ（第二）帝国憲法」とか「ビスマルク憲法」と呼ばれます。この憲法は「大日本帝国憲法」にも影響を与えたものですから、その理解は我々日本人にとっても重要な意味を持ちます。

「プロイセン王国」をはじめとして、統一前から存在する「22の君主国」と「3つの自由市」^(＊04)はそのまま残しつつ、それを包括する"枠"として「帝国」を作り、プロイセン国王がその「皇帝」を兼位する（A-2/3/4）という形を取ったにすぎません。

そしてもうひとつのよくある勘違いが、「第二帝国は強権王朝」だというもの。

「帝国」という言葉からして強そうなイメージがありますが、じつはこのときの「第二帝国」はあくまで「22の君主国と3つの自由市の連邦体」にすぎません。

ビスマルクは、「500年つづいた分断国家」をいきなり「統一王朝」にするのは不可能と、まずはその"過渡期"として「連邦」構想を練ったのでした。

そして、少しづつ長い時間をかけて地方の力を削いでいき、本当の意味で「統一」をしていこうという壮大な計画です。

まず、帝国内の諸邦はそれぞれ独自に司法権・立法権・行政権を有していて、たとえ皇帝と言えどもその内政にまでは口出しできませんでしたから、そうした点では「封建的」ではありますが、しかしだからといって、帝権が弱かったというわけでもありません^(＊05)。

たとえば帝国の行政府（帝国指導部）（B-2）の長「帝国宰相（B/C-2）」はプロイセン首相が兼任し、各省庁もすべて帝国宰相の管轄下に置かれ、絶大な権限が与えられましたが、そんな帝国宰相もその任免権（B-1）はあくまで皇帝（A-3）が有し、皇帝の信任なくしてその地位は安堵されません。

何か失政を犯したり、皇帝のご機嫌を損ねることをするたびに、宰相は皇帝に辞表を出さなければならず、これが慰留されれば首がつながり、受理されれば失脚となります。

（＊04）詳しくは、次の見開きの一面パネルをご参照ください。

（＊05）ドイツ諸邦を「諸藩」、ドイツ皇帝を「将軍」、プロイセン王国を「天領」と置き換えると、諸藩の内政にまでは口出しできなかったものの、天領が他藩を圧倒して広く、幕府の権力は絶大だったという点において、日本の徳川幕府にも似ていると思えばイメージしやすいかもしれません。

第 1 章　ビスマルク登場

第 2 章　ビスマルクの独擅場

第 3 章　ビスマルクの内政

第 4 章　ビスマルク外交

最終章　ビスマルク失脚後

　しかし逆の見方をすれば、帝国宰相（ライヒスカンツラー）はあくまで皇帝（カイザー）に責任を負う（A/B-2）のであって国民に負うのではありませんから、皇帝（カイザー）ひとりの心を摑んでさえいればいちいち国民の顔色を窺（うかが）う必要なく、自分の思うがままの政治が行える点はビスマルクにとっては利点（メリット）となります。

　時の為政者が無能・悪辣であるとき、民主主義はこれを監視・抑制するのに有効ですが、すぐれた政治家が己（おの）が思い通りの善政を行おうとする際には邪魔以外の何物でもないためです（＊06）。

　つぎに軍部についても、統一的な「ドイツ帝国軍」なるものが設置されていたわけではなく、プロイセン軍をはじめとして各邦ごとに独自の軍を保有し、将校の養成・任免・昇級、および練兵なども独自に行っていました（＊07）。

　ただし、戦時にはこれらを統括して皇帝（カイザー）が統帥権（B-5）を持つことができ、全軍は皇帝（カイザー）に忠誠を誓い（A/B-4）、実態は混成軍ながら外から見るぶんには「ドイツ帝国軍」であるかのように動かすことが可能となっていました。

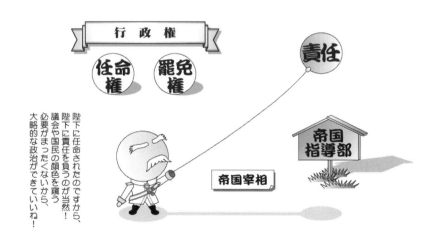

陛下に任命されたのですから、陛下に責任を負うのが当然！
議会や国民の顔色を窺う必要がまったくないから、大略的な政治ができていいね！

（＊06）大衆というのは近視眼的・即物的にしか物事を捉える力がないため、先の先まで見通した深謀遠慮の政治がまったく理解できず、ビスマルクの所信演説のときを思い出してもらってもわかるように、目先の損得だけに捉われていちいち反対してくるためです。もしあのとき議会の反対が通っていたら、ドイツの統一など永久になかったでしょう。

（＊07）この点においても日本の徳川幕府に似ています。

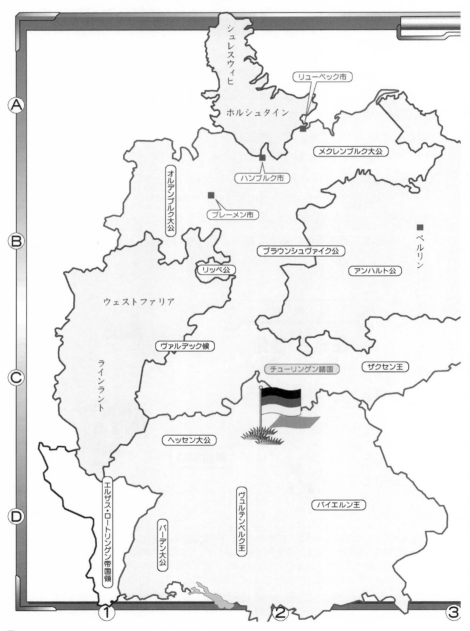

〈 ドイツ第二帝国の組成 〉

シュレスウィヒ

リューベック市

ホルシュタイン

メクレンブルク大公

オルデンブルク大公

ハンブルク市

ブレーメン市

ベルリン

ブラウンシュヴァイク公

リッペ公

アンハルト公

ウェストファリア

ヴァルデック候

チューリンゲン諸国

ザクセン王

ラインラント

ヘッセン大公

エルザス・ロートリンゲン帝国領

バーデン大公

ヴュルテンベルク王

バイエルン王

プロシア王

初代皇帝じゃ～っ!

ドイツ第二帝国皇帝 初代
ヴィルヘルム1世
1871 - 88

どうだ!
誰もが不可能と言った
ドイツ統一を
成し遂げたぞ!
がはははは～っ!

ドイツ帝国宰相
ビスマルク侯
1871 - 90

22君主国 3自由市 1帝国領

4王国	プロシア王 ザクセン王 バイエルン王 ヴュルテンベルク王
6大公国	バーデン大公 ヘッセン゠ダルムシュタット大公 メクレンブルク゠シュヴェリーン大公 メクレンブルク゠シュトレーリッツ大公 オルデンブルク大公 ザクセン゠ヴァイマール゠アイゼンバッハ大公
5公国	ブラウンシュヴァイク公 アンハルト公 ザクセン゠コーブルク゠ゴータ公 ザクセン゠マイニンゲン公 ザクセン゠アルテンブルク公
7侯国	シュヴァルツブルク゠ゾンダースハウゼン侯 シュヴァルツブルク゠ルードルフシュタット侯 ロイス゠エルテレ゠リーニエ侯 ロイス゠ユンゲレ゠リーニエ侯 シャウムブルク゠リッペ侯 ヴァルデック侯 リッペ侯
3自由市	リューベック市 ハンブルク市 ブレーメン市
1帝国領	エルザス゠ロートリンゲン

ビスマルクの方が
役者が一枚も二枚も
上だった…

ハプスブルク朝 第3代
フランツ゠ヨーゼフ1世
1848 - 1916

第 1 章　ビスマルク登場
第 2 章　ビスマルクの独擅場
第 3 章　ビスマルクの内政
第 4 章　ビスマルク外交
最終章　ビスマルク失脚後

議会は上院（連邦参議院）（Ｃ-2/3）と下院（帝国議会）（Ｃ-3/4）の二院制となっており、下院は「25歳以上の成年男子普通選挙（Ｄ-4）」によって選ばれた議員で構成されており、一見「民主主義」が貫かれているように見えますが、そんなものは下々の者への"見せかけ"にすぎません。

なんとなれば、下院はあくまでも法案・予算案の「審議権（Ｃ/Ｄ-4）」があるだけで決定権のない"諮問機関"にすぎませんでしたし、しかも皇帝には「停会権（Ｂ/Ｃ-3）」が、上院には「下院解散権（Ｄ-3）」がありましたから、下院が少しでも抵抗を示そうものならすぐさま解散させられてしまう弱い立場にあったためです。

下院に期待されていたのは、単なる"皇帝翼賛会"としての役割にすぎませんでした^{（＊08）}。

立法権（Ｃ-3）を持っていたのは上院で、のみならず「宣戦権」「講和権」（Ｃ-2）に加え、さきにも触れました「下院解散権」まで有した、完全な上院優越^{（＊09）}です。

上院議員は、各邦（25邦）から送られた58名の代表で構成されていましたが、内プロイセン代表が17名（30％）を占め^{（＊10）}（Ｄ-2）、しかもわずか25％の得票率（14票以上）で拒否権（Ｄ-1）が発動できるようになっていましたから、プロイセンの同意なくしては事が運ばない仕組になっており、しかも上院の議長（Ｃ-1/2）は帝国宰相が兼位することになっていました。

ただし、あまりにもプロイセンだけに偏った力を与えすぎたのでは、南独諸邦が不満を持つため、南独4邦で16票（6票＋4票＋3票＋3票）とプロイセン（17票）に迫る票数を与え、拒否権も発動できるようにして"ガス抜き"を用意するという巧妙さ。

このように、「連邦制」でありながら「中央集権的」という"2つの顔"を合

（＊08）しかしながら、だからといって下院に何の発言権もなかったというわけでもありません。こうした「停会権」「解散権」といったものは、いざというときの「最後の手段」であって、濫発すれば「じゃあ何のための議会だ!?」と国民の不満を招き、それは帝国そのものの存亡すら殆うくするからです。平時においてはなるべく下院の不満なきよう、折衝と妥協を重ね、ビスマルクですら彼らの同意を得るよう細心の努力を惜しみませんでした。

わせ持った国、それが「ドイツ第二帝国（ツヴァイテライヒ）」でした。

ところで。

何度も申し上げておりますように、組織というものはその組織の創設者の“器”に合わせて造られるものです。

したがって「第二帝国」も“ビスマルクの器”に合わせて創られました。

ビスマルクが自分の思い通りの政治を行えるよう、自らプロイセン首相・外相・帝国宰相（ライヒスカンツラー）・上院（ブンデスラート）議長を兼位し、絶大な権限を揮（ふる）う組織造りをしたのです。

しかしそれは、ビスマルクにとっては動きやすい組織でも、彼亡きあと、彼の跡を継いだ凡人たちではこの組織を持て余すことを意味していました。

そしてそれが帝国崩壊の一因となっていくことになります。

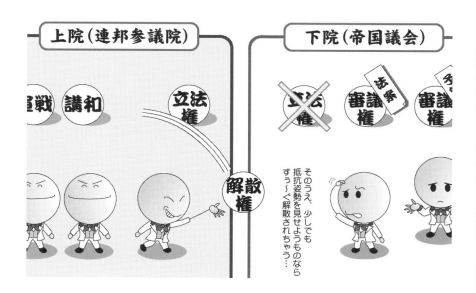

（＊09）現在では、日本をはじめどこの国でも「下院優越」が一般的です。

（＊10）以下、バイエルン（６名）、ザクセン・ヴュルテンベルク（４名）、バーデン・ヘッセン（３名）、メクレンブルクシュヴェーリン・ブラウンシュヴァイク（２名）とつづき、残り14邦・３自由市はすべて１名づつ。

Column　ヴィルヘルム 2 世と煬帝

　　歴史を学ぶとき大切なことは、ただ歴史知識を蓄積していくのではな
く、歴史の共通点と相違点を考究することです。

　　たとえば「ドイツ第二帝国」は、中国史では「隋」によく似ています。
「第二帝国」は、500 年という永きにわたる分裂時代（ウェストファリ
ア・ウィーン体制期）を経て天下を統一していますが、「隋」も 400 年
という永きにわたる分裂時代（魏晋南北朝）を経て天下を統一していて、
建国条件がよく似ています。

　　「第二帝国」を創建したビスマルクは、帝国の殆うさ脆さをよく理解し
ており、統一後は内政に力を注ぎましたが、「隋」の初代文帝も、やは
り帝国の殆うさ脆さをよく理解して、内政に尽力しています。

　　（そもそも「文帝」という諡号が「内政に治績を上げた皇帝」の意。）

　　ところが、ビスマルクの政治がまったく理解できない皇太子ヴィルヘ
ルムは、即位後まもなくビスマルクを失脚に追い込んで実権を握るや、
その後、大々的な鉄道建設（3 B 政策など）と積極的な対外膨張政策（ア
フリカ分割など）に打って出ました。

　　その結果、帝国に待ち受けていたものは「滅亡」の二文字です。

　　統一からわずか 50 年、ヴィルヘルム 2 世が親政を開始してからたっ
た 30 年のことでした。

　　「隋」でも、文帝（ビスマルク）の政治がまったく理解できなかった皇太子 楊 広（ヴィルヘルム）
は、父帝を暗殺してその跡を継ぎ、煬 帝となるや、その後、大々
的な運河建設（京杭大運河）と積極的な対外膨張政策（吐谷渾・林邑・流
求・高句麗遠征）に打って出ました。

　　その結果、帝国に待ち受けていたものは「滅亡」の二文字でした。

　　統一よりわずか 30 年、煬 帝即位からたった 15 年のことです。

　　こうして比較してみると、洋の東西も違い古今も違えど、"亡国の君"
となった 2 人の皇帝、ヴィルヘルム 2 世と煬帝は本質的にたいへんよく
似ているということがわかります。

第3章 ビスマルク内政

第2幕

ビスマルクvs南独諸邦
クルツーアカンプ
文化闘争

ドイツの統一は成った。しかしビスマルクの戦いはつづく。今度は「統一ドイツ」に取り込んだばかりの南独諸邦とその後盾となっていたローマ教皇が相手。

これまで各国君主を手玉に取ってきたビスマルクだったが、相手が「宗教」となると勝手が違う。つぎつぎと旧教弾圧法を打ち出すビスマルクだったが…。

1870.12/13 - 1933.7/5
中央党

中央党は、南ドイツと
カトリック教徒の代弁政党だ！

〈 文化闘争 〉

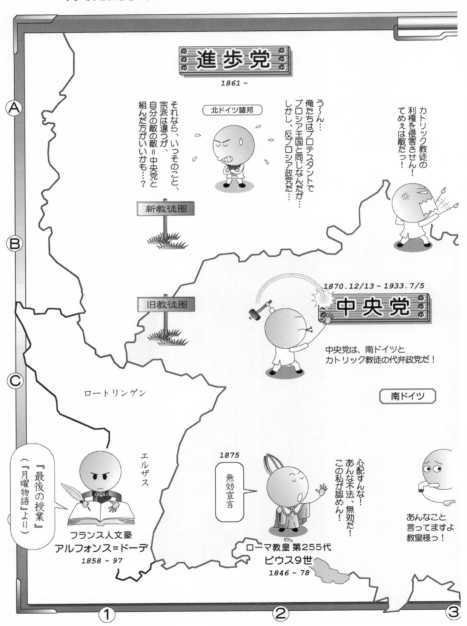

進歩党
1861 -

北ドイツ諸邦

う～ん…
俺たちはプロテスタントで
プロシア王国と同じなんだが…
しかし、反プロシア政党だ…

それなら、いっそのこと、
宗派は違うが、
自分の敵の敵＝中央党と
組んだ方がいいかも…？

カトリック教徒の
利権を侵害させん！
てめぇは敵だっ！

新教徒圏

1870.12/13 - 1933.7/5

中央党

旧教徒圏

中央党は、南ドイツと
カトリック教徒の代弁政党だ！

ロートリンゲン

南ドイツ

エルザス

『最後の授業』
（『月曜物語』より）

フランス人文豪
アルフォンス＝ドーデ
1858 - 97

1875

無効宣言

心配すんな！
あんな不法、無効だ！
この私が認めん！

ローマ教皇 第255代
ピウス9世
1846 - 78

あんなこと
言ってますよ
教皇様っ！

A
B
C

1
2
3

1871～75年

「今はナポレオンの気持ちがよくわかる。
彼がなぜ、戦争をつづけなければ
ならなかったのか」

…となると、
あの南ドイツの旧教徒
どもが目障りだな〜…
いちいちいちいち
ワシの政策に反対しやがる…

しかし、これ以上戦争を続ければ
ナポレオンの二の舞だ…

統一したとは言ってもそれは形だけのこと。
精神的にも統一を果たして、名実ともに
完全なる統一体にしなければ…

帝国宰相
オットー＝ビスマルク
1871～90

国民自由党

ビスマルク翼賛政党、
政府与党として
「国民自由党」の結成だ！

おのれ、
カトリックどもめ！
今に見ておれ！

がはははは！
こちとら帝国参議院の
議長でもあるんだ！
つぎつぎと新法を
発布してやるぜ！

「我々はカノッサ
には行かぬ！」

なんじゃ
そりゃ〜っ！

文化
闘争

新法
新法
新法

上院議員議長

1871.12	教壇条項	（教会が政治的発言をしてはならない）
72.6	学校管理法	（教会が教育に介入してはならない）
7	イエズス会法	（イエズス会追放）
73.5		（聖職者の養成権は国家に所属する）
74.5	五月諸法	（聖職者の任免権は国家に所属する）
75.5		（出産・結婚・死亡等の届出は教会から役所へ移管）

第１章　ビスマルク登場

第２章　ビスマルクの独擅場

第３章　ビスマルクの内政

第４章　ビスマルク外交

最終章　ビスマルク失脚後

③　　　　④　　　　⑤

さて、立ちはだかる数々の外敵を討ち倒して、ついに天下の統一を果たしたビスマルク（A-4）。

しかも、「エルザス・ロートリンゲン（C/D-1）」というオマケまで付いて。

じつは、ビスマルクが首相になった当初、ここは天下統一の併呑目標には入っていませんでした。

この地の住民は血統的にはドイツ系だったものの、フランス領になってから永く、混血も進み、文化的にはフランス色が強かったためです。

しかし、この地下資源に富む土地を奪われたフランスの悔しさ・無念さたるや、如何ばかりか。

じつはその心情を描いたのが、あの有名な A．ドーデの短編小説『最後の授業（＊01）（D-1）』です。

こうして豊かな鉱床まで手に入れたビスマルクでしたが、彼に休息が与えられることはありませんでした。

目の前の敵を討ち倒してその先に進もうとした者の前には、かならず"次なる新たな敵"が立ちはだかるものです。

敵を倒しても倒しても、休む間もなくつぎからつぎへと"新しい敵"が立ちはだかって、一向に先が見えてこない。

──今はナポレオンの気持ちがよくわかる。

　　彼がなぜ戦争しつづけなければならなかったのか。（A-4）

そう嘆くビスマルクの前に立ちはだかっていたのは、先ほどドイツに組み込まれたばかりの"身内"の南独（C-3）でした。

南独は、近世に入って宗教改革の嵐がドイツに吹き荒れ、北独諸邦がつぎつぎと新教に転んでいく（B-1）中にあっても、その信仰はビクともしなかったほど旧教の強い土地柄（B/C-1）です。

そのため新教のプロイセンとは伝統的に折合が悪かったうえ、中世・近世

（＊01）『月曜物語』の中の一編。
　　　この作品は、昭和の小学国語の教科書（6年下巻）には永らく採用されていましたが、事実と異なる（あるいは作品にとって都合の悪い事実を故意に隠蔽した）民族主義的イデオロギー色が強いものであったため批判も多く、平成以降は採用されなくなりました。

を越え、さらに近代になっても中世さながらに教皇（バーバ）の影響力が強く、事あるごとに教皇の権威を笠に着て中央に反抗してくるため、これから近代国家を築きあげようとしているビスマルクにとって目障りなことこの上なし。

　ビスマルクとしては、どうしても南独（ドイツ）の後盾となっている教皇（バーバ）の政治介入は阻止したい。

　そのためには、ドイツ国内から旧教（カトリック）の影響力をできるかぎり削ぎたい。

　これに対し、教皇（バーバ）を奉ずる南独（ドイツ）諸邦は、自らの利害を代弁する政党「中央党（B/C-2/3）」を矛（ほこ）とし、教皇（バーバ）を盾（たて）としてビスマルクに対抗しようとします。

　ここで教皇（バーバ）が話の通じる相手ならまた"和解の道"もあったかもしれませんが、間の悪いことにと言うべきか、よりにもよって時の教皇ピウス９世（＊02）（D-2）は極端な保守反動主義者でした。

　彼は「近代」という時代そのものを真っ向から否定し、ドイツが統一される直前、「第１回ヴァティカン公会議（1869〜70年）」を開催してこう高らかに宣言した曰く（いわ）付きの人物です。

「今はナポレオンの気持ちがよくわかる。
彼がなぜ、戦争をつづけなければ
ならなかったのか」

しかし、これ以上戦争を続ければ
ナポレオンの二の舞だ…

統一したとは言ってもそれは形だけのこと。
精神的にも統一を果たして、名実ともに
完全なる統一体にしなければ…

…となると、
あの南ドイツの旧教徒
どもが目障りだな〜…
いちいちいちいち〜…
ワシの政策にいちいち
反対しやがる…

**帝国 宰相
オットー＝ビスマルク**

（＊02）第255代教皇。歴代最長の在位31年（1846〜78年）は二月革命以降の激動の時代でしたが、新しい時代の流れにまったく付いていけず、中世的世界観に執着しつづけた教皇。

──教皇が聖座（教皇庁）で語る言葉はすべて

聖霊^{（＊03）}の働きに拠るのであるから何ひとつ謬りはない！^{（＊04）}

中世ならいざ知らず、19世紀も後半に入った時代にこの時代錯誤発言。

これに先立ち、ピウス9世は『誤謬表』を発表しており、80項目にわたって「近代思想・近代国家・政教分離は誤りである！」としていましたから、つまり「教皇が政治に口を挟むことは神の御心」ということになります。

南独は教皇を後盾として中央に楯突き、教皇は神を担いで近代思想・近代国家・政教分離を否定してきたのですからやっかいです。

これからビスマルクは、自らの翼賛政党「国民自由党^{（＊05）}（B-5）」を武器として彼らと戦っていくことになりましたが、この「ビスマルク vs 南独諸邦 ＆ 教皇」の政争を「文化闘争」といいます。

ビスマルクは、天下統一をしたその年1871年の年末に「聖職者が教壇で説教する際に政治的発言をしてはならない」とする「教壇条項（D-4/5）」を刑法第130条に追加したのを皮切りに、以降ぞくぞくと旧教弾圧法を制定していきました。

──やつらはドイツ人でありながら我がドイツの未来を見ることなく、

"山の向こう^{（＊06）}"ばかり見ている「帝国の敵」である！

こうして翌72年には、

・学校管理法　：教会は学校教育に介入してはならない

・イエズス会法：イエズス会の活動禁止（D-4/5）

…などが矢継ぎ早に出されて、もはや後戻りができぬところまでいきましたが、「我々は断じてカノッサには行かぬ！^{（＊07）}（C-5）」と演説して、その年の年末にはついにヴァティカン^{（＊08）}と断交。

さらに年が明けた春（1873年5月）には、いよいよ教会の拠に一撃を加え

（＊03）神から発せられる働き。"迷える子羊（信者）"を正しい道へ導く力、光明。

（＊04）教皇無謬論。これは「教皇の言動は無条件にすべて正しい」という意味ではなく、「教皇が聖座から語る信仰・道徳に関する宣言についてはすべて正しい」という意味。

（＊05）「普墺戦争」を境として一斉にビスマルクになびく議員が現れ、そうした親ビスマルク議員によって結成された政党。詳しくは本書「第2章 第1幕」を参照のこと。

んと、所謂「五月諸法（D-4/5）」をつぎつぎと制定します。

　当時、聖職者を養成するのも、任免するのも、冠婚葬祭もすべて教会が取り仕切っており、それが教会が社会の隅々にまで支配力・発言力を持つことができる"力の根源"となっていましたから、これらを剥奪せんとしたものです。

　しかし。

　亀を叩けば首足を引っ込めて固く甲羅に閉じ籠もるように、強者から抑圧を受けた弱者は却って結束力を固めてしまうものです。

　そのため、ビスマルクがどれほど弾圧法を制定しようとも大した効果がなかったどころか、教皇ピウス 9 世にはこれらの旧教弾圧法を「無効である」と宣言（D-2）され、また選挙をするたびに中央党の躍進を許し、攻撃を仕掛けたビスマルクの方が徐々に追い込まれていく結果となります。

　こうしてまだ旧教（カトリック）問題も片づかないうちから、ビスマルクの前に"新たな敵"が現れ、1870 年代半ば以降、ビスマルクは徐々に苦境に立たされることになりますが、その"新たな敵"については次幕に譲ることにしましょう。

（＊06）「山」とはアルプス山脈を指し、「山の向こう」とはローマ（教皇）を意味しています。

（＊07）12 世紀、神聖ローマ皇帝（ハインリヒ 4 世）がこのカノッサの地で時の教皇（グレゴリウス 7 世）に屈辱的な謝罪をした故事から、「教皇に屈服などせぬ！」という意味。

（＊08）1870 年にイタリア王国がローマを併合して以来、教皇の支配が及ぶ範囲はヴァティカン市に限定されたため、以降、教皇庁のことを「ヴァティカン」と呼ぶようになりました。

Column 歴史に逆らう者の末路

　ガチガチに「中世的価値観」に染まっていた教皇ピウス9世（バーバ）は、どうしても新しい時代を理解できず、理解しようともせず、これを拒絶し、敵対的言動を繰り返し、時代を「中世」に引き戻さんと人生をかけて努力しつづけた教皇（バーバ）です。

　1864年に発表された『誤謬表（ごびゅうひょう）』もその一環で、その中では近代思想をひとつひとつ80項目にわたって論（あげつら）い、これを否定しています。

　自然主義・自由主義・理性主義・社会主義・共産主義…etc…、凡（およ）そ近代に登場した新しい思想を片端から否定したばかりか、近代国家そのものや永年にわたって多くの血を流してようやく勝ち得た「政教分離」までも否定し、「教会が軍隊を持ち、世俗権力（政治）に介入することは正当な権利だが、世俗権力が教会に介入することは許されない」と身勝手な主張を繰り返します。

　さらには、言うに事欠いて「どんなに不当な君主にも反抗することなど許されない」「カトリックだけが唯一絶対の宗教であり、信教の自由など認めない」とし、異教はもちろん新教（プロテスタント）すら認めないという立場を明らかにしています。

　これを現代日本で喩（たと）えれば、「昔はよかった。だから幕藩体制に戻そう！」と主張しているに等しい暴論で、こうした度を越した保守反動の姿勢には、旧教（カトリック）の総本山たるイタリア国民からすら忌み嫌われ、1878年に亡くなった際も、あまりに反教皇感情が強すぎて葬儀も挙げられない有様だったほど。

　3年後、ようやく落ちついてきたと見て葬儀が行われましたが、その際も憤った民衆が反教皇デモを起こし、ピウス9世の遺体が入った棺桶に罵声を浴びせ、泥が投げつけられたばかりか、興奮した民衆がこれを強奪してティベル川に放り投げようとするなどの混乱ぶりを見せたほどで、現在に至るまで毛嫌いされている教皇（バーバ）となります。

　——歴史の流れに逆らう者はかならず歴史によって抹殺される。

第3幕

社会主義者を叩くべし!

ビスマルクの政策転換

ビスマルクが「文化闘争（クルツーアカンプ）」に忙殺されている隙に、新たな政敵が力を蓄えてきていた。それが社会主義勢力である。ビスマルクは中央党にさえ手こずっているのに、さらなる政敵の出現を前にして、従来の政策は破綻する。ビスマルクは政策転換を余儀なくされることになった。

ぐぉぁぁぁ!

天誅っ!

ヴィルヘルム1世狙撃事件

〈 ビスマルクの政策転換 〉

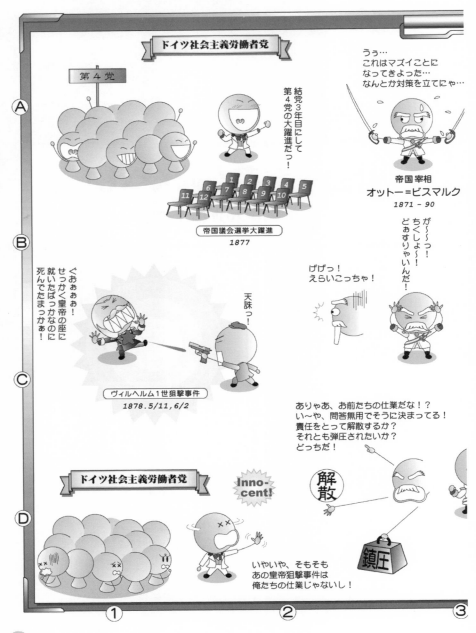

ドイツ社会主義労働者党

第4党

結党3年目にして第4党の大躍進だっ！

帝国議会選挙大躍進
1877

うぅ…
これはマズイことになってきよった…
なんとか対策を立てにゃ…

帝国宰相
オットー＝ビスマルク
1871 - 90

が〜〜っ！
ちくしょ〜！
どぉすりゃいんだ！

げげっ！
えらいこっちゃ！

ぐおぁぁぁ！
せっかく皇帝の座に就いたばっかなのに死んでたまっかぁ！

天誅っ！

ヴィルヘルム1世狙撃事件
1878.5/11, 6/2

ありゃあ、お前たちの仕業だな！？
い〜や、問答無用でそうに決まってる！
責任をとって解散するか？
それとも弾圧されたいか？
どっちだ！

解散

鎮圧

ドイツ社会主義労働者党

Inno-cent!

いやいや、そもそもあの皇帝狙撃事件は俺たちの仕業じゃないし！

1875〜78年

ドイツ中央党

文化闘争

わはははは！
選挙のたびに議席数が
増えていく一方だぜ！

第1党

1874 / 78
帝国議会選挙大躍進

余が付いておる！
安心して戦え！

ローマ教皇 第255代
ピウス9世
1846 - 78

よし！
ピウス9世の野郎
死んだか！

がはははは！
どうやら我々の
勝利のようだな！

…って、あぁっ！
俺たちの後盾が！

2/7

ローマ教皇 第255代
ピウス9世
1846 - 78

和解

ローマ教皇 第256代
レオ13世
1878 - 1903

ま〜ま〜
このへんで
手を打っと
きましょ！

なんだよ、せっかく
これから！という
ところなのに！

ビスマルクとの
和解反対っ！

ドイツ中央党

ビ スマルクが「文化闘争（クルツーアカンプ）（A-3/4）」に忙殺されていたころ、その隙を突くようにして力を伸ばしていった勢力がありました。

それが社会主義勢力（A-1/2）です。

じつは、ドイツは1840/50年代ごろから「第1次産業革命」、天下を統一した1870年代からは「第2次産業革命」へと突入しており、急速に資本主義経済が進展していました。

このように「旧体制（アンシャンレジーム）」から「新体制（ヌーヴォーレジーム）」へ移行するときというのはどうしてもここかしこに "歪み（ひずみ）" が生まれるのは避けようがなく、そうした "歪み（ひずみ）" に悶絶するのはいつの世も社会的弱者と相場は決まっています。

こうして "社会的弱者" たる労働者（プロレタリア）の怨嗟（えんさ）の声を糾合する形で勢力を付けてきていたのが社会主義勢力でした。

すでに、1863年にはF．J．G．ラサール（フェルディナント ヨハン ゴットリーブ）が「全ドイツ労働者協会（アルゲマイナー ドイッチャー アルバイター ヴェライン）（ラサール派）」を、1869年にはA．ベーベル（アウグスト）とW．リープクネヒト（ヴィルヘルム）らが「ドイツ社会民主労働者党（ゾチアル デモクラティッシェ アルバイター パルタイ）（アイゼナハ派）」を結成していたものの、この両者は同じ社会主義を掲げながら多少の意見の食い違い（＊01）から敵対していました。

しかし、天下が統一されると「親普（プロ・プロイセン）」か「反普（アンチ・プロイセン）」かという争点のひとつが消え、また、強大な敵（統一ドイツ政府）を前にして、両者は危機感を募らせます。

「もし我々がこれ以上いがみ合うならば共倒れとなるだろう！

ここはひとつ、些細（さ さい）な意見の食い違いにはお互いに目をつぶり、

共闘しようではないか！」

こうして1875年、両者は「ドイツ社会主義労働者党（ゾチアリスティッシェ アルバイター パルタイ）（＊02）（A-1/2）」として合同して選挙に打って出ることにしました。

すると、1877年には12議席（全議席10％弱）（B-2）を獲得し、第四党にまで躍進、ビスマルクの脅威となっていきます。

（＊01）ラサール　派が右派（議会主義・戦争協力・親プロイセン）で、
　　　　アイゼナハ派が左派（革命主義・戦争反対・反プロイセン）でした。

　こうなるとビスマルクは、右に第一党の「中央党」、左に第四党の「社会主義労働者党」に挟撃される形となり、苦境に陥ることになります。

　こうしたとき、戦略的な観点から見て両者を相手にするのは愚策、"各個撃破"が基本です。

　すなわち、ビスマルクが採るべき道は、好むと好まざるとにかかわらず「どちらかと手を結び、どちらかを叩く」しかありません。

　問題は、どちらと手を結ぶべきか。

　右の「中央党」か、左の「社会主義者」か。

　そんな折、彼の背中を押す出来事・事件が相次いで起こります。

　その第一が「教皇ピウス9世の急死（B/C-5）」です。

　ビスマルクがこれまでさんざん旧教と敵対してきた理由のひとつに、ピウス9世があまりにも時代錯誤な言動を繰り返したことがあります。

　中世に憧れ、中世を夢見、時代を中世に引き戻そうとダダっ子の如き支離滅裂かつ幼稚な反動的言動を繰り返して、ビスマルクの態度を硬化させた側面が大きい。

ドイツ社会主義労働者党

結党3年目にして第4党の大躍進だっ！

うぅ…
これはマズイことに
なってきよった…
なんとか対策を立てにゃ…

帝国宰相
オットー＝ビスマルク
1871 - 90

（＊02）のち、1890年に「ドイツ社会民主党」と改名し、現在に至ります。

その話の通じない"ダダっ子"が死んだのです。

しかも、次の教皇レオ13世（D-3/4）は打って変わって話の通じる人物で、のちに『新しき事柄（レールムノヴァールム）』を発表し、「確かに資本主義も様々な問題を抱えていようが、だからといって社会主義に走るは謬り（あやま）である」とし、前教皇（バーバ）が全否定していた「近代（資本主義）」に対する一定の理解を示します。

これなら教皇（バーバ）との和解も可能な情勢となってきました。

そのうえその直後、皇帝（カイザー）狙撃事件（C-1）が相次ぎます。

こうしたテロ行為は普段から社会主義者（左派）の主張するところでしたから、彼らに罪を被せる（＊03）のは容易です。

これでビスマルクの腹は決まりました。

──よし！　教皇（バーバ）と和解して、社会主義者を徹底的に叩く！

こうして、ビスマルクが教皇（バーバ）と和解（D-3/4）し、つぎつぎと反旧教（アンチ・カトリック）諸法を緩和したことで、中央党は"後楯（教皇）"と"争点（反旧教政策）"の両方を失って尻すぼみ、こうして"背後の憂い"を断ったビスマルクはいよいよ社会主義者との対決姿勢（D-2/3）を露わにしていくことになりました。

それとも弾圧されたいか？
どっちだ！

解散

鎮圧

和解

ローマ教皇 第256代
レオ13世

（＊03）狙撃事件は立てつづけに二度（5月11日と6月2日）起こっていますが、一度目の犯人（21歳のブリキ職人）は確かに「ドイツ社会主義者労働党」の党員だった過去があったものの、党の意志か個人的な暴走かはわからず、二度目の犯人は犯行直後に自殺を図ったため詳細はわからず仕舞でした。

第3章 ビスマルク内政

第4幕

元祖 "アメとムチ" 政策

社会主義者鎮圧法と社会保険法

ビスマルクの前に新たに立ちはだかった社会主義勢力。そこでビスマルクは教皇・中央党との和解を図り、さらに「アメとムチ」を巧妙に使いこなして打開を図る。しかし、「前門の虎、後門の狼」に挟まれて「あちらを立てればこちらが立たず」、徐々にビスマルク政策も行き詰まっていった。

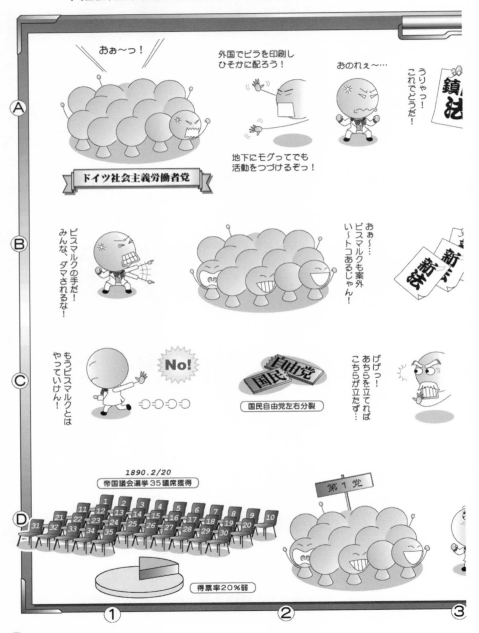

1878〜90年

帝国宰相
オットー＝ビスマルク
1871 - 90

鞭

1878.10/21

社会主義者鎮圧法

・社会主義的思想をもつ政党・組合の結社・集会の禁止
・社会主義的思想をもつ新聞・雑誌・ビラの印刷・配布の禁止
・危険分子（社会主義者）を追放する権限を警察に付与

飴

1880's

一連の社会保険法

1883 疾病保険法（世界初の社会保険法）
　84　災害保険法
　89　廃疾老齢保険法

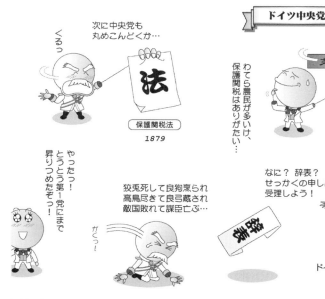

次に中央党も
丸めこんどくか…

くるっ

保護関税法
1879

法

やったっ！
とうとう第１党にまで
昇りつめただぞっ！

狡兎死して良狗烹られ
高鳥尽きて良弓蔵され
敵国敗れて謀臣亡ぶ…

がくっ！

ドイツ中央党

わてら農民が多いけ、
保護関税はありがたい…

支持！

くるっ

なに？　辞表？
せっかくの申し出、
受理しよう！

辞表

これで
邪魔者は
消えた！

ドイツ第二帝国皇帝　第3代
ヴィルヘルム2世
1888 - 1918

③ ④ ⑤

背　後の憂いを断つ（教皇との和解）ことに成功したビスマルクは、さっそく御用新聞を動かして皇帝狙撃事件と社会主義運動を結びつけるような記事を書かせる一大キャンペーンを張って「社会主義者こそが社会の秩序を乱す元凶」とのイメージを国民に植え付けます。

　こうして輿論を煽るだけ煽ったうえで、帝国議会（下院）の解散・総選挙に打って出るや、ビスマルクの思惑通り保守政党が大勝。

　こうして、所謂「社会主義者鎮圧法（A-5）」が可決されました。

　これは「社会主義思想をもった政党・組合による結社・集会の禁止、および新聞・雑誌の出版、ビラの配布、デモを禁止する」というもので、これにより「ドイツ社会主義労働者党」は非合法となって法的に解散させられ、せっかく獲得した12議席もすべて剥奪、社会主義政党は地下に潜って活動をつづけるしかなくなります（A-2）。

　ところで、人が人を統制下に置こうとするとき、大きく"2つの策"があります。

　それが「懐柔策と強硬策」、所謂「アメとムチ」です。

　"ムチ"ばかりを振るえば憎まれ、かといって"アメ"ばかり与えたのでは軽んじられ、いづれにしてもこれを統制下に置くことはできません。

　人が人を統制せんとするときには、この「アメとムチ（＊01）」を如何に巧妙に使い分けるかが要となります。

　ビスマルクはさきの「文化闘争」において、旧教に対して"ムチ"ばかり振るって失敗しました。

　ビスマルクとて人の子、失敗くらいしますが、すぐれた人物は同じ失敗を繰り返さぬもの。

　そこで今回ビスマルクは、社会主義勢力と対決するに当たり、片方の手で「社会主義者鎮圧法」という"ムチ（A-4）"を振るいつつ、もう片方の手で"ア

（＊01）そもそも「アメとムチ」という言葉自体が、このときのビスマルク政策から生まれた言葉です。

（＊02）時の教皇レオ13世の言葉。彼は「社会主義への移行によって理想社会が実現するなど幻想にすぎない」と言っています。

メ（Ｂ-４）"も用意します。

　しかし、ひとことに"アメ"といっても、なんでも与えればよいというものでもなく、具体的にどんな"アメ"を与えるのがもっとも効果的かを慎重に考えなければなりません。

──敵を知り己を知らば百戦殆（あや）うからず。

　このたび、「敵（社会主義者）」について考察すれば、そもそも社会主義の"力の源（プロレタリア）"は、労働者の生活の困窮です。

　「苦しいときの神頼み」で、労働者（プロレタリア）が社会主義を支持するのはいつも生活が困窮したときだけで、生活が安定すればたちまち社会主義などには見向きもしなくなります。

　社会主義者たちは、困窮する労働者（プロレタリア）に「地上の楽園」という"幻想（＊02）"を見せて支持させているだけですから、労働者（プロレタリア）たちが苦しめば苦しむほど力を得、安定すればするほど力を失います（＊03）。

　つまり、"アメ"として「労働者（プロレタリア）たちの生活に安心と安定を与える政策（社会保障）」を施行すれば、労働者（プロレタリア）たちの支持を得られると同時に社会主義者たちの力を削ぐことが可能となります。

おのれぇ～…

うりゃっ！これでどうだ！

鎮圧法

鞭

帝国宰相
オットー＝ビスマルク

（＊03）この事実は重要な意味を持ちます。つまり、社会主義者は苦しむ労働者たちに「地上の楽園」という"幻想"を与えながら、けっしてそれを実現させてはなりません。
　　　　もし間違って彼らの生活を安定させてしまえば、たちまち支持を失うというジレンマを持っているからです。詳しくは本幕パネルをご参照ください。

こうして、1883年に「疾病保険法（＊04）」を制定したのを皮切りに、翌84年には「労災保険法」、89年には「廃疾（＊05）老齢保険法」をつぎつぎと制定した（B-4/5）ことで、わずかな負担で病気・災害にあっても無料で診療を受けることができ、老後には年金が支給されるなど、労働者（プロレタリア）が安心して働ける環境作りに尽力します。

　さらに「中央党」への "アメ" も忘れず、「中央党」の支持基盤はほとんど農民でしたから、「保護関税法」を制定（C-4）し、彼らの歓心を買います。

　しかし、あちらを立てればこちらが立たず。

　これら一連の「社会保険法」は労働者（プロレタリア）を喜ばせる一方で、多方面から反発も喰らいます。

　もともとビスマルクの構想では、この制度の維持費としての保険料を帝国（ライヒ）が負担しようと考えていました。

　ところが、欧米社会は伝統的に「個人」「自由」を重んずるがあまり「自助精神」がたいへん強く、こうしたことに国家が介入することへ嫌悪感・反発心を抱く者が多く現れます。

　それなら民間に任せるかとなると、それはそれで保険料負担を強いられることになる雇用者（ブルジョワ）が反発することになり、"身内（国民自由党）" からも異論が噴出して、ついにお抱え政党である「国民自由党」が左右に分裂（C-2）してしまうという憂き目も見ます。

　こうして、ビスマルクの社会保障構想は結局骨抜きにされてしまい、大した効果が得られず、1890年の総選挙では「社会主義労働者党」がついに35議席を獲得して「第一党」となり（D-1/2）、相対的に「国民自由党」は大敗。

　こうした一連の事態の責任を取って、ビスマルクは皇帝（カイゼル）ヴィルヘルム２世（D-5）に辞表を提出することになります。

　「ドイツ第二帝国憲法」のところでも学びましたように、帝国宰相（ライヒスカンツラー）は皇帝（カイザー）に責任を追っていましたから、このように何かしら失態があれば、皇帝（カイザー）の信任を

（＊04）社会保険法として世界初。

（＊05）不治の病のこと。

確認する意味でそのたびに「辞表」を提出（D-4/5）する慣例がありました。

とはいえ、これは一種の“儀式”のようなもの（＊06）で、「皇帝<ruby>カイザー</ruby>から慰留の言葉を授かって留任」までが１セット。

ところが今回、ビスマルクのことを毛嫌いしていた新帝ヴィルヘルム２世は「待ってました！」とばかりこれを受理してしまいます（D-5）。

このときのビスマルクたるや、漢の韓信のような心境だったことでしょう。

── 狡兎<ruby>こうと</ruby>死して良狗<ruby>くに</ruby>烹られ

　　高鳥尽きて良弓<ruby>かく</ruby>蔵され

　　敵国敗れて謀臣<ruby>ぼうしん</ruby>亡ぶ（D-4）

謀臣（＊07）は、強敵と対峙<ruby>たいじ</ruby>しているときにはたいへん頼もしいのですが、ひとたび敵失となれば、そうした家臣は何を考えているかわからない恐ろしさがあり、やがて疎<ruby>うと</ruby>んじられるようになるのは、いつの世も変わりません。

ところで本章では、「ビスマルクの内政」について見てまいりましたが、次章からは時間をふたたび天下統一<ruby>ドイツ</ruby>直後に巻き戻して、その「外交」について見ていくことに致しましょう。

狡兎死して良狗烹られ
高鳥尽きて良弓蔵され
敵国敗れて謀臣亡ぶ…

なに？ 辞表？
せっかくの申し出、
受理しよう！

これで
邪魔者は
消えた！

ドイツ第二帝国皇帝 第3代
ヴィルヘルム２世

（＊06）「そんな“儀式”に何の意味が？」と思われるかもしれませんが、じつはたいへん重要な“儀式”で、「どんなに絶大な権限が与えられていても、あくまでその権力を与えているのは朕じゃぞ？」ということを確認させる意味合いがあり、古今と洋の東西を問わず、いろいろな形でこうした“儀式”は行われています。

（＊07）謀（はかりごと）をめぐらす家臣。戦略家。

Column 社会主義のジレンマ

—— 溺るる者は藁をも摑む。

同じように、困窮する労働者は "幻想" にもすがります。

社会主義の支持基盤はいつもこうした「困窮した労働者」であって、おなじ労働者であっても「安定した生活をしている労働者」が社会主義がごとき "幻想" に騙されることはほとんどありません。

ここに社会主義者たちのジレンマがあります。

なんとなれば、「無産市民」に "幻想" を抱かせて自らを支持させるのはよいとして、それでよしんば政権を握ったとして、仮にほんとうに彼らに "幻想（安定した生活）" を与えることができたとしたらどうなるでしょうか。

安定した生活をくれた政権に感謝して、これからも社会主義政権を信奉しつづけるかといえば、じつはそうなりません。

よい例がフランス革命期のロベスピエールです。

彼もまた下層民を支持基盤として政権を握りましたが、彼が自分の支持者（下層民）を喜ばせようと彼らを中産階級に押し上げてやると、彼らはたちまちロベスピエール支持から離れてしまい、ロベスピエール失脚の大きな要因となりました。

同じように、もし安定した生活を得れば、労働者たちはたちまち社会主義を見限ることは目に見えています。

つまり社会主義者たちは、政権を獲ったあとも労働者たちに安定した生活を与えてはなりません。与えれば政権は崩壊します。

しかし、与えなければ愛想を尽かされてやはり崩壊します。

このジレンマを解決するため、社会主義政権はつねに "外敵" を作って不満を外に向けさせると同時に、密告制度を整備して "革命の敵" を炙り出し、独裁体制を築いてこれを大弾圧せざるを得なくなります。

ソ連・中国・北朝鮮を初め、世界中の社会主義国家がことごとくこうした道をたどったのは、そうした背景があったためです。

第4章 ビスマルク外交

第1幕

フランスの孤立
第1次三帝同盟の成立（ドライカイザーブント）

これまで相次ぐ戦争・戦争で天下を統一したビスマルクであったが、統一後は打って変わって平和外交に尽力する。しかし、フランスがドイツを目の仇として復讐の機会を虎視眈々と狙っていたため、ビスマルクは内政に集中するため、どうしてもフランスを孤立化させ、黙らせる必要があった。そこで——

光栄ある孤立

我が国はどこの国とも
同盟を結ばぬことを
国是としているのだよ。
よもや知らぬはずはあるまい？

〈 第 1 次三帝同盟の成立 〉

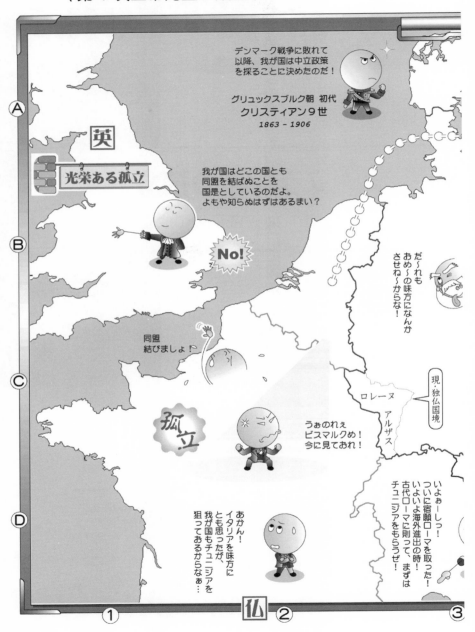

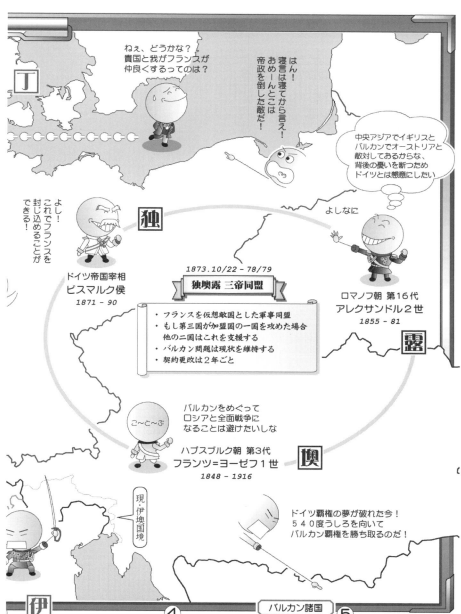

1871～73年

第1章　ビスマルク登場

第2章　ビスマルクの独擅場

第3章　ビスマルクの内政

第4章　ビスマルク外交

最終章　ビスマルク失脚後

ねぇ、どうかな？
貴国と我がフランスが
仲良くするってのは？

はん！
寝言は寝てから言え！
おめーんとこは
帝政を倒した敵だ！

中央アジアでイギリスと
バルカンでオーストリアと
敵対してあるからな、
背後の憂いを断つため
ドイツとは懇意にしたい

よしなに

よし！
これで
フランスを
封じ込める
ことが
できる！

独

ドイツ帝国宰相
ビスマルク侯
1871 - 90

1873.10/22 - 78/79

独墺露 三帝同盟

・フランスを仮想敵国とした軍事同盟
・もし第三国が加盟国の一国を攻めた場合
　他の二国はこれを支援する
・バルカン問題は現状を維持する
・契約更改は2年ごと

ロマノフ朝 第16代
アレクサンドル2世
1855 - 81

露

バルカンをめぐって
ロシアと全面戦争に
なることは避けたいしな

こ〜と〜ぷ

ハプスブルク朝 第3代
フランツ＝ヨーゼフ1世
1848 - 1916

墺

現
伊墺
国境

ドイツ覇権の夢が破れた今！
540度うしろを向いて
バルカン覇権を勝ち取るのだ！

伊

④

バルカン諸国

⑤

177

どんなにすぐれた人でも、ひとたび「成功体験」を経験してしまうと、これに縛られて、以降も同じやり方で対処しようとするようになります。

しかし現実には、環境・条件・状況は刻一刻と変化していくのが当たり前で、条件が変われば成功法則も変わるのは当然のこと。

したがって、つねに環境や状況の変化にアンテナを張り、それに応じて対応も変えていかなければなりません。

それをせず、いつまでも〝旧いやり方〟で対処しようとすれば、つぎは大失態・没落の原因となります。

たとえば、第一次世界大戦でヴェルダン要塞を死守し、「ヴェルダンの英雄」と讃えられ、「救国の英雄」となったＨ．Ｐ．ペタン将軍は、第二次世界大戦後には「売国奴」として罵られ、ついには死刑判決まで受けてしまったのも、その轍を踏んだためです。

戦闘機や戦車などの新兵器の改良・開発が日進月歩で、それらを利用した新戦術も生まれ、第一次世界大戦時の要塞戦術などアッという間に時代遅れとなっていたのに、彼はその〝骨董品（要塞）〟に執着しつづけ、図らずも〝祖国滅亡〟に貢献してしまいます。

── 先の大戦の成功体験によって、私の軍事的精神は閉ざされてしまった。

　　新しい道具、新しい機械、新しい戦術が導入されても、

　　私がそれに関心を持つことはなかった。^{（＊01）}

これはペタン将軍が特に愚かだったということではなく、偉大な業績を上げたような優秀な人物でも往々にして陥る罠なのです^{（＊02）}。

例を挙げればキリがありませんが、さほどに人は「成功体験」に縛られ、創意工夫や進歩を止めてしまいやすい。

では、ビスマルクの場合はどうだったでしょうか。

彼は「天下統一」に当たって、首相就任早々に「鉄と血」を掲げるや、矢継ぎ早に戦争に邁進し、果ては〝電報改竄〟までして強引に戦争を起こしまし

（＊01）第二次世界大戦後、ペタン被告の戦争責任を問う諮問委員会での彼の反省の弁。

（＊02）これこそ、たいていの人が「若いころは優秀だったのに歳を取ると老害と化してしまう」ことの大きな理由のひとつです。

た。

　こうして苦節10年ついに統一が成り、「ドイツ第二帝国」が成立するととも
に彼自身も「帝国宰相」を兼任することとなりましたが、ここまで「戦争」で
成功体験を築きあげてきたのですから、"そんじょそこらの偉人"なら、以降も
「戦争」でこれを維持・発展させようとする[*03]ところです。

　しかし彼は違いました。

　天下統一までは「鉄血宰相」とまで呼ばれて"好戦的外交"に徹していたビス
マルクが、統一後は打って変わって"和平外交"を心がけるようになったので
す。

──環境・条件が変われば、やり方も変える。

　言葉にすれば至極当たり前なことであっても、これが実践できる人は古今稀
です。

　じつは、「天下統一」といってもその蓋を開けてみれば、「22の君主国と3

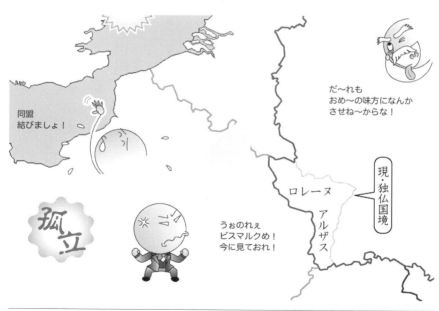

（＊03）実際、3代皇帝ヴィルヘルム2世はそうしようとしています。

つの自由市と１つの帝国領」に分かれてバラバラだということはすでに触れました(＊04)。

　500年もの長きにわたって分断してきた国家が「今日から統一国家」と言われて「はい、そうですか」というわけにはいかず、政治的に統一することは比較的容易でも、社会的・経済的・文化的・宗教的・意識的にバラバラとなっているものを本当の意味で「統一」させることは至難の業です。

　デンマークを倒し、オーストリアを抑え込み、フランスをねじ伏せたあとも、ビスマルクはつぎに、潜在的な〝内なる敵〟と戦っていかなければならず、戦争などしている余裕はありません。

　しかし、なかなかビスマルクの思い通りにさせてくれない状況がありました。
　それがフランスです。

　フランスは普仏戦争以後、「呑炭漆身(＊05)」「報仇雪恨(＊06)」とドイツへの復讐の機会を狙っていたため、ビスマルクが国内政策に集中するためには、どうしてもフランスが戦争を仕掛けてこないような外交努力が必要となります。

　ところで、フランス視点で見たとき、フランスがドイツを跪かせようとしたとき、もっとも簡単でもっとも効果がある戦略は何でしょうか。

　言わずもがな、「挟撃」です。

　つまりフランスは、ドイツの向こうにあるロシアと軍事同盟を締結することに成功すればドイツを東西から挟み撃ちにすることができ、オーストリアと結べば西と南から、イギリスと組むことができれば陸と海から挟撃できます。

　そこでビスマルクは、先手を打って墺露を味方に取り込むべく、1871年の統一直後から奔走し、翌72年には合意を得て、翌73年「独墺露三帝同盟(＊07)(B/C-4/5)」を成立させることに成功しました。

　オーストリアは「普墺戦争」以降弱体化しており、その起死回生にバルカン覇権を狙っていました(D-4/5)が、ドイツをその後盾にしたいと望んで

(＊04)第3章 第1幕 参照。

(＊05)「炭を呑んで声を潰し、漆を体中に塗ってかぶれさせて復讐の機会を狙う」の意。

(＊06)「仇を報じ恨みを雪(そそ)ぐ」と読み下し、曹操が父の仇として陶謙を討つとき、この言葉が書かれた旗を掲げていたことで有名。

いましたし、露帝アレクサンドル2世（B-5）と独帝ヴィルヘルム1世は叔甥の関係（＊08）で親密度が高く、またロシアも中央アジアなどへの進出に当たってドイツを後盾にしたいと考えていた（＊09）ためです。

これによりフランスは、ロシアと結んでドイツを挟撃することも、オーストリアと結んでドイツを挟撃することもできなくなり、孤立化（C/D-1/2）していきました。

ビスマルクは「英独同盟」こそ結べませんでしたが、当時のイギリスはどこの国とも同盟を結ばないことを国是とする「光栄ある孤立（A/B-1）」を実施していたため「英仏同盟」の心配もなく、問題ありません。

デンマークは、シュレスウィヒ・ホルシュタイン戦争に敗れて以来、中立外交を旨とするようになっていました（A-2/3）し、イタリアはチュニジアを挟んでフランスと睨み合っていました（D-2/3）から、フランスは丁伊と同盟を結ぶ道も鎖されていました。

こうしてフランスは、普仏戦争を挟んでその戦前は外交で手玉に取られ、戦中は完膚なきまでに敗れ、戦後も墺露争奪戦に敗れて孤立化させられ、ビスマルクを相手にしてさんざんにやりこめられたのでした。

よし！これでフランスを封じ込めることができる！

ドイツ帝国宰相
ビスマルク侯

独墺露 三帝同盟

- フランスを仮想敵国とした軍事同盟
- もし第三国が加盟国の一国を攻めた場合 他の二国はこれを支援する
- バルカン問題は現状を維持する
- 契約更改は2年ごと

（＊07）当時のヨーロッパには「帝国」は独・墺・露の3つしかないのに、その3つが同盟を結んだため「三帝」の名が冠せられています。

（＊08）ヴィルヘルム1世の妹（ルイーゼ＝シャルロッテ）はアレクサンドル2世の母でした。

（＊09）またロシアは、ルイ16世・ナポレオン1世・ルイ＝フィリップ・ナポレオン3世と、幾度となく君主制を否定してきたフランスのことを嫌っていました（A-4/5）。

Column パクス＝ビスマルカーナ

　特定の大国の統制下において国際的な秩序や平和が保たれたとき、これを「パックス〜」と表現することがあります。

　ローマ帝国による「パクス＝ロマーナ」、大英帝国による「パクス＝ブリタニカ」、アメリカ合衆国による「パクス＝アメリカーナ」、オスマン帝国による「パクス＝オトマニカ」……etc。

　ところで、現在のヨーロッパ諸国の原型が生まれてより1000年、ヨーロッパはつねに戦争・内乱・革命に明け暮れ、特に近世が明けて以降は、たった半世紀程度すら秩序が保たれた例がありません。

　しかし、ドイツ統一が達成された1871年から第一次世界大戦が勃発する1914年の43年間、大きな戦争・革命・叛乱がない、秩序と平和がもたらされました。

　たしかにその間も日露戦争（1904〜05年）はありましたが、これはヨーロッパから見て地球の裏側でしたし、ロシア第一革命（1905年）はロシアの国内問題です。

　さらに、モロッコ事件（1905/11年）は不発、伊土戦争・バルカン戦争（1911〜13年）もオスマン帝国内に帰結してしまい、ヨーロッパ全体の秩序と平和に影響を与えるものとはなりませんでした。

　これはもう「パクス＝ビスマルカーナ（ビスマルクの平和）」と言ってよいものでしょう。

　しかも、他の「パクス〜」が大国による圧倒的覇権によって維持されたのとは対照的に、今回は"たった一人の政治家の政治手腕で維持された国際平和"ですから、こんなことは後にも先にもまったく例がありません。

　後年（戦間期）、欧州で「あなたの人生でもっとも過ごしやすかった時代はいつでしたか？」というアンケートが実施されたことがありましたが、みな口を揃えて「ビスマルク時代」と答えたものでした。

　まさに「古き佳き時代」、しかしビスマルク亡きあと、欧州は泥沼の大戦を二度もしでかして衰亡していくことになります。

第4章 ビスマルク外交

第2幕

"誠実なる仲買人"の躓き
第1次三帝同盟の崩壊 (ドライカイザーブント)

ビスマルクに安息の日は来ない。普墺戦争後、バルカン半島は墺露の争奪戦の地となっていたが、燻っていた両国の睨み合いは、ついに露土戦争で表面化した。

このため、ビスマルクが心血を注いで築きあげた「三帝同盟(ドライカイザーブント)」崩壊の危機に、彼は「誠実なる仲買人」と称して仲介の労を取ったのだが…。

とにかく既成事実をつくってしまえば、あとは知らぬ存ぜぬで押し通す！これがロシア伝統のやり方だ！

はん！知らねぇな！

ロマノフ朝 第16代
アレクサンドル2世

〈第1次三帝同盟の崩壊〉

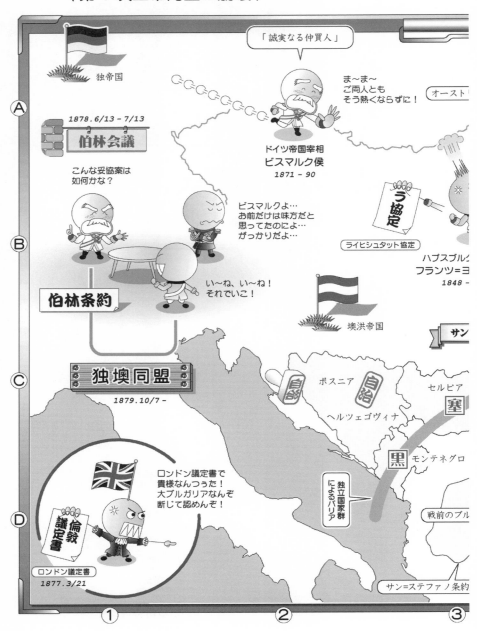

「誠実なる仲買人」

独帝国

ま～ま～
ご両人とも
そう熱くならずに！

オースト

ドイツ帝国宰相
ビスマルク侯
1871 - 90

1878.6/13 - 7/13
伯林会議

こんな妥協案は
如何かな？

ビスマルクよ…
お前だけは味方だと
思ってたのよ…
がっかりだよ…

ラ協定

ライヒシュタット協定

ハプスブル
フランツ＝ヨ
1848 -

伯林条約

い～ね、い～ね！
それでいこ！

墺洪帝国

サン

自治
ボスニア

自治

セルビア

塞

ヘルツェゴヴィナ

独墺同盟

1879.10/7 -

黒
モンテネグロ

独立国家群
によるバリア

ロンドン議定書で
貴様なんつぅた！
大ブルガリアなんぞ
断じて認めんぞ！

倫敦
議定書

戦前のブル

ロンドン議定書
1877.3/21

サン＝ステファノ条約

① ② ③

184

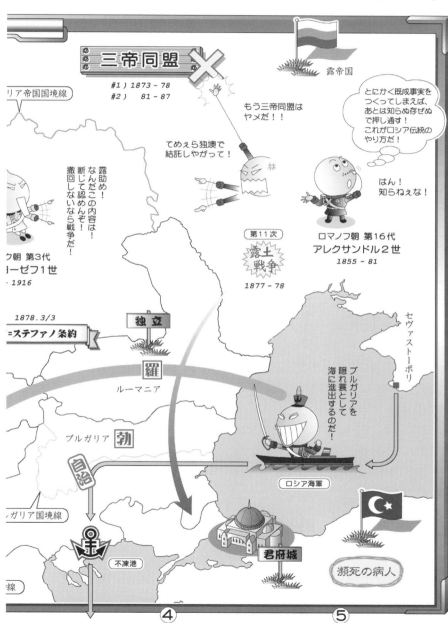

1876～79年

三帝同盟

#1) 1873 - 78
#2) 81 - 87

露帝国

もう三帝同盟は
ヤメだ！！

てめぇら独墺で
結託しやがって！

とにかく既成事実を
つくってしまえば、
あとは知らぬ存ぜぬ
で押し通す！
これがロシア伝統の
やり方だ！

はん！
知らねぇな！

ロマノフ朝 第16代
アレクサンドル2世
1855 - 81

リア帝国国境線

露助め！
なんだこの内容は！
断じて認めんぞ！
撤回しないなら戦争だ！

ク朝 第3代
ーゼフ1世
- 1916

第11次
露土
戦争
1877 - 78

1878.3/3
＝ステファノ条約

独立

羅
ルーマニア

ブルガリア
勃

自治

セヴァストーポリ

ブルガリアを
隠れ蓑として
海に進出する
のだ！

ロシア海軍

ガリア国境線

不凍港

君府城

瀕死の病人

線

④

⑤

見事、フランスを「孤立化」させることに成功したビスマルク。

これでようやく国内問題に集中できる —— と思う間もなく、一難去ってまた一難。

ドイツの安寧を支える「三帝同盟（ドライカイザーブント）」がほどなくして崩壊の危機に陥ります。

同盟国の一角であるオーストリア（B/C-2）は普墺（プロイセン オーストリア）戦争に敗れ、「以後ドイツ問題に口出ししない」と約束させられたため、戦後からは180°後ろを向いて、その矛先をバルカン半島（C/D-3/4）に向けていました。

当時、バルカンを押さえていたオスマン帝国は"瀕死の病人（ベリーシックマン）（D-5）"などと嘲（あざけ）られるほど、政治・経済・社会・軍事、その他すべてがガタガタでしたが、北に国境を接するオーストリア帝国が永らく「ドイツ」を向いていたことも手伝って、1718年の失地（＊01）以来150年間、オーストリアとの国境をなんとか死守することができていました。

しかしここにきて、「ドイツ統一」の夢破れたオーストリアがくるりと後ろを向いて、本格的にこの"瀕死の病人（オスマン）"からバルカン半島の領土を掠め取らんとして狙いを定めてきたのです。

これはオスマンにとっては帝国解体の危機です。

そのうえ、「三帝同盟（ドライカイザーブント）」もうひとつの同盟国のロシア（A-5）は昔から「南下政策（＊02）」の一環としてバルカン半島を目指し、ここに不凍港（アイスフリーポート）を手に入れんと虎視眈々でしたから、ここにきてオスマン帝国は墺露（オーストリア ロシア）から睨（にら）まれ、バルカン半島はこの両国が火花をバチバチ散らす争奪戦の場と化すことになります。

これが拗（こじ）れに拗れて、のちにバルカン半島が「欧州の火薬庫（ヨーロッパ パウダーケグ）」と呼ばれる所以（ゆえん）となります。

そして時は満ち、ついに1877年、ロシアが"海（アイスフリーポート）"を手に入れんがた

（＊01）「パッサロヴィッツ条約」のこと。このときハンガリー残部（バナート州）・セルビア北部・ワラキア西部などを失地しています。

（＊02）「求海政策」とも。当時のロシアは不凍港（冬になっても氷が張らない港）がなく、これを求めてバルカン半島・中東・中央アジア・極東に侵掠の目を光らせていました。

（＊03）この戦争の詳細については『世界史劇場 侵蝕されるイスラーム世界』をご参照ください。

め、「露土戦争（＊03）（B-4/5）」を起こしたのです。

　屈強なロシア軍を前にして、“瀕死の病人”はいいところなく連戦連敗、アッという間に和を請い、「サン＝ステファノ条約（B/C-3）」が結ばれることになりましたが、その内容を知ったオーストリアは激怒。

　じつは「露土戦争」が勃発する直前、おなじくバルカンを狙っているオーストリアに介入されては難儀と感じたロシアは、オーストリアと密約（＊04）を結び、「中立を守ってくれた暁には、ボスニア・ヘルツェゴヴィナ（C-2/3）を譲る」ことを約していました。

　オーストリアにとってボスニア・ヘルツェゴヴィナはバルカン半島進出への“突破口”でしたから、オーストリアは、「鷸（ロシア）と蛤（オスマン）がいがみ合っているのを横目に“漁夫の利（＊05）”を得ることができる」と思い、中立を守ったのです。

「誠実なる仲買人」

ま〜ま〜
ご両人とも
そう熱くならずに！

ドイツ帝国宰相
ビスマルク侯

ハプスブルク朝　第3代
フランツ＝ヨーゼフ1世

露助め！
なんだこの内容は！
断じて認めんぞ！
撤回しないなら戦争だ！

ラ協定

ライヒシュタット協定

（＊04）1876年7月の「ライヒシュタット協定（B-2/3）」のこと。

（＊05）出典は『戦国策』。鷸（水辺で魚や貝などを食べる鳥）が蛤を食べようとその肉をつついたところ、蛤にクチバシを挟まれてしまう。両者一歩も退かない攻防の中、身動きが取れなくなっていたところを、通りかかった猟師に両者とも捕まってしまったという故事。

ところが蓋を開けてみれば、サン＝ステファノ条約では「ボスニア・ヘルツェゴヴィナには自治権を附与する」となっていました。

── ボスニア・ヘルツェゴヴィナをくれるという話はどうなった！？

　そのうえ、羅（C-4）塞（C-3）黒（C/D-2/3）には独立が許されたため、これがオーストリアのバルカン進出を遮る防波堤（D-2/3）となってしまいます。

── おのれ、露助め！ 謀りおったな！（B-3）

　さらに、このサン＝ステファノ条約にはイギリスも激怒しています（D-1）。

　イギリスもまた、ロシアから「バルカン半島にロシアの属国を作らない」という確約（＊06）を得て、今回静観していたのですが、「約束反故」はロシアの常套、お家芸（A-5）。

　これも蓋を開けてみれば無視されていました。

　一応建前上は「ブルガリアはオスマン主権下において自治権附与（D-3/4）」となっていましたが、「当面２年間はロシア軍が進駐する」という条件が加えられていましたから、実質的に「ロシア主権下」。

　しかも、ブルガリアの領土が不自然に大きすぎ（D-3）、地中海沿岸にまで達しています。

　これでは、ロシア軍がブルガリアに軍を進駐させて、地中海沿岸にせっせと軍港（D-3/4）が造られ、ロシア艦隊（C/D-5）が地中海に出てくることは必定。

　制海権にこだわるイギリスが怒るのも無理はありません。

　事態は緊迫し、英 墺 は「開戦も辞さぬ！」構えを見せ、これに焦りを覚えたのがビスマルクでした。

── まかり間違って「墺 露 開戦」となれば、せっかく苦労して構築した「三帝同盟」は水の泡。

　それどころか、背に腹は替えられず、ロシアが味方を求めてフランスと同盟を結んでしまうやも知れぬ。

（＊06）1877年３月の「ロンドン議定書（D-1）」のこと。

そうなれば、「独 仏 開戦」ともなりかねず、ドイツは 仏 露に挟撃されてしまう！

懸念が現実となる前になんとか手を打たねば！

そこでビスマルクは、自らを「誠実なる仲買人」と称して仲介を買って出ます（A-2）。

――我がドイツにとって、バルカン利権は一擲弾兵（＊07）の骨にも値しない。

したがって、公正な仲介が可能である。

英・墺・露は、引くに引けないほど対立が深刻化していたものの、ともに心の内では開戦は望んでおらず、もし平和的に解決する手段があるならばそれにすがりたい気持ちもあり、またオーストリアは同じドイツ人の誼から、ロシアは叔甥の姻戚の誼から「悪いようにはされまい」という下心もあり、事の解決をビスマルクに委ねることにします。

ここに、ビスマルクが主導権を取った調停者として国際会議「ベルリン会議（A-1）」が開催される運びとなりました。

会議の結果、ビスマルクの裁定は「あくまで表面的にはロシアの要求をすべ

伯林会議

こんな妥協案は
如何かな？

ビスマルクよ…
お前だけは味方だと
思ってたのによ…
がっかりだよ…

伯林条約

い〜ね、い〜ね！
それでいこ！

（＊07）敵陣に爆弾を投げ込む兵のこと。最前線で活動し、敵前線に突破口を開ける重要かつ危険な役目を担う兵。のちには「勇猛な兵士」の代名詞となった。

て呑む」体裁を整えつつ、そのじつ、「実質的には英墺の要求をすべて呑む」という巧妙なもの（ベルリン条約）（B/C-1）^{（＊08）}で、この結果にロシアは激怒（A/B-4/5）。

ロシア全権は「ビスマルクはロシアの友好に冷水を浴びせかけた！」と非難。

ロシア国民は「君府への道は伯林にあり！^{（＊09）}」と輿論沸騰。

ロシア皇帝は「こたびの裁定はビスマルクの主導による、ヨーロッパの陰謀である！」として、ただちに「三帝同盟」から脱退（A-4）。

こうして、ビスマルクが時間をかけ、苦労して構築した“平和”が一夜にして亀裂が生じてしまい、彼にも焦りの色が現れます。

しかし、今回確かに独露および墺露間の友好は破れたかもしれませんが、独墺間の友好が破れたわけではありません。

そこでビスマルクはただちにオーストリアに走り、翌1879年、ロシアを仮想敵国とした「独墺（二国）同盟（C-1）」を締結します。

とはいえ、このままではいつ何時、露仏が同盟を結んでしまうやもしれず、ビスマルクはまだまだ眠れぬ夜を強いられることになったのでした。

もう三帝同盟はヤメだ！！

てめぇら独墺で結託しやがって！

（＊08）「ベルリン会議」の詳しい内容については、本シリーズ『世界史劇場 侵蝕されるイスラーム』の「第4章 第10幕」で詳説されていますので、ここでは触れません。

（＊09）ロシア帝国にとって「コンスタンティノープル上洛」は永年の宿願。しかし今回、「ビスマルクに邪魔された」との認識から、「コンスタンティノープルを制圧するためには、その前にドイツを征服しなければならない！」との輿論が高まりました。

第4章 ビスマルク外交

第3幕

思いがけぬ復活
第2次三帝同盟の成立
ドライカイザーブント

「三帝同盟」の解体でドイツの安全保障体制は崩壊し、さしものビスマルクも狼狽。しかし〝幸運の女神〟は今回もビスマルクに微笑み、ビスマルクとは関係ないところで起こった出来事がことごとくビスマルクにとって好都合に展開。その結果、「三帝同盟」が復活したどころか、「三国同盟」のおまけまで付くことに。

あわわわ！
イギリスの野郎！
我がロシアがドイツと
手を切った途端、
攻めてきやがった！

ロマノフ朝 第16代
アレクサンドル2世

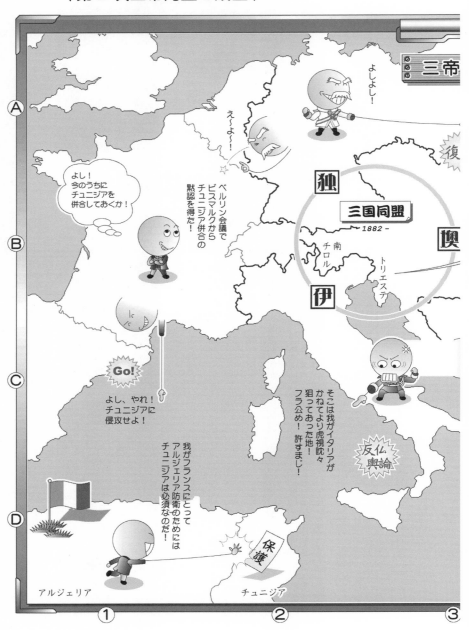

こ　のような経緯によって感情的になって一度は〝ケツをまくった〟ロシアでしたが、そもそもロシアが「三帝同盟（ドライカイザーブント）」を結んだのは、南下政策を推進する上でドイツの後盾が必要だったからです。

　ロシアが一時の感情にまかせて「三帝同盟（ドライカイザーブント）」を蹴ったのが 1878 年。

　ところがその直後、イギリスが突如としてアフガニスタンに侵攻（＊01）を始めたのです（C-5）。

　これはロシアにとって、如何（いか）にもまずい。

　じつはこのころ、ロシアの「南下政策」は中央アジアにまで伸び、1868 年（＊02）にはボハラ汗国（ハン）、1873 年にはヒヴァ汗国（ハン）、そして 1876 年にはコーカンド汗国（ハン）（＊03）をつぎつぎと支配下に置いていき、「次はアフガニスタン！」というところで、東方問題（＊04）に手間取っているうちにイギリスに先手を打たれた形となりました。

　これにより、1880 年までにイギリスはアフガニスタンを制圧、ロシアはアフガニスタンと国境を挟んでイギリスと睨（にら）み合うことになります。

　こうなるとロシアは、東（アジア）はイギリス・西（ヨーロッパ）は独（ドイツ）墺（オーストリア）に挟撃される形となってしまうため、一気に苦境に陥ります。

――むむぅ、一時の感情で「三帝同盟（ドライカイザーブント）」を蹴ったのは失敗だったか…。

　露帝（ツァール）アレクサンドル 2 世は頭を抱えました（B-4/5）が、後悔先に立たず。

　すぐにでも「三帝同盟（ドライカイザーブント）」を復活したいと思うも、ビスマルクを罵（ののし）ったその舌の根も乾かぬうちにビスマルクに尻尾を振り、ビスマルクが差しのべた手を振り払ったその手でゴマを擂（す）る――など沽券（こけん）に関わる。

　かといって、このままでもまずい。

　こうした手詰まり状態の中、この事態を打開する事件が起こります。

　1881 年 3 月 13 日（＊05）。

（＊01）「第 2 次 アフガン戦争（1878～81 年）」のこと。その歴史的背景や内容については、すでに『世界史劇場 侵蝕されるイスラーム』で詳しく解説していますので、割愛します。

（＊02）「1868 年」といえば、日本では「明治維新」の年です。

（＊03）ボハラ汗国・ヒヴァ汗国・コーカンド汗国を併せて「ウズベク三汗国」といいます。

（＊04）ここでは「（第 11 次）露土戦争」のこと。

アレクサンドル 2 世が政務を終え、冬宮（ズイムニー・ドヴァリェーツ）へと向かう帰路、彼の乗る馬車に爆弾が投げ込まれて爆死 (＊ 06)（A-5 ）、新帝に代わることになったのです。

「三帝同盟（ドライカイザーブント）」の復活を画策していたビスマルクにとって、これは "僥倖（ぎょうこう）" となりました。

なんとなれば、新帝アレクサンドル 3 世（A-4 ）は父帝（アレクサンドル2）の業績を潰して回ることになるからです。

―― 貴殿（ビスマルク）と父上（アレクササンドル2）との間には確執があったかもしれぬが、朕（ちん）にはない。

我々が今一度手を取り合うのに何の支障があろうか。

こうして、アレクサンドル 2 世の "突然の死" は、ビスマルクの憂いを一気に雲散霧消させ、先帝（アレクサンドル2）爆死から 3 ヶ月と経たぬうちに「三帝同盟（ドライカイザーブント）(＊ 07)」が復活（A-3 ）することになったのでした。

前回、突然のロシア脱退で "煮え湯" を呑まされたビスマルクは、今回「更改期限」を 2 年から 3 年に延ばしていますが、あとは内容的に先の「三帝同盟（ドライカイザーブント）（第 1 次 ）」とほとんど同じ。

よしよし！

三帝同盟

#1) 1873 - 78
#2)　81 - 87

復活

ロマノフ朝　第 17 代
アレクサンドル 3 世

(＊ 05) グレゴリウス暦の場合。当時ロシアで使用されていた暦（ユリウス暦）では 3 月 1 日。

(＊ 06) 正確にはキバリチチ式手榴弾。のちに、彼の殺害現場の上に教会が建てられ、「血の上の救世主教会」と呼ばれています。

(＊ 07) 1873 年の「三帝同盟」と区別するため、「新三帝同盟」「第 2 次 三帝同盟」「三帝協商」などと呼ぶこともあります。

こうしてビスマルクは〝最悪の状況〟からは脱したものの、一難去ってまた一難、彼の〝悩みの種〟が尽きることはありません。

　次なる〝悩みの種〟はイタリアでした。

　イタリアは、先の「普<ruby>墺<rt>プロイセン</rt></ruby><ruby><rt>オーストリア</rt></ruby>戦争」でヴェネツィアを奪還したものの、いまだ南チロールとトリエステ地方（B-2/3）を奪還できておらず、これを「未回収のイタリア<ruby><rt>イタリア・イレデンタ</rt></ruby>（B-3）」と呼んで奪還運動が高まっていたのです。

　これにより、独<ruby><rt>ドイツ</rt></ruby>墺<ruby><rt>オーストリア</rt></ruby>伊<ruby><rt>イタリア</rt></ruby>の３国間において、独伊<ruby><rt>ドイツ イタリア</rt></ruby>・独墺<ruby><rt>ドイツ オーストリア</rt></ruby>関係は良好ながら、伊墺<ruby><rt>イタリア オーストリア</rt></ruby>関係が敵対するという複雑な関係にありました。

　したがって、いつ何時、「敵<ruby><rt>オーストリア</rt></ruby>の味方の敵<ruby><rt>ドイツ</rt></ruby>は味方<ruby><rt>フランス</rt></ruby>」の論理が働いて、イタリアがフランスの下<ruby><rt>もと</rt></ruby>に走ってしまうやもしれず、不安は尽きません。

　しかし、これまで見てまいりましたようにビスマルクは運のいい男（＊08）。

　ここでもまた〝天〟はビスマルクに味方しました。

　「三帝同盟<ruby><rt>ドライカイザーブント</rt></ruby>」が復活したまさにその年（1881年）、フランスがチュニジアを保護国化（D-2）したのです。

　このことはイタリアを激怒（C-2/3）させました。

　前々幕でもチラリと触れましたが、この「チュニジア」という土地は、半島統一（1861年）を果たしたばかりのイタリアが虎視眈々<ruby><rt>たんたん</rt></ruby>と狙っていたところです。

　イタリア王国は、自らの半島統一を紀元前272年の「古代ローマによる半島統一」と重ねていました（＊09）。

　このとき半島統一を果たした古代ローマは、次にカルタゴとの決戦（ポエニ戦争）を経て、のちのローマ帝国の礎を築きました。

　そこで、このときのイタリアもカルタゴの故地、すなわちチュニジアを取り、古代ローマの足跡をたどることで「ローマ帝国の復興」と夢想していた（＊10）のです。

　ところが、右手にフォーク・左手にナイフを持ち、さぁ食べようと思ったまさにその刹那<ruby><rt>せつな</rt></ruby>、サッと鳶<ruby><rt>フランス</rt></ruby>に油揚<ruby><rt>チュニジア</rt></ruby>をさらわれたのですから、イタリア輿論<ruby><rt>よろん</rt></ruby>は

（＊08）歴史を紐解くと、大きな組織の頂点に君臨する人の共通点は「優秀な人」ではなく「運の強い人」です。詳しくは、本幕コラムを参照のこと。

一気に「反仏」に傾きます（C/D-2/3）。

　これを見たビスマルクが、ただちにイタリアに接近（C-4）し、フランスを仮想敵国とした軍事同盟（D-3/4）を結ぶよう、誘いをかけました。

　こうして1882年に生まれたのが「独　墺　伊 三国同盟（B-2/3）」です。

　さきの「三帝同盟」はわずか5年で崩壊し、安全保障を失ったビスマルクをいたく狼狽させました。

　しかし、その年（1878年）に起こった第2次 アフガン戦争、そしてその3年後に起きた「露帝暗殺事件」のおかげですぐに復活したばかりか、さらにフランスがチュニジアを併呑してくれたおかげでイタリアまで得て、これに「三国同盟」も加わり、ドイツの安全保障体制はより強固なものとなって生まれ変わることになったのでした。

　まさに「怪我の功名」「災い転じて福と成す」、ビスマルクの強運さを表しています。

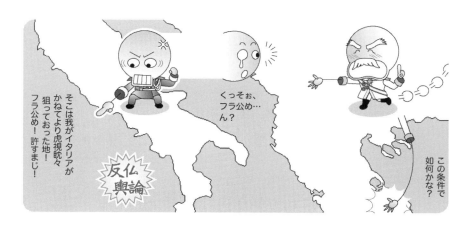

（＊09）「イタリア人による半島統一の達成」は、このとき以来2143年ぶり（272B.C.～1871年A.D.）だったためです。その途中に半島統一を成し遂げた王朝はあるにはあるのですが、ことごとく異民族王朝でした。

（＊10）第二次世界大戦中、B.ムッソリーニがバルカン半島から北アフリカにかけて戦線を開いたのも、やはり「ローマ帝国の復興」というイデオロギーが働いたためです。

Column 頂点に君臨する者

血縁・コネ等でそれを継承した者は別として、組織の末端から入ってその頂点（トップ）にまで上り詰めることができた者の共通点は何でしょうか？

この問に対するありがちな答えに「優秀な人物だから」「才能あふれる人だから」というものがありますが、じつは誤りです。

ちょっと見渡してみればすぐにわかることですが、紛うことなき「無能（まご）」が組織の頂点（トップ）に君臨していることなど珍しくも何ともありません。

確かに才能があればそれに越したことはありませんが、小さな組織ならいざ知らず、組織が大きくなればなるほど、その才だけで「頂点にまで昇り詰める」ということは限りなく不可能に近くなっていきます。

では、どういう人物が「頂点（トップ）の座」を手に入れるかというと、それは「運の強い者」です。

巷間、「運は確実に存在する」派と「運など存在しない」派が議論を戦わせていますが、これは両者の「運」に対する定義が違うためにすぎず、議論の前に定義の調整せずしてその有無を論ずるのは不毛です。

そこで、ここで言う『運』とは、「自分とはまったく関係ないところで起こった出来事が巡り巡って自分の苦況を打開させてしまう確率の高さ」を指します。

そうしたことを踏まえた上で、ここまでのビスマルクの半生を振り返ってみますと、確かにビスマルクの才はズバ抜けていますが、それでも彼ほどの才を以てしても、それだけでは帝国宰相（ライヒスカンツラー）にまで昇り詰めることはまったくできなかったでしょう。

彼は幾たびも苦況に陥りましたが、そのたびにいつも『運』に助けられ、窮地を脱してきたことを見てきました。

では、そうした『強運』を手に入れるためにはどうすればよいか、そうしたことも歴史から学び取ることができます。

嗚呼（ああ）、しかしもう紙幅がなくなってしまいましたので、このつづきはまた別の機会に……。

第4章 ビスマルク外交

第4幕

ビスマルク体制の完成
第2次三帝同盟の崩壊
（ドライカイザーブント）

二度目の「三帝同盟（ドライカイザーブント）」も長くつづくことはなかった。今度は「ブルガリア公位継承問題」が原因となったが、ビスマルクはロシアを説得して「独露（ドイツ・ロシア）再保障条約」を構築する。それでも不安だったビスマルクは、「光栄ある孤立」のイギリスをも説得し「地中海協定」までお膳立て、こうして「ビスマルク体制」は完成をみた。

ぐぞぁ…
どんどん孤立化が
進んでいくぅ…

孤立

〈第2次三帝同盟の崩壊〉

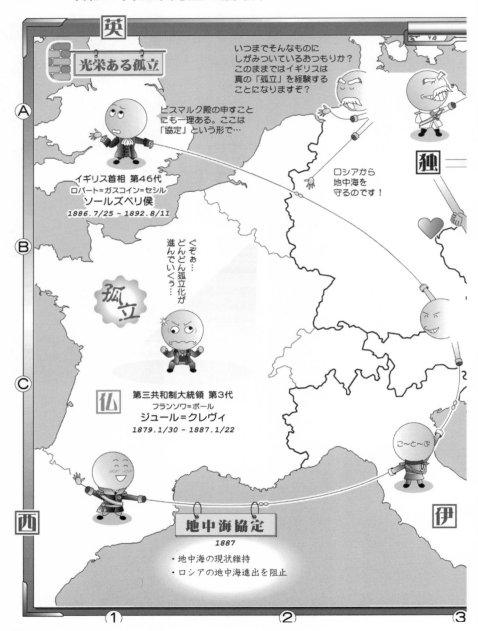

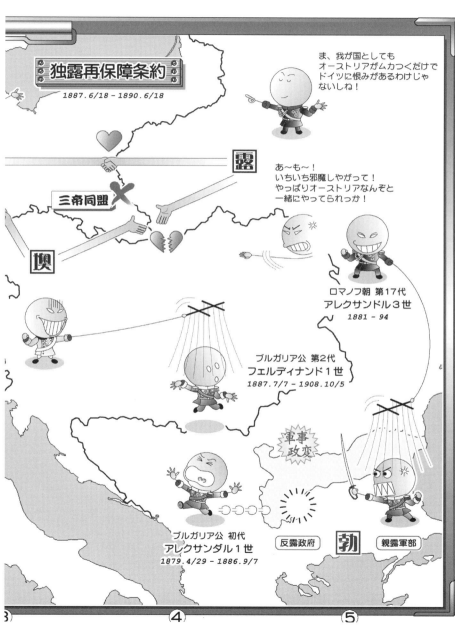

苦 節16年。

紆余曲折ありましたが、ここにようやくドイツの安全保障体制たる「ビスマルク体制」は完成の陽の目を見ました。

とはいえ、ビスマルクも「これで枕を高くして寝られる」── というわけでもありません。

── 日中（ひちゅう）すれば則（すなわ）ち戻（かたむ）き、

月満つれば則ち虧（か）く。（＊01）

昇（ひ）る陽も南中を過ぎれば、あとは沈みゆく一方。

満ちゆく月も満月を越えれば、あとは虧（か）けゆく一方。

森羅万象、ひとたび完成したものはそこから崩壊が始まるもの（＊02）。

見る者を圧倒させるほど高く積み上げられ、威容を誇るドミノ塔（タワー）も、それが高ければ高いほどじつは不安定なもの。

そのため、"たったひとつの牌（ピース）"が外れただけで塔（タワー）全体が一気に崩壊してしまうことがあるように、じつはこの"完成した"ビスマルク体制も、そうした危険な"牌（ピース）"をいくつも抱えていました。

たとえば、体制を支える大きな柱のひとつ「三国同盟（ドライブント）」ひとつ取ってみても、イタリアが独（ドイツ） 墺（オーストリア）に接近したのは、「チュニジアをフランスに掠（かす）め取られた」ことで一時的に反仏感情が高まったところをビスマルクの舌先三寸に言いくるめられて結んだにすぎず、時が経って落ちついて考えてみれば、オーストリアは領土問題（＊03）を抱えた、むしろ敵国（＊04）。

今後、何かの情勢変化で仏（フランス） 伊（イタリア） 関係が改善されれば、「三国同盟（ドライブント）」などたちまち形骸化する危険性を孕（はら）んでいました。

さらにもうひとつの柱であった「三帝同盟（ドライカイザーブント）（A/B-3/4）」も、依然としてバルカン半島で 墺（オーストリア） 露（ロシア）の利権争いが燻（くすぶ）りつづけており、これがいつ"爆発"す

（＊01）出典：『易経』豊卦彖伝。

「戻く」は日が落ちる様、「虧く」は月が満月から新月に向かう様を表す言葉。

（＊02）そうした摂理をよく理解していた日本人は人工的な左右対称（シンメトリー）を嫌い、また、わざと逆付けしたり欠けたところを作って「未完成」を演出したりしたものです。

（＊03 イタリアが「未回収のイタリア」と呼ぶ、南チロール・トリエステ地方のこと。

るか予断を許しません 。

　そして万が一にも一旦 “ 爆発 ” したが最後 、苦労して構築した「 三帝同盟 」^{ドライカイザーブント}など木っ端微塵に吹き飛んでしまうでしょう 。

　そして、それらの懸念はどちらも現実のものとなっていきます 。

　前回の「 三帝同盟 (第１次)」が解体したのは、バルカン諸国の独立・自治問題 (サン ＝ ステファノ条約) でしたが、このときに生まれた「 大ブルガリア公国 」の初代公アレクサンダル１世^(＊ 05)(D-4) は 露 帝 によって擁立された、いわば “ 帝 国 の傀 儡 ” で、軍事顧問はロシアから派遣され、その監視下にありました 。

　これではいくら条文上で「 オスマン主権下 」と謳 (うた) ってみたところで空々しいだけ、実際には紛 (まご) うことなき「 ロシア主権下 」です 。

　それが 英 墺 (イギリス オーストリア) を怒らせたわけですが、ところが 1881 年 、その 擁 立 者 (アレクサンドル2) が爆殺され、ロシアに 新 帝 (アレクサンドル3) が立ったころから 露 勃 (ロシア ブルガリア) 関係がギクシャクしはじ

ブルガリア公 初代
アレクサンダル１世

反露政府　勃　親露軍部

(＊ 04) オーストリアが自らの意志で「 未回収のイタリア 」の返還に応じるとは考えられず、オーストリアが同盟国である限り 、失地が戻ってくることはありません 。これを奪還するためには、オーストリアを「 敵国 」の立場に置いて、力づくで奪い返すしかありません 。

(＊ 05) 露帝アレクサンドル２世の義甥 (露帝の妻マリアの兄アレクサンデルの子) に当たる人物 。

め、ブルガリア国内では政府が「反露派」、軍部が「親露派」となって（D-5）不協和音が生まれることになりました。

このような政府と軍部の対立は、ついに1886年、軍事政変（クーデタ）（C/D-4/5）となって帰結し、この混乱の中で 勃（ブルガリア）公が退位すると、その〝空いた穴〟を埋めるべく、露帝アレクサンドル3世は自らの息のかかった新たな〝傀儡〟（マリオネット）を据えようとします。

しかし当然、オーストリア（B/C-3）がこれを看過するわけもなく、ここぞとばかり自分の傀儡（マリオネット）（C-4）を〝穴〟にねじ込もうとし、こうしてバルカン半島を挟んで 墺 露（オーストリア ロシア）の対立が再現されることになりました。

── くそ！ オーストリアめ、邪魔ばっかりしおって！

やはりオーストリアなんぞと手を握ることはできん！（B-4/5）

怒り心頭のロシアはまたもや「三帝同盟」（ドライカイザーブント）の破棄を望んだものの、このときはまだ更新期限を来年に控えて（＊06）それもままならず、更改の年（1887年）を迎えたとき、ちょうどオーストリア側の用意した〝傀儡〟（マリオネット）が「第2代ブルガリア公」となったため、ロシアはその更改を拒否します。

こうして、二度目の「三帝同盟」（ドライカイザーブント）もまたもやロシアの足蹴によってあっけなく解体し、ビスマルクの安全保障体制は泡と消えた ── かに見えました。

しかし、そこはビスマルク。

同じ轍（てつ）を踏むことなく、今回は用意周到、きちんと対策を立てていました。

第2次「三帝同盟」（ドライカイザーブント）が解体する前からロシアと折衝を重ね、すぐにこれに代わる新たな同盟を構築します。

それが「 独 露（ドイツ ロシア） 再保障条約（＊07）（A-3/4）」です。

（＊06）第2次 三帝同盟（1881年〜）の契約更改は「3年ごと」と約されていましたので、第1回目の更改が「1884年」、2回目の更改が1887年でした。

（＊07）ドイツは、「二国同盟」をドイツの安全保障の〝柱〟としつつ、もうひとつの安全保障を構築したということで「再保障条約」と呼ばれるようになります。

——陛下。

「三帝同盟（ドライカイザーブント）」が潰（つい）えたのは、貴国とオーストリアとの関係が悪化したから
であって、我が国との友好にヒビが入ったわけではありませんな。

そこで如何（いか が）でありましょうや。

基本的な内容（＊08）は「三帝同盟（ドライカイザーブント）」のまま、オーストリアを抜きにして、
我ら独 露（ドイツ ロシア）だけで同盟を結びなおそうではありませんか。

もちろん、オーストリアには内緒（＊09）で。

　この条約は、オーストリアと〝婚姻（同盟）関係〟にありながら、〝現地妻
（ロシア）〟を囲っているようなものでしたから、オーストリア（正妻）に知ら

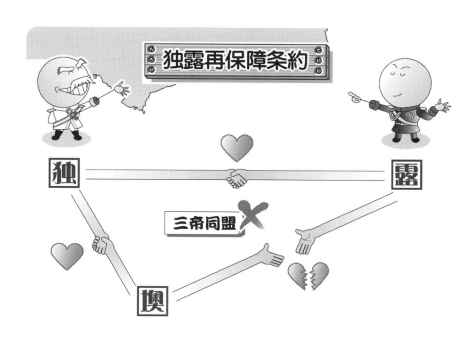

（＊08）「締約国のうちの一国が締約国以外の第三国の交戦状態に陥った場合、他の締約国は好意
　　　　的中立を守ること」、「バルカン半島におけるロシア勢力範囲の調整」など。

（＊09）この「独露再保障条約」の内容は「独墺二国同盟」と矛盾するため、もしこの「再保障条
　　　　約」の存在をオーストリアに知られれば、独墺の信頼関係にヒビが入り、両国の友好まで
　　　　殆うくなってしまいます。

れるわけにはいかず、必然的に「秘密条約」となります。

　この提案に、ドイツの後楯を必要としていたロシアも受諾。

　こうして「二国同盟」をドイツ安全保障の柱としつつ、これと矛盾するもうひとつの安全保障を構築したことから、この条約は「再保障（二重保障）条約」と呼ばれるようになりました。

　どうしても　墺　露　関係の調整が利かず（B-4）、ビスマルクの外交手腕を以てしても「三帝同盟」は第1次がわずか5年、第2次もたったの6年で崩壊してしまいました。

　しかしその代わり、第1次の崩壊の際に「二国同盟」が、第2次の崩壊の際に「再保障条約」が産み落とされて、ついに"完全な三角形"にはならなかったものの、二重保障によって実質的な「三帝同盟」が成立します。

　イギリスは孤立政策「光栄ある孤立（A-1）」を採り、フランスとも対立関係にあったため、これ以上の工作は必要ないようにも思えましたが、ビスマルクは完璧を期し、ロシアを出汁にしてイギリスに接近し、「地中海協定[*10]（D-1/2）」に抱き込むことに成功します。

　これはロシアの地中海進出を阻み、その現状維持を図らんとするもので、ビスマルクはロシアと手を握って（再保障条約）おきながら、イギリスを焚きつけてロシアを封じる動きに加担したわけです。

　当時のイギリスは1870年代から恐慌状態[*11]に陥っており、「光栄ある孤立」などと悠長に構えていられなくなっていたのを見越したビスマルクに説得されてのものでした。

　こうしてビスマルクは、「二国同盟」でオーストリアを、「三国同盟」でさらにイタリアを抱き込むことに成功していましたが、今回、「再保障条約」でロシアを、「地中海協定」でイギリス・スペインまでも自陣営に加えることに成功

（＊10）1887年、地中海の現状維持、ひいては仏・露の地中海進出阻止のため、ビスマルクが仲介して英・伊（2月合意）・墺（3月加盟）・西（5月加盟）で結ばれたもの。

（＊11）1873〜79年の大不況。1930年代の「大恐慌」と区別するため、現在では「恐慌」または「大不況」と呼ばれるようになったものの、当時は「大恐慌」と呼ばれたほどの経済危機。これを契機として"大英帝国"は衰退期に入ります。

（＊12）し、ついにフランスを完全に孤立化（B/C-1/2）させ、夢にまで見たドイツの安全保障体制「ビスマルク体制」を完成させます。

　ビスマルクに抱き込まれた英・露・墺・伊・西、これら５ヶ国の利害はどれひとつ取ってみてもお互いに対立し、とても「同盟関係」になり得ないはずのものでしたが、「二国同盟」と相矛盾する「再保障条約」を結んだかと思ったら、今度はその「再保障条約」と相矛盾する「地中海協定」をお膳立てするという、ビスマルクの"二枚舌"…いえ、"三枚舌""四枚舌"を以て「道化師が操るお手玉」のごとく、ドイツを紐帯としてひとつにまとめ上げたその芸当は、ビスマルク以外の何者も成し得ず、ビスマルクが存命の間はそれでよいとしても、「ビスマルク亡きあと」、何人たりともこれを運営・維持できないという致命的欠陥を孕んだ殆ういシステムでした。

　そのうえ、「ビスマルク体制」が完成したときにはすでに、その崩壊の原因が"外"にではなく"体の中"ですくすくと育っていました。

　まるで"癌細胞"のように。

　「完成は崩壊の始まり」という、この宇宙の摂理だけは、天才ビスマルクにすらどうしようもなかったのでした。

ぐぞぉ…
どんどん孤立化が
進んでいくぅ…

孤立

第三共和制大統領　第３代
フランソワ＝ポール
ジュール＝クレヴィ

（＊12）したがって、イギリスは「三国同盟の第４の同盟国」と言われるようになります。

Column 日本を救ったビスマルク

　ビスマルクが帝国宰相（ライヒスカンツラー）として「ビスマルクの平和（パックス・ビスマルカーナ）」を築いた1871〜90年は、日本史でいえばちょうど明治維新期（1867〜89年）です。

　ビスマルクが東奔西走して欧州（ヨーロッパ）に一時的な平和（パックス）を与えてくれたことで、日本は近代化に集中することができました。

　このときに創られた明治憲法も「ビスマルク憲法」を参考にしていますし、それより何より、もし「ビスマルク」がいなかったら、とっくに第一次世界大戦が起き、近代化運動まっただ中のきわめて不安定な時期の日本がこれに振り回されていたら、日本は滅亡していた可能性すらあります。

　そうしてみれば、日本の存亡を陰で支えてくれていたのが、地球の裏側で暗躍していたビスマルクだったとも言えます。

　さらに、ビスマルクの日本への影響力は、彼が失脚したあとすら褪せることはありません。

　彼が失脚したことで、以降のドイツ外交が180°転換（新航路（ノイエクルス））し、それに危機感を覚えたイギリスが日本にすり寄ってくるという、ほんの少し前までまったく考えられない奇蹟のような情勢となり、これにより生まれた「日英同盟」のおかげで「日露戦争」を戦い抜くことができました。

　日英同盟なくして日露戦争の勝利はあり得ず、日露戦争の勝利なくして、現在の日本もまたあり得ません。

　なんとなれば、日露戦争に敗れていれば、日本は間違いなくロシアの植民地となっていましたし、そうなれば、「大日本帝国」という国家が滅亡するどころの話ではなく、ブラゴヴェシチェンスクの住民のように「日本民族」そのものが絶滅（ジェノサイド）されていた可能性が高いためです。

　たとえ絶滅を生き延びた日本人がいたとしても、その後、日本列島に入植してきたロシア人との混血が進み、今ごろ、この地に「日本人」はいなくなっていたでしょう。

第5幕

老いた水先案内人

ビスマルクの失脚

完成は崩壊の始まり。ビスマルクの創りあげたドイツ安全保障体制「ビスマルク体制」が完成した翌年、ビスマルク失脚の原因が生まれる。それが新帝ヴィルヘルム2世である。彼は即位するや、ビスマルクに対していやがらせの限りを尽くし、ついには彼を失脚に追い込んだ。ドイツの衰滅史はこれより始まる。

そ、そぉか？
では一応
受け取っておくか…

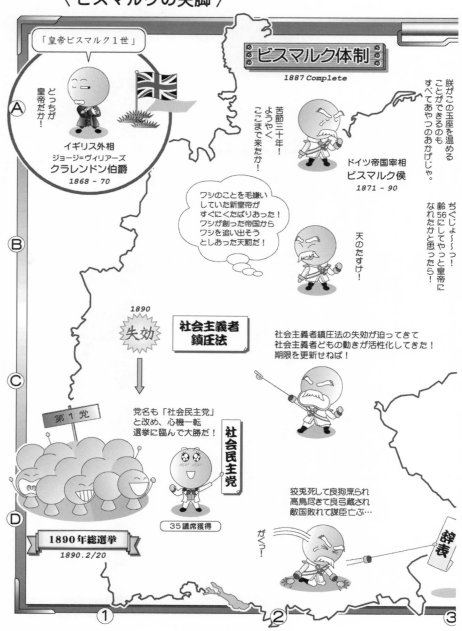

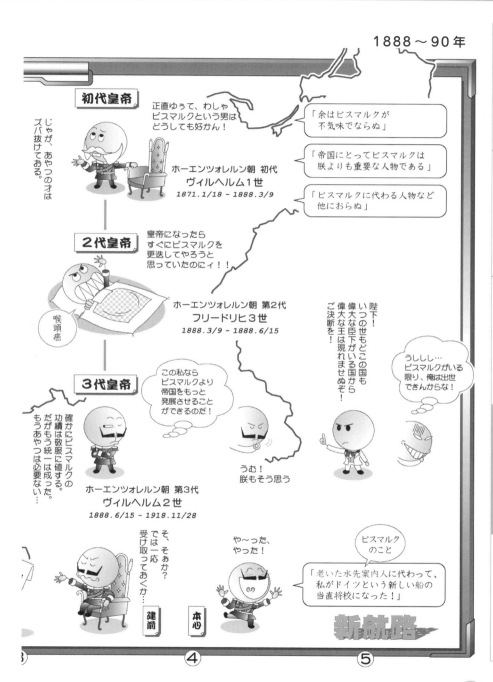

普 首相となって天下を統一するのに10年。
帝国宰相となって、まだ生まれたばかりでよちよち歩きのドイツを目の仇にするフランスからこれを護るための「ドイツ安全保障体制（ビスマルク体制）」を構築するのに18年。

　祖国のため、30年近くにわたって滅私奉公、粉骨砕身して働いてきたビスマルク。

　そして、他の追従をまったく許さない圧倒的な功績を残したビスマルク。

　そのビスマルクに皇帝が下したのは、"恩賞"ではなく"更迭(＊01)"でした。

　以下、本幕ではその過程をみていくことにしましょう。

　「ビスマルク体制」が完成（A-2）した翌年（1888年）、ともに天下統一を駆け抜けた皇帝ヴィルヘルム1世（A-3/4）がついに身罷られました。

　享年91。

　しかし、彼があまりにも長生きだったために、新皇帝に即位したフリードリヒ3世（B-3/4）は即位時すでに56歳で当時としてはすでに老境、しかも喉頭癌を患っていました。

　そのため、即位後まもなく病床に伏し、なんら為すところなく治世たったの3ヶ月(＊02)で死去してしまいます。

　こうして、その年のうちに第3代皇帝としてヴィルヘルム2世（C-3/4）が即位することになりました。

　つまり「1888年」は、その年の初めは初代皇帝だったのに、わずか3ヶ月で第2代皇帝となったかと思ったら、さらに3ヶ月で第3代皇帝に交替する、というドイツにとってめまぐるしい年となります。

　第3代皇帝となったヴィルヘルム2世は、初代皇帝の直系の孫に当たり、このときまだ「而立」にも至らぬ弱冠29歳(＊03)。

（＊01）形の上では「辞任」。

（＊02）正確には「99日」で、そこから「百日皇帝」などと呼ばれることもあります。

（＊03）儒教では「30歳」のことを「学問・思想の基礎が固まる年頃」として「而立」と表現します。また「弱冠」は元々は「20歳」を指す言葉ですが、『後漢書』『文選』などの古典でも20歳にこだわらず10代半ばから20代いっぱいまで幅広く使われている言葉です。

　だいたい 10 代半ばから 20 代前半^{（＊04）}というのは、一定の知識を得たことで、世間知らずで社会に出たこともなく実績も経験も実力もないくせに、自分の能力を過信して目上の者や社会を見下したくなるお年頃です^{（＊05）}。

　彼<ruby>ヴィルヘルム2</ruby>もまた、そうした思春期特有の「中二病」を発したか、とはいえ「中二病」と断ずるには彼はいささか薹<ruby>とう</ruby>が立ちすぎているのでこれを拗<ruby>こじ</ruby>らせたか、あるいは彼の生い立ちに発するトラウマのせい^{（＊06）}か、生まれついての性質か、いづれにせよ彼は、帝国第一級の功を誇る元勲ビスマルクを疎んじるようになります。

――ビスマルクのやり方はもう古いのだ！

　　　朕<ruby>ちん</ruby>が親政すれば、ビスマルクなんぞよりも

　　　もっとこの国<ruby>ライヒ</ruby>を発展させることができる！

　何が恐ろしいって、「自覚のない無知」ほど恐ろしいものはありません。

　このヴィルヘルム 2 世こそ、ビスマルクがその天才的才能を遺憾なく発揮して、その人生を費やして創りあげた帝国<ruby>ライヒ</ruby>を、発展させるどころかあっさりと滅亡に追いやった、その"最大戦犯"になろうとは、このときの本人は知る由もなかったでしょう。

苦節三十年！

ドイツ帝国宰相
ビスマルク侯

じゃが、あやつの才は
ズバ抜けておる。
朕がこの玉座を温める
ことができるのも
すべてあやつのおかげじゃ。

初代皇帝

（＊04）現代日本で言えば、中学・高校・大学生くらい。

（＊05）最近、こうした症状に「中二病」という名が与えられ、市民権を得ているようです。

（＊06）これについては、本幕パネル「親の愛に飢えた子の哀しい性」をご参照ください。

しかしながら、彼は決して「バカ」ではありません。

むしろ優秀だったくらいです。

母の期待に応えようと、若いころから必死に勉学に勤しみ、学業成績はつね
に上位で^{（＊07）}、フェンシングや乗馬にも通じ、語学も英語・仏語^{フランス}・希語^{ギリシア}が
堪能^{ペラペラ}の文武両道でした。

しかしながら。

中国では戦国時代の趙将「趙括^{ちょうかつ}」がそうであったように、日本では日露戦争
時の「東大七博士^{（＊08）}」がそうであったように、「学識の高さ」と「教養の高
さ」、「学歴の高い低い」と「頭の良し悪し^{オツム}」は何の因果関係もありません。

これが理解できなかった趙括^{ちょうかつ}は祖国を滅亡に追いやり、「東大七博士」な
どは当時の首相・伊藤博文をして「なまじ学のあるバカほど恐ろしいものはな
い！」と言わしめ、そのあまりの無教養ぶりに天を仰いだほど。

果たして、ヴィルヘルム2世も〝ヨーロッパの趙括^{ちょうかつ}〟、はたまた〝8人目の
東大七博士〟となって祖国を亡ぼす元凶となっていきます。

そもそもビスマルクなどは、ヴィルヘルム2世が生まれる前から槃根錯節^{ばんこんさくせつ}・
複雑怪奇^{（＊09）}な欧州^{ヨーロッパ}外交を渡り歩き、諸外国の手練^{てだれ}外交官を手玉に取ってき
た古今稀^{まれ}なる傑物です。

まだ右も左もわからぬ世間知らずの若造・ヴィルヘルム2世は、三顧の礼を
以^{もっ}て教えを請うべきであったのに、その逆に、彼はビスマルクを遠ざけました。

ヴィルヘルム2世とて、ビスマルクの功績・才は認めていましたし、そ
のことに対する尊敬の念も持っていましたが、母親から受けた仕打ちによる
トラウマ^{（＊06）}に加え、佞臣^{ねいしん}（C-5）の媚言^{びげん}にその気になり、讒言^{ざんげん}をマに受け、
「親政」への意欲を日に日に強めていきます。

──この国の皇帝^{カイゼル}は誰だ？

　ビスマルクか？　朕^{ちん}か？

（＊07）それでも母親の期待する成績には届かず、母親からは落胆されていますが。

（＊08）日露戦争直前に現れ、無知無教養ぶりをさらけ出した東大・学習院の7人の教授たち。

（＊09）「槃根錯節」とは「事情が複雑すぎて解決が困難なこと」。
　　　　また、日本の首相・平沼騏一郎が「欧州天地は複雑怪奇」と語ったことは有名。

確かにビスマルクは「皇帝^{カイザー}ビスマルク 1 世^{（＊10）}（A-1）」などと揶揄^{やゆ}される
こともありましたから、不愉快なこともあったでしょう。

　初代のヴィルヘルム 1 世とて、私的にはビスマルクのことをどうしても好き
になれませんでした（A-4）。

「余はこの男（ビスマルク）が不気味でならぬ。

　こやつと話しておると、心の内からふつふつと反発心が湧いてくる。」

…とはヴィルヘルム 1 世の言葉です。

　しかし、そこは公私の区別はきっちり付け、彼の才は高く買って公的には彼
を重用しつづけました。

「帝国にとってビスマルクは朕よりも重要な人物である。」

「ビスマルクに代わる人物など他におらぬ。」

　こうした言葉から、彼が"公私のけじめ"をしっかりとしていることがわかり
ます。

　ヴィルヘルム 2 世も私的には思うところがあったにせよ、ビスマルクもすで
に老い^{いくばく}先幾何もないご老体、有終^{まっと}を全うさせることで彼の功績に報い、そのわ^{むく}

ホーエンツォレルン朝　第3代
ヴィルヘルム 2 世

この私なら
ビスマルクより
帝国をもっと
発展させること
ができるのだ！

3代皇帝

うむ！
朕もそう思う

陛下！
いつの世もどこの国も
偉大な臣下がいる国から
偉大な王は現れませぬぞ！
ご決断を！

（＊10）当時の英外相クラレンドン伯（G．ヴィリアーズ）（A-1）の言葉。

ずかな時間にできるかぎり彼に師事し、学べるところは学べばよかったのに、彼は「一刻も早く親政したい！」という心の内から湧き起こる衝動をどうしても抑えることができなかったのでした。

　ヴィルヘルム2世はビスマルクを追い落とすべく、事あるごとに「ビスマルク政治」を邪魔する動きをし、両者の溝は深まるばかり。

　そんな折の1890年、「社会主義者鎮圧法」の失効期限が迫ります。

　これを受けて、社会主義者たちの活動がにわかに活発化してきたため、ビスマルクは「社会主義者鎮圧法」の期限延長（あわよくば無期限化）を目論みました（C-2）が、帝国議会_{ライヒスターク}で否決されてしまい、ついに失効。

　これに喜んだ「ドイツ社会主義労働者党」は、心機一転、党名も「ドイツ社会民主党」と改め（D-1/2）て総選挙に臨んだところ大勝！

　なんと35議席を得て「第一党」となり、逆に、ビスマルクのお抱え政党は惨敗してしまいます。

　しかし、それでもビスマルクは諦めずに起死回生を狙って策動したのですが、この動きを皇帝_{カイゼル}がことごとく封じ込め、ビスマルクが身動きできないようにいやがらせの限りを尽くします。

　さしものビスマルクも、自分が打つ手、打つ手をことごとく後方から邪魔され、封じ込められたのではどうしようもありません。

　── かかる重大問題において、陛下と私がかくも異なる考えを抱いておられる
　　　なら、私は適した地位にいるとはいえないだろう。

　こうして1890年3月18日^(＊11)、ビスマルクは「選挙の敗北の責任を取って」という名目でついに辞表を提出することになります（D-3）。

　ヴィルヘルム2世は内心嬉々としてこれを受けとり（D-3/4）、その歓びを爆発させます。

「老いた水先案内人^(＊12)に代わって、私がドイツという新しい船の当直将校

（＊11）この日は、ビスマルク75歳の誕生日（4月1日）を迎えるわずか2週間前のことでした。

（＊12）ビスマルクのこと。イギリスではこの言葉の風刺画も描かれ（右ページ）、ヴィルヘルム2世がドイツ帝国を「船」に喩えたことから、彼の親政（反ビスマルク政策）はのちに「新航路（D-5）」と呼ばれるようになりました。

になった！（D-5）」

　しかし、まさにこの瞬間こそ、帝国が「ビスマルクの平和（パックス・ビスマルカーナ）」の上り坂から「皇帝の戦争（カイゼル・ベルルム）」に向かう下り坂の分水嶺（ライヒ）となったのでした。

　こうして、ひとりの天才が築きあげた帝国（ライヒ）は、ひとりの愚帝によって亡ぼされることになります。

英国誌『パンチ』の挿絵「水先案内人の下船」

Column

親の愛に飢えた子の哀しい性（さが）

　ヴィルヘルム2世は出産時たいへんな難産だったため、分娩麻痺を起こして左腕がほとんど動かせない麻痺が残りました。

　ちなみに私事ですが、筆者も彼とまったく同じで、難産のために分娩麻痺を起こして右腕がほとんど動きません。

　そうした境遇だけでなく、子供のころから負けん気が強くワンパクだったなど、性質的なところもヴィルヘルム2世と筆者はその生い立ちに似ているところが多いのですが、決定的に違うところがあります。

　それは「両親からの愛情」。

　私が両親から無条件の愛情を一身に受け、右腕の障害など露ほども気に留めることなく育てられたのとは対照的に、彼の母親（ヴィクトリア）は我が子の障害に嫌悪し、その反動で我が子に過大な成績・結果・記録を要求し、これに応えられなければ、我が子に冷たく接したといいます。

　こうした教育は子供の心を蝕み（むしば）ます。

　まず、親が子の障害を嫌悪すれば、それは子に敏感に伝わり、子は自分の障害に強烈なコンプレックスを持つようになります。

　果たせる哉（かな）、ヴィルヘルム2世も自分の障害に激しいコンプレックスを持つようになり、それは心的外傷（トラウマ）となっていきました。

　また、成績が良かろうが悪かろうが、親から無条件の愛を受けた子というのは、気負わない・背伸びしない・ありのままの"等身大の自分"に自信を持つことができるようになり、健全な精神成長を果たすことができますが、つねに好成績・高得点を上げなければ親から愛されない子は、「成績を上げない等身大の自分」に自分自身で価値を見いだせなくなり、つねに「結果を出さねば！」「実績を上げねば！」と焦燥感に駆られ、健全な精神的成長が阻害されるようになります。

　まだ何の実績もない"ハナタレ小僧"のヴィルヘルム2世が、老獪にして海千山千のビスマルクに教えを請うでもなく、逆にこれを更迭して功を焦ったのは、まさに彼の心的外傷（トラウマ）の結果と言えましょう。

最終章 ビスマルク失脚後

第1幕

ビスマルク体制の崩壊
露　仏 同盟の成立

天才によって築かれた国家・体制・組織は、凡人によって破壊されるのが世の常。ビスマルクが20年近くかけて創りあげた安全保障体制は、彼が退陣したその年のうちに崩壊した。ビスマルクの事業を継承した者たちは口々に言う。「このシステムはビスマルクが如き傑物にしか運営できぬ！」

露仏同盟

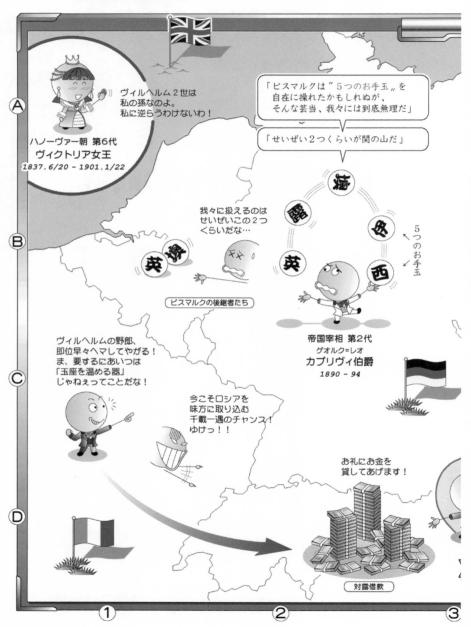

ヴィルヘルム2世は
私の孫なのよ。
私に逆らうわけないわ！

ハノーヴァー朝 第6代
ヴィクトリア女王
1837.6/20 - 1901.1/22

「ビスマルクは"5つのお手玉"を
自在に操れたかもしれぬが、
そんな芸当、我々には到底無理だ」

「せいぜい2つくらいが関の山だ」

我々に扱えるのは
せいぜいこの2つ
くらいだな…

英 墺

ビスマルクの後継者たち

墺
露　伊
英　西

5
つ
の
お
手
玉

帝国宰相 第2代
ゲオルク=レオ
カプリヴィ伯爵
1890 - 94

ヴィルヘルムの野郎、
即位早々ヘマしてやがる！
ま、要するにあいつは
「玉座を温める器」
じゃねぇってことだな！

今こそロシアを
味方に取り込む
千載一遇のチャンス！
ゆけっ！！

お礼にお金を
貸してあげます！

対露借款

①　　　　　　　②　　　　　　　③

1890 〜 94年

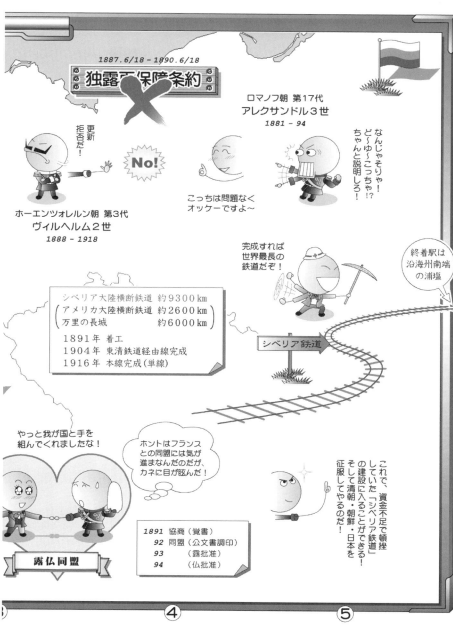

第１章　ビスマルク登場

第２章　ビスマルクの独擅場

第３章　ビスマルクの内政

第４章　ビスマルク外交

最終章　ビスマルク失脚後

1887.6/18 - 1890.6/18

独露再保障条約

ロマノフ朝　第17代
アレクサンドル３世
1881 - 94

更新
拒否だ！

No!

なんじゃそりゃ！
ど〜ゆ〜こっちゃ！？
ちゃんと説明しろ！

こっちは問題なく
オッケーですよ〜

ホーエンツォレルン朝　第3代
ヴィルヘルム２世
1888 - 1918

完成すれば
世界最長の
鉄道だぞ！

終着駅は
沿海州南端
の浦塩

シベリア大陸横断鉄道　約9300km
アメリカ大陸横断鉄道　約2600km
万里の長城　　　　　　　約6000km

1891年　着工
1904年　東清鉄道経由線完成
1916年　本線完成（単線）

シベリア鉄道

やっと我が国と手を
組んでくれましたな！

ホントはフランス
との同盟には気が
進まなんだのだが、
カネに目が眩んだ！

これで、資金不足で頓挫
していた「シベリア鉄道」
の建設に入ることができる！
そして清朝・朝鮮・日本を
征服してやるのだ！

露仏同盟

1891　協商（覚書）
　92　同盟（公文書調印）
　93　　　（露批准）
　94　　　（仏批准）

④

⑤

こうして、ビスマルクによって創られ、ビスマルクによって維持されてきた帝国（ライヒ）からビスマルクは追い出されることになりました。

しかしこの事実は、単に「ひとりの政治家が失脚し、次の政治家に代替わりした」ということではなく、「この瞬間から帝国（ライヒ）滅亡への秒読み（カウントダウン）が始まった」ということを意味しています。

彼のあとを継いだ第２代帝国宰相　G．L．カプリヴィ伯爵（ライヒスカンツラー　ゲオルク　レオ）（B/C-2）は、軍人としては優秀（＊01）でしたが、政治家としては経験も能力もない凡庸な人物で、奇しくも生前の初代皇帝がよく口にしていた「ビスマルクに代わる者などおらぬ」という言葉を証明することになります。

ところで、歴史を紐解（ひもと）けば、以下のような「歴史法則」が見つかります。

――天才・傑物によって創られた国家・組織は短命、

　　凡人・凡庸によって創られた国家・組織は長命。

「鞘（さや）は刀の大きさに合わせて作られる」のと同様、国家や組織（鞘）も創設者の"器"（刀）の大きさに合わせて組織されるもの。

「源為朝（ためとも）が握れば絶大な力を発揮した五人張りの剛弓（＊02）」も他の者にまったく使いこなせなかったように、「天才」「傑物」の器に合わせて創られた組織は凡人には運営できないためです。

織田政権が信長の死とともにたちまち崩壊したのもそのためですし、徳川政権が家康の死後も安泰だったのもそのため（＊03）です。

したがって、ビスマルクの事業を後継した皇帝（カイゼル）・宰相（カンツラー）・外相らが必死に帝国（ライヒ）を支えようとしましたが、これを30年と保（も）たせることができなかったのもそのためです。

実際、それは"ビスマルクの後継者たち（B/C-1/2）"も認めています。

――ビスマルクほどの卓越した人物なら、「5つのお手玉」を掌（てのひら）の上で自在に

（＊01）ドイツ統一戦争（デンマーク戦争・普墺戦争・普仏戦争）に従軍し、参謀として活躍し、数々の勲章を得ています。

（＊02）弓の弦を張るとき、通常は「一人張り」といってひとりで弓を張りますが、ふたりがかりで張った弓を「二人張り」といって、これを使いこなせる者は"剛の者"と呼ばれて滅多におらず、「三人張り」となると皆無といってよいほどです。

操れたかもしれぬが、そんな芸当、我々には到底無理だ。

せいぜい２つくらいが関の山だろう。（A-2/3）

ここで彼らのいう「５つのお手玉」とは、フランスを孤立化するため、ビスマルクが味方に付けた 英 ・ 露 ・ 墺 ・ 伊 ・ 西 の５ヶ国（B-2/3）のことですが、"後継者たち"はこの５ヶ国を「お手玉」に喩えてこれを扱うことを放棄し、「２つ」に絞って外交を進めていくことにします。

その「２つ」こそが 英 ・ 墺 です（B-1）。

そこからこぼれ落ちたお手玉（露 ・ 伊 ・ 西）は捨て置きます。

そうした彼らの方針はすぐに示されました。

ビスマルクが失脚した１８９０年はちょうど「独 露 再保障条約（A-4）」更改の年でしたが、"後継者たち"はいきなりこれを破棄（A/B-4）してしまったのです。

のみならず、露骨な親英外交（＊04）を布いて、中央アジアでイギリスと対立

ホーエンツォレルン朝　第3代
ヴィルヘルム２世

ロマノフ朝　第17代
アレクサンドル３世

（＊03）徳川300年にわたって"大本営発表"が行われつづけた結果、現在、徳川家康を「傑物」「大人物」だと信じて疑わない人はたいへん多い。それはもはや"信仰"状態にあるため、そうした人たちに「じつは家康は凡庸な人物」という真実を理解させることは、たとえ万言を以て説明してあげてもほとんど不可能に近い。

（＊04）ヴィルヘルム２世の母方の祖母がヴィクトリア女王（A-1）だったことも背景にあります。

関係にあるロシアの感情を逆撫でする言動を繰り返します。

　ヴィルヘルム2世はビスマルクを追い出すことに成功したとき、親政を得た悦びに打ち震え、国家を〝艦〟に喩えて「航路は旧のまま、全速前進！」と言いましたが、彼の政策はどう見ても「旧航路（ビスマルク外交）」の全否定で、したがって後世の人々は、ヴィルヘルム2世の言葉を皮肉って、彼の政策を「新航路（前幕パネルD-5）」と呼ぶようになりました[＊05]。

　しかし、この〝5つのお手玉〟の中でもっとも重要なのは「英・墺」ではなく「露・墺」なのであって、こうした選択ミスをすること自体が、〝後継者たち〟がビスマルク外交の基本理念すらまったく理解できていなかったことを示しています。

　ほんの少しロシアの立場になって考えてみればわかりそうなものですが、これにより英・独に挟撃される形となってしまうロシアは、好むと好まざるとにかかわらずフランスと同盟を結ばざるを得なくなります。

　そして露・仏に同盟を結ばれたら、ドイツはその時点で〝詰み〟です。

　これを知った隠居中のビスマルクの嘆き哀しみは「大臣批判」という形となって表れましたが、時に口が滑って「皇帝批判」までやらかしたほどビスマルクの怒りは激しいものでした。

──　現在の大臣どものデキの悪さを見れば、

　　彼らが仕える主君（ヴィルヘルム2世）の底も透けて見えるわ！

　これにはヴィルヘルム2世もビスマルクを「不敬罪」で逮捕しようかと思ったほどでしたが、しかし、ビスマルクの怒りも理解できるほど、ドイツにとってロシアと手を切ったのは致命的失策と言えます。

　とはいえ、それでもまだこの時点ではロシアはフランスと同盟を結ぶことに躊躇していました。

（＊05）もっとも〝ビスマルクの後継者たち〟は「ビスマルクが操った〝5つのお手玉〟を2つに絞っただけ」であって、あくまで「旧航路」を採っているつもり──だったようですが。

（＊06）1856〜60年の清朝vs英仏の戦争。
　　　　詳しくは『世界史劇場 日清・日露戦争はこうして起こった』をご参照ください。

（＊07）冬になっても氷の張らない海。

　フランスがほんの20年ほど前に「帝政を倒して生まれた共和国」だったことによる嫌悪感からです。

　しかし、こうした切羽詰まった情勢に加え、孤立化していたフランスからの強烈なラブコールを前にして、翌91年、ついにロシアもフランスと手を握ることを決意します（D-3/4）。

　じつは、遡（さかのぼ）ること30年前。

　ロシアは「アロー戦争（＊06）」に介入し、1860年の北京条約で沿海州を獲得しましたが、その南端が「不凍海（アイスフリーシー）（＊07）」に面していたため、ロシアはここに夢にまで見た「不凍港（アイスフリーポート）」の建設に入っていました。

　これこそ、ロシアが“日本征服の最前線基地”にしようとしていた「ウラジヴォストーク（＊08）」です。

　このころの日本はまだ幕末。

　もし、この時点で浦塩（ウラジヴォストーク）を橋頭堡として侵掠（しんりゃく）が始まっていたら、日本はひとたまりもなかったでしょう。

我々に扱えるのは
せいぜいこの2つ
くらいだな…

英　墺

ビスマルクの後継者たち

海

露

英

母

西

5つのお手玉

（＊08）「ウラジ（vladi）」は「征服する」という意味の動詞。
　　　　「ヴォストーク（vostok）」は「東」という意味の名詞。
　　　　「動詞＋名詞」は命令形なので「東（日本）を征服せよ」という意味になりますが、ロシア自身は「東方の領地という意味で他意はない」とこれを否定しています。

しかしロシアとしても、"不凍港"（アイスフリーポート）だけポツンとあってもどうしようもなく、これを"日本征服"の橋頭堡（きょうとうほう）として機能させるためには、どうしてもここに輜重（しちょう）を潤滑に送り込むため、「鉄道」で繋げなければなりません。

それこそが「シベリア大陸横断鉄道（B/C-5）」です。

すでに帝都（ペテルブルク）から副都（モスクワ）周辺までの鉄道は敷かれていましたが、そこから先9000kmはあろうかという、シベリア大陸を横断する鉄道を造る資金（カネ）も労働力（ヒト）もまったく捻出できません。

そこでロシアは、浦塩（ウラジヴォストーク）を手に入れた翌1861年には「農奴解放令」を発布し、農奴（クレポスノイ）の身分を解放して労働者（プロレタリア）創出を図ったものの、資金不如意（いかん）は如何ともし難く、ここ30年「シベリア鉄道建設」はずっと頓挫していました。

こうしたロシアの内情をよく知っていたフランスが「同盟を結ぶことを条件として、その資金を出そう！（D-2/3）」ということになったのです。

ロシアはこの話に飛びつき、1891年、それはついに「露仏協商（＊09）」となって結実しました（D-4）。

この時点ではまだ「覚書（おぼえがき）」にすぎず、正式な公文書が交わされたわけではなかったため、あくまで「協商（アンタント）」でしたが、翌92年には「ドイツを仮想敵国とした軍事規定」にまで言及した正式な公文書が作成され、両国がこれに調印したことで、協商（アンタント）は「露仏同盟（＊10）」に発展。

そして翌93年にこれをロシアが批准、94年にフランスが批准してついに完成します（D-4）。

このようにして、ビスマルクが20年の歳月と心血を注いで創りあげたドイツの安全保障体制「ビスマルク体制」は、まさに"一夜にして"崩壊したのでした。

ところで、ヴィルヘルム2世の採（と）った「新航路（ノイエクルス）」は、巨大客船「タイタニック」にも似ています。

（＊09）「協商」というのは、軍事援助規定も罰則規定も持たず、公文書も交わさない合意に基づく、国家間のゆるい協力関係のこと。内容的には、経済的協力関係であることが多い。

（＊10）「同盟」というのは、定義上、軍事援助規定を持つ公文書を交わした国家間の協力関係のこと。ただし、たとえ公文書は交わさなくとも軍事援助規定さえあれば、一般的に「同盟」と見做されることが多い。

　タイタニック沈没の原因は、永らく「氷山衝突」とされてきましたが、最近の研究で、じつは出航前に発生した「石炭火災」のせいだという説が濃厚になってきました。

　確かに直接の原因は氷山衝突ですが、そもそも出火さえしていなければ氷山にぶつかることもなかった[*11]だろうし、たとえぶつかったとしても沈没はしなかっただろう[*12]と。

　ドイツ帝国も、その"初手"でいきなり「露仏同盟」という失態を犯し（石炭火災）、その解決（鎮火）もできぬまま、第一次世界大戦（氷山衝突）に突入してしまい、これが直接の滅亡（沈没）の原因となりましたが、そもそも露仏同盟（石炭火災）さえなければ第一次世界大戦（氷山衝突）も起こらなかっただろうし、起こったとしてもドイツが亡びる（沈没）こともなかったでしょう。

　タイタニックは出航前からすでに沈没の原因が生まれていたように、ドイツもこの時点ですでに滅亡の原因は生まれていたのでした。

（＊11）石炭貯蔵庫の火災により燃料（石炭）が減りつづけていたため、通常の速度では大洋の真ん中で燃料切れを起こす可能性が高く、どうしても全速力で進む必要がありました。そのため平時の速度なら充分に避けられた氷山を避けきれなかったと考えられています。

（＊12）出火さえなければ氷山衝突の衝撃にも充分耐えられる強度があったのに、火災の熱で鋼材強度が1/4にまで落ちてしまい、衝撃に耐えられなかったと考えられています。

Column 解任・罷免・更迭の違い

　史書を読んでいると、あちこちに「解任」「罷免」「更迭」という言葉が踊りますが、その違いは何でしょうか。

　どれも現在の地位・役職などを辞めさせられることですが、それぞれ微妙にニュアンスが違います。

　まず「解任」というのは、読んで字の如し、「任を解くこと」。

　解任された者の地位の高低は関係なく、あらゆる場面において与えられていた任務を解かれることです。

　何かの責任を取らされる形を取ることが多いため、たいていは本人の意志に反していますが、単に任期を終えただけの場合にも使用され、本人納得づくの場合でも使用されます。

　また、役職は解かれても会社を辞めさせられるわけではありません。

　これに対して「罷免」というのは、大臣や裁判官などの特別な公務員が強制的に辞めさせられるときに使われます。

　したがって、一般の人はもちろん一般公務員にも使用されず（一般公務員の場合は「免職」）、また、「解任」と違って役職だけでなく公務員としての身分も失います。

　前者の2例はいづれも「辞めさせる」という意味で、英語ではどちらも「dismiss」ですが、これに対して「更迭」というのは、「高い地位にある者が何らかの責任を取らされて、本人の意志に関係なく問答無用で役職を解かれる」ときに使われる点においては「罷免」にも近いですが、「更迭」には「辞めさせる」より「別の者に交替させる」というニュアンスに重点が置かれており、英語では「change」がこれに当たります。

　したがって、次の者を空位にするつもりの場合は「更迭」は使いません。

　とはいえ、一般的にはこれらの違いは曖昧なまま濫用されていますので、あまり気にすることもないでしょう。

第2幕

ビスマルク亡き後の野望

3B政策と3C政策

1898年、ついにビスマルクが身罷（みまか）った。これを境として、ヴィルヘルム2世は翼を得たかのようにつぎつぎと自ら信じる道を進み始める。まずはドイツ陸軍を中東世界に送り込む態勢を整えるために「3B政策」を打ち出す。しかしこれは英（イギリス）露（ロシア）を刺激し、両国の接近を促してしまうことになる。

3C政策

カイロ・カルカッタ・ケープタウンを結ぶ
大三角形の内側をイギリスの勢力範囲とする

〈３Ｂ政策と３Ｃ政策〉

Berlin

■ ベルリン

あの老害もようやく
逝ってくれたか…

ヴィルヘルム２世
1888 - 1918

1898.7/30

よぉ～～し！
これで誰の気兼ねもなく
世界政策に打って出る
ことができるわい！

1890's -

独産業革命

第2次

1898

3B
政策

Byzantion

イスタンブール
（ビザンティオン）

バグダード鉄道

エンパイアルート
帝国航路

← 英本国

オスマン帝国

Cairo カイロ ■

ケープタウン↓

インド帝国

A

B

C

D

1

2

3

1898 年

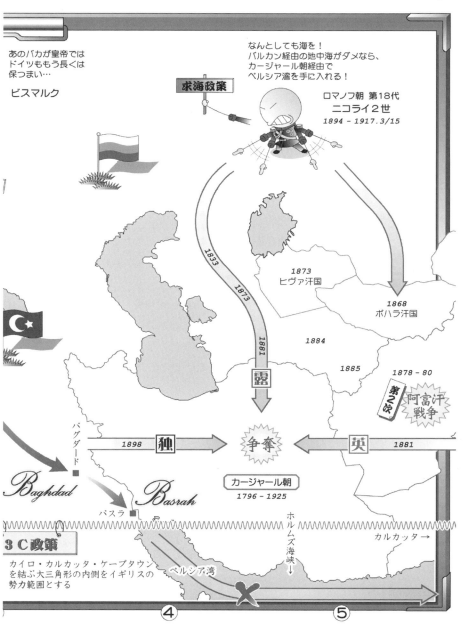

あのバカが皇帝では
ドイツももう長くは
保つまい…

ビスマルク

なんとしても海を！
バルカン経由の地中海がダメなら、
カージャール朝経由で
ペルシア湾を手に入れる！

求海政策

ロマノフ朝　第18代
ニコライ２世
1894 - 1917.3/15

1833

1873

ヒヴァ汗国

1868
ボハラ汗国

1881

1884

1885

1878 - 80

第２次
阿富汗戦争

露

バグダード

独　1898

争奪

英　1881

カージャール朝
1796 - 1925

Baghdad

バスラ
Basrah

ホルムズ海峡
↓

カルカッタ→

３Ｃ政策

カイロ・カルカッタ・ケープタウン
を結ぶ大三角形の内側をイギリスの
勢力範囲とする

ペルシア湾

④

⑤

こ のように、協商から始まった露 仏 の接近が軍事同盟として完成したのは1894年でしたが、その軍事条項は秘密とされたため、これが公になったのは年が明けた翌95年1月になってからでした。

　これを知ったヴィルヘルム2世は狼狽。

　「再保障条約」を蹴ればこういう結果が待ち受けていることなど誰の目にも明らかなのに、ヴィルヘルム2世にはどうしてもその理が理解できず、その「現実」が目の前に現れて初めてたじろぐという無様を晒します。

　ヴィルヘルム2世がその対応に頭を抱えていたとき、地球の裏側から飛び込んできた一報がヨーロッパの歴史を動かすことになりました。

　── 清朝降伏！

　「日清戦争」に日本が勝ったとの報に触れたヴィルヘルム2世は、これ幸いと、これを利用してロシアを極東に釘付けにせんと画策します。

　わざわざ御自ら図案化した寓話画（右図）を絵師に描かせ、これをまだ即位したばかりの露帝ニコライ2世（A-5）に贈り、盛んに"黄禍論（＊01）"を煽って、「三国干渉」を呼びかけます。

　ヴィルヘルム2世の手紙を受け取ったニコライ2世自身、彼が皇太子時代に日本人に斬りつけられたことがあり（＊02）、その後も表向きこそ親日を振る舞う言動をしていたものの、内心はわだかまりがあったようで（＊03）、このヴィルヘルム2世の「黄禍論」に心を動かされます（＊04）。

　こうしてあの有名な「三国干渉」が行われ、これがのちの「日露戦争」の遠因となっていきましたから、その意味では「ロシアを極東に釘付けにさせたい」というヴィルヘルム2世の意図は当たったことになります。

　しかし、そのこと自体が巡り巡ってさらにドイツを苦況に追い込むことになるのですが。

（＊01）白人系国家において叫ばれた黄色人種の脅威論。
　　　　この日清戦争を契機にドイツの純粋な外交的都合から叫ばれるようになり、それがドイツ
　　　　→ ロシア → 欧米諸国という経路で白人諸国に広まっていきました。

（＊02）1891年の大津事件のこと。犯人は警備をしていた巡査・津田三蔵。精神病歴があり、供
　　　　述も要領を得ず、動機もはっきりさせないまま事件の4ヶ月後に病死してしまいます。

『 ヨーロッパ諸国民よ！　諸君らのもっとも神聖な宝を守れ！』

・右後方：燃え上がる田園の中心に仏陀（黄禍の象徴）がいる
・左手前：武装した女神たち（ヨーロッパ諸国の象徴）
・中央　：戦いの天使ミカエルが女神たちに戦争を呼びかける

　閑話休題 。

　さきに「 1861年 」は世界史的に転 換 点（ターニングポイント）となる年だと申し上げましたが、
三国干渉から３年後の「 1898年 」もそのうちのひとつに数えられます 。

　その年は、アフリカ大陸のスーダンで「 ファショダ事件 」が起こったことで
1000 年来の英仏関係に歴史的な転換が起こり、６年後の「 英仏協商 」への布石
となっていますし、そのフランスでは、文豪 Ｅ．ゾラがオーロール紙に『 我弾（だん）

────────────

（ ＊03 ）大津事件の前も後も親日的言動を繰り返していたニコライですが、帰国後は反日家臣に囲
　　　まれて過ごしたこともあってか徐々に日本人を憎むようになり、日本人のことを「 マカー
　　　キー（ 猿 ）」と呼ぶようになり（ 異論あり ）、彼の日記（ 1904 年 2 月 8 日付 ）にも「 卑怯
　　　なマカーキーどもめ！」の文言が見えます 。

（ ＊04 ）その証拠に、彼はこの寓話画をせっせと複製して各国君主にバラまいています 。

効す』を発表したことで「ドレフュス大尉疑獄事件」が佳境を迎えて政界・財界が大混乱に陥っていますし、その同盟国ロシアではのちにロマノフ朝を亡ぼすことになる「ロシア社会民主労働党」が生まれています。

一方、その"隣国"アメリカでは、米艦メイン号爆沈事件を契機として「米 西 戦争」が起こり、これにより合衆国が中国進出への足掛かりを得た年でもありますが、そのころの中国（清朝）はすでに数々の租借地（＊05）と勢力範囲が設定されて半植民地化（中国分割）しており、起死回生を図った近代化運動「変法自強運動」もわずか３ヶ月で失敗に終わったことでついに進退谷まり、将棋でいえば"詰み"、相撲でいえば"死に体"、清朝滅亡へのカウントダウンが始まった年です。

どれひとつ取ってみても世界史的視野から見て重大な転換点となる事件がこの「1898年」に一斉に起こっているのですが、この年はドイツにとっても大きな転換点を迎えています。

まず第一に、この年、ビスマルクが亡くなりました（A-2/3）。

享年83。

彼の死は、帝国にも大きな影響を与えます。

彼はすでに８年も前に失脚していたとはいえ、その後も彼の下には支持者が集まり、ビスマルク自身も公然と政府や皇帝を批判して憚らず、回顧録を執筆（口述筆記）したり、帝国議会議員に立候補したりして、失脚後もその存在感を示し、その隠然たる影響力は皇帝やその側近たちに有形無形の"圧力"としてのしかかり、彼らの自由な政治活動が阻害されていました。

しかし、1894年に愛妻を亡くしてからは、ビスマルクも急速に体力・気力ともに衰えを見せ、老い病み生気を失って、97年には車椅子状態となっていきます。

ビスマルクがこんな気息奄々の状態になって初めてヴィルヘルム２世は「ビスマルクの亡霊」から解放され、自分の思い通りの政策を打ち出せるように

（＊05）イギリスによって威海衛・九龍半島北部（新界）が、ドイツによって膠州湾が、フランスによって広州湾（ただし正式な条約締結は1899年になってから）が、ロシアによって旅順・大連が租借されましたが、これらはすべて「1898年」です。

なった（A/B-1）のでした。

　喩えるなら、1890年から98年までは、舵は「新航路（ノイエクルス）」を取り、港を出ようとスクリューを全開（フルスロットル）で回しているのに"ビスマルク印の錨（いかり）"が下ろされた状態で思うように進まなかったものが、1898年、ようやくその"錨（いかり）"の鎖が切れてついに港を出ることができた ── といったところです。

　しかしそれは"沈没への船出"。

　沈むとわかっていたからこそ、ビスマルクも必死に押さえていたのですが、それにしても「大帝国ドイツ」がこの"船出"より20年後には"沈没（滅亡）"しているなど、ビスマルク以外の誰が想像し得たでしょうか。

　さきに「天才・傑物によって創られた国家・組織は短命」という歴史法則について触れましたが、「永きにわたる分裂時代を経て統一を達成した国家」もまた短命であることがほとんどです[＊06]。

　そのことを踏まえた上で「ドイツ第二帝国（ツヴァイテライヒ）」を見てみると、

あの老害もようやく
逝ってくれたか…

ヴィルヘルム２世

あのバカが皇帝では
ドイツももう長くは
保つまい…

ビスマルク

（＊06）中国では、春秋戦国時代を統一した秦、三国時代を制した晋、南北朝を統一した隋。
　　　　東南アジアでは、越南南北朝を統一した西山朝。
　　　　ヨーロッパでは、ローマ帝国崩壊後の混迷を統一したフランク王国。
　　　　イスラームでは、アッバース朝解体後の混迷を制したセルジューク朝。
　　　　日本では、戦国時代を統一した織豊政権 ── と数え上げたらキリがありません。

① 永年の分裂時代^{（＊07）}を経ての統一であること

② 天才（ビスマルク）によって創られたこと

　……という、二重の意味で“短命”という宿命を負っていたことになります。

　　しかしだからこそ、「統一」という表面的な吉事に浮かれることなく、よほど気を引き締めて慎重にも慎重を期していかなければならない^{（＊08）}のに、“ビスマルクの後継者”たちは誰ひとりとしてその自覚がない者たちでしたから、この時点で「帝国の命運は尽きていた」と言ってよいでしょう。

　　皇帝（カイゼル）ヴィルヘルム２世がまだ皇太子（プリンツ）だったころ、「ビスマルク外交」が気に入らず、ビスマルクに詰問したことがありました。

「すでに我がドイツの統一は成った！

　統一が成った今や、国内のことより外に目を向けなければならぬ時だというのに、なぜ貴公は国内問題にばかりに執心し、積極的な植民地獲得に打って出ないのか！？」

　　ビスマルクはこの若き皇太子（プリンツ）を諭します。

── 殿下。今はその時ではございませぬ。

　統一が成ったとはいっても、実情はいまだ不安定。

　本当の意味で「統一」と「安定」をたらしめるまで、今は焦る気持ちを抑えて国内政策に尽力するべき時なのです。

　ここで“内”なる地盤固めを疎か（おろそ）にして“外”にばかり目を奪われるなら、かならずや足下（もとすく）を掬われることになりましょう。

　それに、今我が国が欧州（ヨーロッパ）外交をかき回せば露仏（ロシア　フランス）が結んでしまう可能性が高く、そうなったが最後、その時点で我が国の命運は尽きましょうぞ。

　　しかし、ヴィルヘルムにはビスマルクの言葉がどうしても理解できず、結局皇帝（カイゼル）として親政を開始したとき、「旧航路」（アルトクルス）を否定して「新航路」（ノイエクルス）を採って（と）しまったのでした。

（＊07）ウェストファリア体制期（1648〜1793/1815年）からウィーン体制期（1815〜1848/56年）。

（＊08）実際、ビスマルクはそうしていました。帝国が見かけよりもずっと不安定で殆うい存在だということに気づいていたのは、彼だけだったということです。

しかしながら。

ヴィルヘルム2世の名誉のために弁明すれば、彼が植民地獲得に焦ったのも故なきことではありません。

じつは、ちょうど第二帝国（ツヴァイテライヒ）が生まれたころからドイツは「第2次 産 業（インダストリアル） 革 命（レヴォリューション）（A/B-2/3）」に入っていたためです。

「産業革命」と言っても、「第1次」が"石炭と鉄でできた蒸気機関"を軸としていたのに対して、「第2次」は"石油と軽金属（＊09）でできた内燃機関"を軸にしているという点で決定的な違いがあります。

蒸気機関は自重に比して出力が低いうえ、重い燃料（石炭）と水を大量に消耗するため、蒸気機関を運輸に利用しようとすれば、摩擦を極限まで減らしたレールの上を走らせる「機関車」くらいしか作れません。

これに羽根とプロペラを付けても飛行機にはなりません。

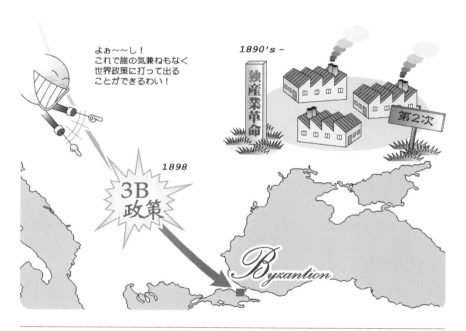

（＊09）アルミニウム・マグネシウム・ベリリウム・チタン、またはそれらの合金ジュラルミンなど。

これに対して、内燃機関は軽量・高出力のうえ、その燃料（石油）も軽いため、レールなどなくとも悪路をぐいぐい進む「自動車（オートモービル）」が作れるようになります（＊10）。

そうなると、莫大な投資をしてわざわざ線路を引いてこなくても、辺鄙（へんぴ）なところであろうが入り組んだところであろうが、どこにでも自由に人やモノを運ぶことが可能になりました。

これにより、自動車（オートモービル）が生まれる以前（ビフォー）と以後（アフター）では、社会・経済が劇的に変わってしまい、もはや人間社会に必要欠くべからざる必須アイテムとして急速に社会に浸透していき、需要は高まる一方。

──作ったら作っただけ売れる！

となれば、産業資本家たちは自動車（オートモービル）を作るための原料の安定確保に躍起になりますが、中でもどうしても必須だったものがタイヤを作るときに必要な「ゴム」です。

第１次産業革命のときの「石炭と鉄」はどちらもヨーロッパで豊富に産出するものでしたから問題なかったのですが、「石油とゴム」はどちらもヨーロッパではほとんど採（と）れません。

その他にも、金（ゴールド）・白金（プラチナ）・銀（シルバー）・銅（カッパー）・錫（チン）・亜鉛（ジンク）・ニッケルなど第２次産業革命に欠かせない資源はほとんどＡ　Ａ圏（アジア　アフリカ）で産出するものばかりだったため、これらを大量・安価・安定的な供給を確保するためＡ　Ａ圏（アジア　アフリカ）を植民地化するよう、財界が政治に圧力をかけてくるようになっていたのです。

1870年代から欧州（ヨーロッパ）各国が官民一体となって「帝国主義（インペリアリズム）」段階に突入していったのは、こうした経済的・社会的・政治的な背景ゆえです。

こうした財界の後押しに加え、ヴィルヘルム２世自身の「これにより我が国をもっと発展させたい！」「この〝新しい時代の波（ニュー・ウェーヴ）〟に乗らねば！」との野望が

（＊10）それどころか、内燃機関の材料に軽金属が使用されるようになる（20世紀以降）と、これにプロペラと羽根を付ければ空だって飛べるようになります（飛行機）。

（＊11）海に出ることが目的でしたから、ほんとうは帝都ベルリンからペルシア湾に面するバスラ（D-4）まで鉄道を貫徹させるはずでしたが、イギリスの執拗な抗議によってヴィルヘルム２世もついに屈し、のちに「バグダードまで」と譲歩することになります。

絡んで、ビスマルクと対立したのでした。

　老獪なビスマルクは"守り"に入って帝国の安寧を図ろうとし、若いヴィルヘルム2世は"攻め"の姿勢で帝国の繁栄を夢見る。

　見ている方向がまったく逆で、そこに"接点"などなかったのでした。

　では、夢にまで見た親政を始めた今、植民地獲得の野望に燃えるヴィルヘルム2世がＡ　Ａ圏を目指すならば、その"活路"をどこに開くか。

　そこで、ビスマルクが亡くなったまさにその1898年、ヴィルヘルム2世は御自らイスタンブール（B/C-2）まで赴き、皇帝に鉄道敷設権を要求。

　翌年からベルリン（A-1）からイスタンブールを経てバグダード（C/D-3/4）を鉄道で結ぶ「バグダード鉄道（C-3）」の建設を始めたのです（＊11）。

　これを以てドイツ陸軍を一気に中近東へと送り込む大動脈にしようとしたのが所謂「3B政策（＊12）（B-1/2）」です。

　これが完成した暁には、ドイツ陸軍がいつでもオスマン帝国を蹂躙することができ、そうなれば、ここを橋頭堡としてさらに東に駒を進めればカージャール朝（C/D-4/5）が、ペルシア湾（D-4）に出てホルムズ海峡（D-4/5）から帆

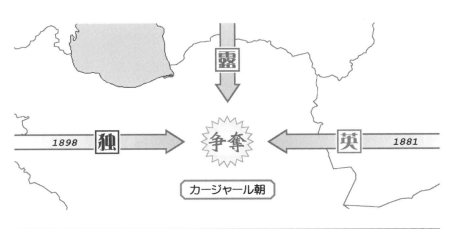

（＊12）ベルリンの「B」、バグダードの「B」、そしてイスタンブールはその古名ビザンティオンの「B」で、この3つの都市のイニシャル「B」を取って、後世これを「3B政策」と呼ぶようになりました。

を立てればその先にインドが見えてきます。

　しかし、そんなことをすればあからさまに 英 露を敵に回すことになるのは火を見るより明らか。

　当時、ロシアは「求海政策（A-4）」の一環としてカージャール朝の先に「不凍港の獲得」を夢見ていましたし、イギリスもインドを中心に"第二帝国（第2次植民地帝国）^{（＊13）}"を建設し、すでにその西隣のカージャール朝に進出しており、ドイツの進出は脅威となります（C/D-4/5）。

　イギリスはすでに手に入れていたケープタウン（1815年）・カイロ（1882年）（D-2）・カルカッタ（1690年）を鉄道で結ぶと同時に、第二帝国と本国を結ぶ生命線「帝国航路^{（＊14）}（C/D-1）」を守るため、この3地点を結ぶ大三角形の内側を自国の勢力範囲とする「3C政策（D-3）」を掲げていました^{（＊15）}から、ついさきほどまで対立していた 英 露が"共通の敵ドイツ"を迎えて急接近してしまいます。

　こうして、ビスマルクが怖れていたことがひとつ、またひとつと着実に現実のものとなっていったのでした。

なんとしても海を！
バルカン経由の地中海がダメなら、
カージャール朝経由で
ペルシア湾を手に入れる！

求海政策

ロマノフ朝 第18代
ニコライ2世

（＊13）北米13植民地を中心とした「第一帝国（第1次植民地帝国）」が1783年に崩壊してしまったあと、新たなる植民地帝国を建設すべく、インドを中心として再建したもの。

（＊14）イギリス本国から、大西洋→地中海→紅海→アラビア海 を経てインドまでを結ぶ航路。

（＊15）同じころ、アメリカがアメリカ〜アラスカ〜アジアを鉄道で結ぶ「3A政策」を画策していたため、「3B政策」「3C政策」と併せて「3ABC」と呼ぶことがあります。

第3幕

際限なき建艦競争

艦隊法と日英同盟

ヴィルヘルム2世は、右の手で「3B政策」を掲げてドイツ陸軍を中東に送り込む体勢を調える一方、左の手では「艦隊法」を命じてドイツ海軍をアフリカに送り込む体勢を調えていた。しかしこれは、「新航路」で親英政策を基本としていたはずなのに、そのイギリスの感情を逆撫でする行為で、日英同盟を生んでしまう。

二国標準主義

海軍力世界第2位と第3位を合計した艦隊戦力以上の艦隊を保有することを規準とする。

うう…
やばいぞ、やばいぞ！
このままでは
二国標準主義が
維持できなくなる…

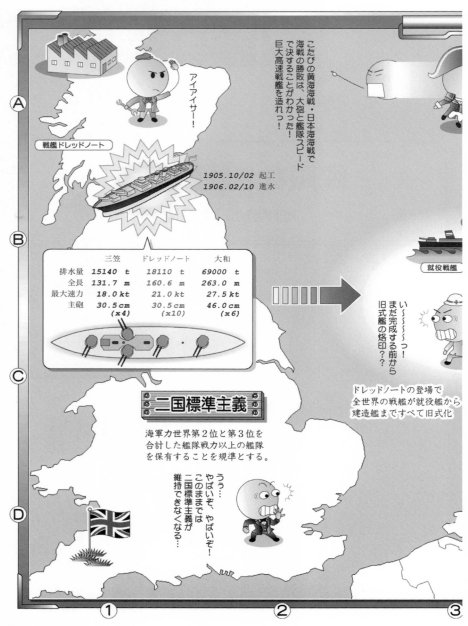

〈 艦隊法と日英同盟 〉

アイアイサー！

こたびの黄海海戦・日本海戦で海戦の勝敗は、大砲と艦隊スピードで決することがわかった！巨大高速戦艦を造れっ！

戦艦ドレッドノート

1905.10/02 起工
1906.02/10 進水

就役戦艦

い〜〜〜っ！まだ完成する前から旧式艦の烙印？？

	三笠	ドレッドノート	大和
排水量	15140 t	18110 t	69000 t
全長	131.7 m	160.6 m	263.0 m
最大速力	18.0 kt	21.0 kt	27.5 kt
主砲	30.5 cm (x4)	30.5 cm (x10)	46.0 cm (x6)

ドレッドノートの登場で全世界の戦艦が就役艦から建造艦まですべて旧式化

二国標準主義

海軍力世界第2位と第3位を合計した艦隊戦力以上の艦隊を保有することを規準とする。

うう…やばいぞ、やばいぞ！このままでは二国標準主義が維持できなくなる…

のようにヴィルヘルム2世は、ビスマルクが亡くなった1898年、片方の手で「3B政策」を推進してその陸軍を中東に送り込む段取を進める一方で、もう片方の手で海軍をアフリカに送り込む算段をしていました。

　それが「艦隊法(建艦法)」です。

　ドイツがアフリカまで兵を送り込むためにはどうしても強大な海軍が必要になりますが、当時のドイツ海軍は貧相この上なし。

　しかしそれも詮なきことにて、ドイツはついこの間まで「統一戦争」に明け暮れて陸軍増強には全霊を傾けましたが、その分、海軍は疎かにされてきたためです。

　しかし、天下は統一されました。

　──統一が成った今、つぎに我々に与えられた責務は、
　　海外植民地を増強して祖国を"陽の当たる場所"に置くことである！
　　我が国の輝かしい未来は海上にあり！

　そうした想いから、ヴィルヘルム2世は1898年から4次にわたって[*01]立てつづけに海軍増強立法である「艦隊法(C-4)」を発したのでした。

　そのうち、第1次艦隊法は「防衛艦隊のため」という大義名分でしたが、第2次艦隊法は「対英艦隊の建設のため」と、あからさまにイギリスを挑発するような言動を行います(C-4/5)。

　これによりドイツの海軍力は第一次世界大戦前までに「ランク外」から一気にイギリスに次ぐ「世界第2位[*02](C/D-5)」にまで上り詰めることになりましたが、まさにそのことがまもなくドイツを破滅に追い込むことになります。

　そもそも、広さでいえば日本の6割程度の小さな国土しか持たないイギリスが、「世界に冠たる大英帝国」などと威を張ることができたのも、海軍に力を入れ、「七つの海[*03]を支配」していたからです。

　いわば、「制海権」なくしてイギリスの未来はあり得ず、イギリスにとってこれは生命線であり、したがってこれに対する挑戦はイギリスの逆鱗に嬰れる行

（＊01）1898年、1900年、1908年、1912年の4回。

（＊02）19世紀の末まで、世界第2位(フランス)・第3位(ロシア)をダブルスコアで引き離す断トツの海軍力を誇ったイギリス海軍の60％までを保有するほどになりました。

為となります。

　19世紀いっぱいまで、イギリスが他国の追従を許さない断トツの海軍力を誇ることができたのは「二国標準主義（C-1/2）」を採っていたためです。

　これは「世界第２位の海軍力と世界第３位の海軍力を足してもなお、これを凌駕する海軍力を維持する」というもので、世界第２位・第３位の海軍力が拡張されればこちらもそれに合わせて海軍を増強し、縮小すればこちらも軍拡を緩めるという具合に、最小の努力で「No.1」を維持しつづけようとしたものでした。

　したがって、ここにきてドイツが桁外れの海軍増強に邁進したとなれば、当然イギリスも「二国標準主義」に則ってこれに対応しなければならないところ。

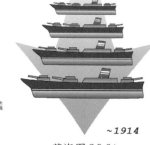

~1914

英海軍60％
（世界第２位）

1898	第１次艦隊法	防衛艦隊
1900	第２次艦隊法	対英艦隊
1908	第３次艦隊法	弩級戦艦
1912	第４次艦隊法	超弩級戦艦

ホーエンツォレルン朝　第３代
ヴィルヘルム２世

朕はビスマルクのような腰ヌケ政策を抜本的に改める！

新航路政策

（＊03）この「７」という数自体にはあまり意味はなく、具体的にどの海を指すかということではなく「すべて」という意味。ときどき「この７つ」と具体例を挙げて解説されていることがありますが、すべては「７」という数字に合わせて後からこじつけたものにすぎません。

ところがすでに述べましたように、当時のイギリスは 1870 年代半ばに襲いかかった大不況以降、慢性的な財政難に陥っており、とてもとても海軍増強に回す財源など捻出できなかったのです。

海軍「ドイツの海軍増強に合わせて我が国も海軍増強を！」

議会「反対！　どこにそんな財源（カネ）がある！？」

海軍「財源（カネ）があろうがなかろうが "二国標準主義（ツーパワー・スタンダード）" は維持せねばならん！

　　　ここで軍拡を怠れば、我が国は "七つの海" で制海権を失い、

　　　制海権を失ったが最後、我が国は衰亡の一途になるのだぞ！」

　そこで、取りあえずの窮余の策として中国艦隊（＊04）の一部（威海衛艦隊（ウェイハイウェイ））を呼び寄せ、これを対 独（ドイツ）艦隊に組み込むことで、なんとか "欧州（ヨーロッパ）のみに限定" された「二国標準主義（ツーパワー・スタンダード）」を維持することにします。

　しかし、これで「万事解決」とはなりません。

　そもそも「威海衛艦隊（ウェイハイウェイ）」は、1898 年に設置され、ロシアの旅順艦隊（ルゥシュン）が大洋に出てこられないよう、ロシアへの "睨み" とするものです。

　そこに "穴" が空いたとなれば、旅順艦隊（ルゥシュン）が堂々と大洋に出てくることになってしまいます。

　これまでイギリスは「光栄ある孤立」を謳（うた）ってきましたが、もはやそんなことも言っていられなくなりました。

　是が非でもロシア艦隊を旅順（ルゥシュン）に閉じ込めておかなければなりませんが、それが独力で叶わぬとなれば、同盟国にすがるしか他に手がないためです。

　とはいえ、極東（清・日・韓）においてロシア艦隊を抑えることができるほどの海軍を保有している国があるのか。

　韓国（＊05）など、ついこの間まで清朝にしがみついていたのに、日清戦争で清朝が頼りにならないと見るや、すぐさま今度はロシアの方に向かって尻尾（しっぽ）を振っている有様で箸にも棒にもかからない。

　清朝は当時、北から順に「北洋水師（ベイヤン）（＊06）」「南洋水師（ナンヤン）」「福建水師（フーチェン）」「広東（カントン）

（＊04）シンガポール・香港・威海衛を基地とし、マラッカ海峡以東の海域に展開していたイギリスの艦隊。特に、威海衛を基地としていた艦隊を「威海衛艦隊」といいます。

（＊05）当時、朝鮮は「李氏朝鮮」改め、「大韓帝国（1897～1910 年）」と改号していました。

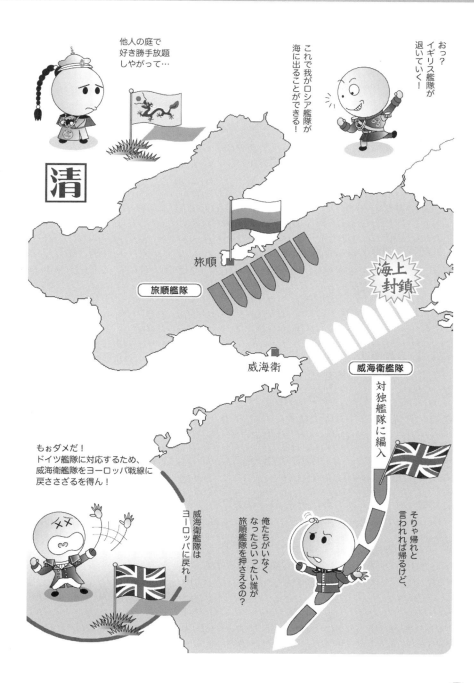

「水師」の４艦隊がありましたが、福建水師は清仏戦争で、北洋水師は日清戦争で壊滅状態となっており、他の２つはまったく使い物にならない。

となれば、もはや好むと好まざるとにかかわらず、誇りも矜持もかなぐり棄てて「日本」にすがるしかありません。

また当時、日本もイギリスとの同盟を切望していました。

義和団事件以降、ロシアが満洲を不法占拠し、日本征服を睨んでいたためです。

万一、日露開戦となれば、ロシアを相手にして日本が単独で勝てる見込みはまったくなく、日本にとってイギリスの"後方支援"は絶対必須だったためです。

伊藤博文が最後まで「避戦」を叫んでいたのも「ロシアなどと開戦したところでまったく勝ち目などない」と思っていたからであり、また、あの"光栄ある孤立"中のイギリスが"日本"なんかと同盟を結んでくれるはずがないと思っていたからです。

ところが、切羽詰まっていたのはイギリスも同じで、ついに１９０２年、「日英同盟」が締結される運びとなりました。

ここにおいて伊藤博文もついに折れ、「開戦」を支持するようになり、日露開戦となりましたが、このあたりの詳しい動きに関しては別巻（＊07）に譲ることとし、視点をイギリスに戻します。

イギリスは「日英同盟」で一時凌ぎはしたものの、ドイツの「第１次」「第２次 艦隊法」によってドイツ海軍に肉薄され、「二国標準主義」が維持できなくなったことの根本解決にはなっておらず、その打開を急務としていました。

しかも、事態は統計的数字以上に深刻でした。

「イギリス海軍が世界第１位」「ドイツが第２位」というのは、単純に「排水量（＊08）」の総量で計っているにすぎません。

しかし、イギリスの場合は「最新鋭艦」から「博物館級の老朽艦」まで取り

（＊06）「水師」というのは日本語で「艦隊」のこと。「北洋艦隊」「福建艦隊」とも呼ばれます。

（＊07）『世界史劇場 日清・日露戦争はこうして起こった』（ベレ出版）

そろえての総量であるのに対して、ドイツは「最新鋭艦」ばかりを取りそろえての数値ですから、ドイツは「量」ではまだイギリスに及びませんが「質」が圧倒的にイギリスを凌駕していました。

　財政逼迫（ひっぱく）の折、これからドイツと同じ数の最新鋭艦を建造するなど到底無理。

　そんな折、またしても"地球の裏側"から入ってきた情報（ニュース）がヨーロッパの歴史を動かすことになりました。

　それが「日本海海戦（A-5）」による日本の勝利です。

　じつは日露戦争以前までは、まだ「速射砲を多載した小艦」が有利なのか「巨砲を少載した大艦」が有利なのかの結論が出ていませんでしたが、この海戦により「巨砲」の重要性が明らかとなったのです。

　以降、世界の動向は大きく「大艦巨砲主義」へと傾いていくことになりましたが、ドイツ海軍の脅威に苦悶していたイギリスはこの新しい潮流にいち早く飛びついたのでした。

　当時、第一海軍卿（＊09）だったＪ．Ａ．フィッシャー男爵（A-3）はこれ

第１章　ビスマルク登場

第２章　ビスマルクの独擅場

第３章　ビスマルクの内政

第４章　ビスマルク外交

最終章　ビスマルク失脚後

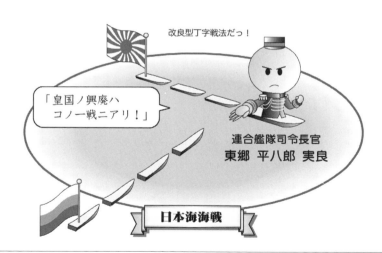

改良型丁字戦法だっ！

「皇国ノ興廃ハ
コノ一戦ニアリ！」

連合艦隊司令長官
東郷 平八郎 実良

日本海海戦

（＊08）艦の重さ。艦を水に浮かべたとき、それにより押しのけられる水（排水）の重量と艦の重さが一致するため（アルキメデスの原理）。

（＊09）イギリス海軍において、作戦指揮を執る武官の中の最高位。

までの常識を超えた「巨砲大艦」の開発に着手させます。

――ドイツが財を尽くして創りあげた最新鋭艦をすべて旧式艦にするのだ！

　こうして開発された新型艦こそが「ドレッドノート^(＊10)（B-1）」です。

　主砲は、ついこの間「日本海海戦」で旗艦を務めた最新鋭艦の「三笠^{サンチ}」が30.5cm砲を4基搭載していたのに対して、「ドレッドノート」は同じ口径の主砲が10基も搭載されていました。

　しかし、それだけのものを搭載しようとすれば、どうしてもそれを支える船体も大きくせざるを得ず、排水量では「三笠」（約1万5000t）の1.2倍にあたる約1万8000tにもなってしまいます。

　しかし、体が大きくなればそれだけ動きも鈍くなるもの。

　どんなに豪腕（巨砲）を誇ろうとも、どんなに図体（排水量）がデカくとも、のろま（低速）であれば敵にすばやさ（船速）を武器に翻弄され、あるいは逃げられてしまう可能性も高くなり、それではせっかくの拳（砲弾）も空振りに終わってしまいます。

　そのため、船速^{スピード}も「三笠」の18kt^{ノット}に対してドレッドノートは21kt^{ノット}と高速船並みの速さ^(＊11)を誇るものに仕上げました。

　こうして「ドレッドノート」が1906年に竣工すると、ドイツが国庫を空にして造りあげた自慢の最新鋭艦は、まさに"一夜にして"旧式艦と化してしまう惨事に^(＊12)。

　こうなってしまえば、好むと好まざるとにかかわらず、ドイツも「弩^{ドレッドノート}級戦艦^(＊13)」を造らなければなりません。

　こうしてドイツでも1908年、「第3次艦隊法」で弩級戦艦の建造に入りますが、それにはこうした時代背景があったからでした。

　ところが、ドイツが弩級戦艦の建造にかかると、さらにイギリスはこれに対

（＊10）もともとは「恐いもの知らず」の意。しかしのちに、この戦艦のイメージから「バカでかい」という意味に転訛していきました。

（＊11）現代でも、高速船は「船速22kt以上の船舶」と定義づけられています。

（＊12）しかし、最大の被害を被ったのはイギリス自身といってよい。なんとなれば、イギリスが世界最大の戦艦保有国であり、そのすべてが旧式化してしまったのですから。

抗して、早くも翌年には弩級戦艦すら旧式艦化してしまう「超弩級戦艦」の建造に取りかかり、そうなればドイツも後に退けず、1912 年には「第 4 次 艦隊法」を発して超弩級戦艦の建造に入ります。

　つまり、ドレッドノートの登場が建艦競争に拍車をかける結果となり、最終的にはドレッドノートの 4 倍近い排水量を誇る、「戦艦大和（B/C-2）」に行きつくことになったのでした。

　しかし。

　恐竜がその体を大きくしすぎたせいで環境変化に対応できず亡んでいったように、航空機の発達によって時代遅れとなった巨大戦艦も亡びゆく宿命にありました。

旧式艦

就役戦艦

旧式艦

い～～～～っ！
まだ完成する前から
旧式艦の烙印？？

建造中最新鋭艦

ドレッドノートの登場で
全世界の戦艦が就役艦から
建造艦まですべて旧式化

（＊13）「ドレッドノート級」という言葉が、日本では短縮されて「ド級」と表現され、さらに漢字が当てられて「弩級」と書かれるようになり、これを凌駕するものを「超弩級」、さらにそれを超えると「超々弩級」と呼ばれるようになりました。
　　　　ちなみに、よく誤解される「ど根性」「ど真ん中」「どアホ」などに使用される強調の「ど」は単なる「関西弁」であって英語由来の「ドレッドノート」とは関係ありません。

Column "超弩級"のなれの果て

　人は、ひとたび方向性を決めて努力し始めると、なかなか軌道修正が利かないという欠点があります。

　本幕でも触れた「巨艦競争」にしてもそうでした。

　日露戦争の結果、「巨砲大艦」が有利と見た世界各国の海軍は、血眼になって「巨砲大艦」の建造に取りかかります。

　その結果、「弩級戦艦」、「超弩級戦艦」と際限なくデカくなり、その究極に生まれたのが「超々々弩級戦艦」などと言われることもある戦艦「大和」です。

　しかし、この国家予算を傾けて造りあげた巨大戦艦は、完成した時点ですでに"時代遅れ"となっていました。

　もはや戦闘機・爆撃機がモノを言う時代となり、その海上基地となる「空母の時代」へと移っていたからです。

　「巨砲大艦の時代」が到来したことを世界に気づかせたのは日本（日本海海戦）でしたが、それが終わりを告げたことをを世界に気がつかせたのも日本（マレー沖海戦）だったのに、その日本だけが新しい時代の到来に気づかず、せっせと旧式艦（巨砲大艦）を造っていたのは皮肉です。

　"点"のような都市国家から始まったローマは、人類史上最初で最後の地中海を「我らが海」とする大帝国を築きあげましたが、あまりにも巨大化した自身の体躯を持て余して亡びました。

　体を大きく進化さた恐竜はそれ故に繁栄しましたが、それ故に環境の変化に耐えきれず絶滅したのと同じです。

　恐竜の中で生き残ることができたのは、新しい時代に順応できた小型で羽と嘴の生えた恐竜（鳥類）だけです。

　物事すべて森羅万象、「突き詰めすぎること」は、一時的に頂点に君臨することはできたとしても、その先にあるのはかならず"亡びへの道"だということを歴史は教えてくれます。

　平成初期、バブルが崩壊したのも同じ理由です。

第4幕

忍び寄る災い

英仏協商と第1次モロッコ事件

極東で日露戦争が起こると、欧州（ヨーロッパ）でも大きな動きが起こった。日英同盟を結んでいたイギリスと露仏同盟を結んでいたフランスが「英仏協商（イギリス フランス ロシア）」を結んだのだ。これによりドイツは英・仏・露の三方から実質的に包囲される形となり、そのうえ狙っていたモロッコまで失いかねない苦境に陥る。そこでドイツは…。

英仏同盟

〈 英仏協商と第1次モロッコ事件 〉

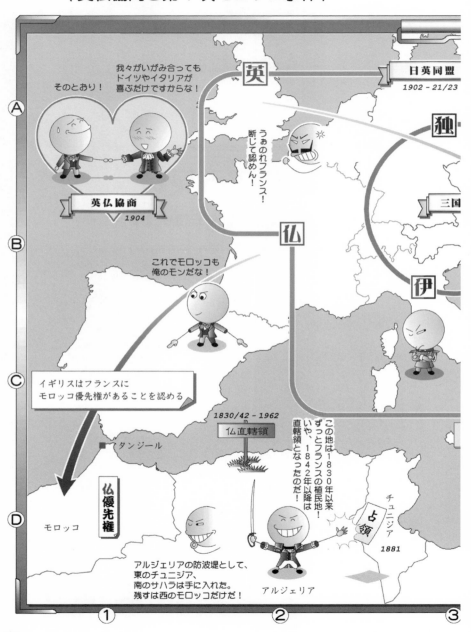

254

1904〜05年

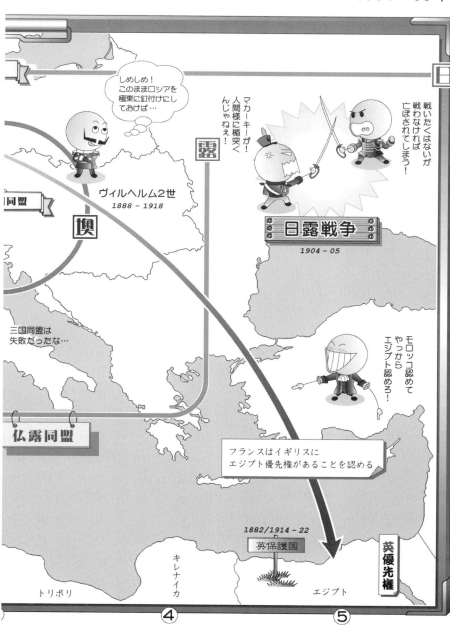

ビスマルクが創りあげたドイツの安全保障体制（ビスマルク体制）は、内に拭いようのない致命的欠点を孕んでいました。

すでに述べましたように、それはこの体制が「ビスマルク以外の誰にも運営できない」という欠点です。

したがって、ビスマルクを失脚に追い込んだヴィルヘルム２世がどんなに口先だけで「航路は旧のまま（＊01）！」と叫んでみたところで、傍から見れば「新航路」に舵を切ったとしか見えないほど、「ビスマルク体制」は音を立てて崩れ落ちていきました。

しかし、まだ完全に雲散霧消したわけではなく、いわば〝半壊状態〟でしたが、20世紀に入って地球の裏側で「日露戦争（A/B-5）」が起こると、またひとつ体制崩壊が進むことになります。

それが「英仏協商（A/B-1）」の成立です。

ビスマルク失脚直後に生まれた「露仏同盟（C/D-3）」につづき、今回「英仏協商」が生まれたことで、ドイツは英（A-2）・仏（B-2）・露（A-4）の三方が片端から敵に回ってしまう（＊02）ことになりました。

でも、なぜ「日露戦争」が始まると、その地球の裏側で「英仏協商」が生まれることになるのでしょうか。

じつは、日露が交戦状態となれば、ロシアと軍事同盟（露仏同盟）を結んでいるフランスと、日本と軍事同盟（日英同盟）（A-3）を結んでいるイギリスの関係も冷え込む……いえ、冷え込むどころか、事と場合によって交戦状態に入ってもおかしくない情勢になってしまうからです。

先にも触れましたように、1898年の「ファショダ事件」以降、英仏関係は急速に改善に向かっており、両国とも「この和解ムードを壊したくない」と考えていました。

──今、我々英仏が争ったところで、独・伊・西・葡に利するだけで、
　我々には何の利点もない。（A-1/2）

（＊01）「ビスマルク体制を堅持する」という意味。

（＊02）「三国協商」として完成するのは、1907年の「英露協商」の成立を待たなければなりませんが。

　殊に「アフリカ分割」に割り込もうとしているドイツの脅威に対抗するためにも、我々 英 仏 が協力してこれに当たることが、お互いの国益となろう。

　こうして「日露戦争」が勃発した日（＊03）から数えてわずか 2 ヶ月後、両国の友好を誓い合うため「英仏協商」が生まれました。

　とはいえ。

　今は"共通の敵・ドイツ"を前にして手を握っただけで、英 仏 は建国より1000 年、つねに敵対関係で争ってきた間柄でしたからそう簡単に「昨日までの敵は今日の友」というわけにもいきません。

　これまでの歴史の中で 英 仏 間に渦巻いている利害を調整せぬまま、上辺だけの握 手 など"春先の残雪"よりも儚い。

　そこで、英 仏 はお互いの利権が絡んでいたエジプト（D-5）およびモロッコ（D-1）の利権調整を図ります。

　まずエジプトは、19 世紀末に 英 仏 がともに争奪戦を繰り広げた因縁の土地でしたが、1881 年のアラービー＝パシャの乱を契機としてイギリスがこれ

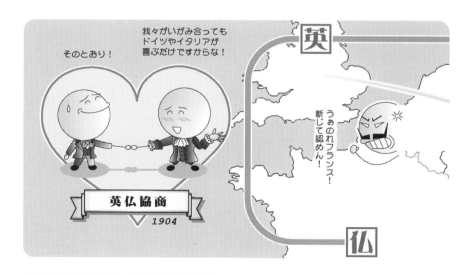

（＊03）1904 年 2 月 8 日。

257

を制し、翌82年以降、イギリスの保護国（D-4/5）となっていました。

　そこでフランスはこの既成事実を承け、イギリスにエジプトの優先権があることを認めることに（C/D-5）。

　これに対してフランスは、19世紀前半までに直轄領（C/D-2）（1842〜1962年）としていたアルジェリアを守るため、東のチュニジア（D-2/3）（1881年）・南のサハラ（1895年）をつぎつぎと押さえてその防衛線とし、最後に西のモロッコもほぼ手中に収めつつありました。

　モロッコはファショダ事件以前まではイギリスも狙っていたのですが、今回、イギリスはこの既成事実を承けて一歩退き、モロッコはフランスに優先権があることを認めます（C-1）。

　こうしてお互いにお互いの利権を認め合うことで"絆の証"としたのでした。

　しかし、この協商（アンタント）の存在を知って激怒したのがドイツです。

　すでに見てまいりましたように、ヴィルヘルム2世が国家予算を傾けてまでつぎつぎと「艦隊法」を打ち出したのは、海軍を増強して「アフリカ分割」に割り込むためです。

　そして、そのドイツが虎視眈々（たんたん）と狙っていたのが、やはりモロッコだったのです（＊04）。

　欧米では"沈黙"は「追認した」と解釈されてしまいますから、ここで黙っていればそのまま既成事実となり、これまでドイツが湯水のように垂れ流した莫大な投資がすべて泡と消えてしまいます。

　反対ならば毅然（きぜん）として「反対！」と意思表示しなければなりませんし、それでも相手が聞く耳持たないなら「実力行使」しかありません（＊05）。

　しかしフランスにしてみれば、ドイツの反意を知っているからこそ、ドイツが何か手を打ってくる前にモロッコ支配を既成事実にしてしまおうと、矢継ぎ

（＊04）当時、すでに「アフリカ分割」は完了に近づき、アフリカ大陸で欧州列強のどの植民地でもないところなどほとんどなくなってきていましたが、そうした中でモロッコはいまだ定まっておらず、しかも地理的に「ドイツからもっとも近いアフリカ」でした。

（＊05）欧米社会では、その言動の根源に「力こそ正義」という価値観が流れていますので、口先だけで「反対」「遺憾」などと繰り返したところで鼻でせせら笑われるだけです。

早にモロッコ政府に圧力をかけはじめます。

　このまま看過すれば、そのままモロッコはフランスのものになってしまいますから、ドイツとしてはもはや行動に出るしかない。

　3月31日。

　クルージングを楽しんでいたはずのヴィルヘルム2世が、突如として軍港タンジール（C/D-1）に現れ、「モロッコの領土保全と門戸開放」を叫び、「ドイツはモロッコの独立を支持する」と表明します[＊06]。

　さらにドイツは「モロッコ問題について、国際会議を開いて協議すべきである！」と主張して軍の動員まで始めたため、「開戦」をも視野に入れた極度の緊張状態になりました。

　フランス輿論は沸騰しましたが、政府はこの情勢を冷静に分析します。

──もし「独仏開戦」となったとき、イギリスはほんとうにフランスのために参戦して助けてくれるのか？

　所詮、「同盟」ではなくたかが「協商」、怪しいものだ。

　「同盟」にあるロシアは今、「日露戦争」のまっただ中にあって身動きが取れまい。

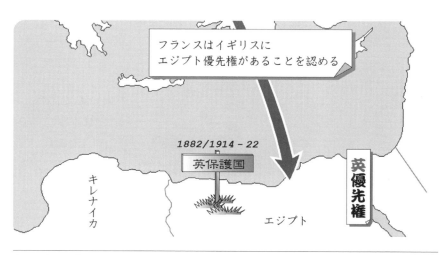

フランスはイギリスに
エジプト優先権があることを認める

1882/1914 - 22

英保護国

キレナイカ

エジプト

英優先権

（＊06）所謂「第1次 モロッコ事件」。別名「タンジール事件」。第一次世界大戦への"導火線"のひとつとなります。

となれば、開戦の折には我が国が単独でドイツと戦わねばならなくなるが、それは　普　　仏　戦争の二の舞とはならぬか？（＊07）

　こうして"援軍"が見込めないことで、フランスはドイツの要求に屈して国際会議を開催する運びとなりました。

　それが「アルヘシラス会議（1906年）」です。

　しかし、いざフタを開けてみればドイツは支持が得られず（＊08）、一応ドイツの主張していた「門戸開放」「機会均等」「領土保全」は認められ、ドイツは一定のメンツは保ったものの、それまでフランスが獲得していたモロッコに関する様々な利権もまた認められたため、"両者痛み分け""玉虫色の決着"となりました。

　しかし、こうした中途半端な解決策は、その先にもっと大きな"災い"となってその身に降りかかるということは、歴史が証明しています。

　そして今回もその"歴史法則"は貫徹されることになります。

（＊07）まだ普仏戦争が終わってから三十余年、あの苦々しい屈辱的敗北の記憶も生々しく、まだドイツに対する恐怖感が強かったころでした。

（＊08）ドイツは口先では「門戸開放」「機会均等」「領土保全」などときれいごとを並べ立てていましたが、所詮は「フランスに取って代わりたい」だけ、ドイツもフランスも"同じ穴の狢"だということは誰の目にも明らかだったため、諸国は「現状維持」を支持しました。

第5幕

悪夢の対独包囲網

英露協商の成立

大方の予想を裏切って、日露戦争で日本が勝利したことは、欧州（ヨーロッパ）外交にも甚大な影響を与えることになる。戦争で財政破綻を起こしたロシアは、イギリスとの和解を模索する。こうして生まれたのが「英露協商」である。これにより「三国協商」が成立し、ドイツは打開策のない苦境に陥ることになった。

英露協商

〈 英露協商の成立 〉

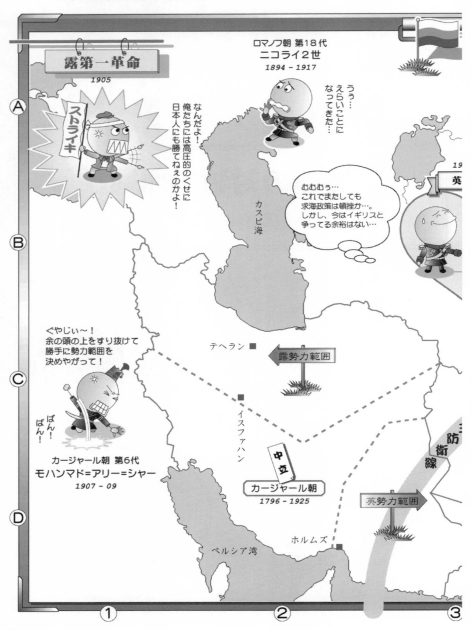

1905〜07年

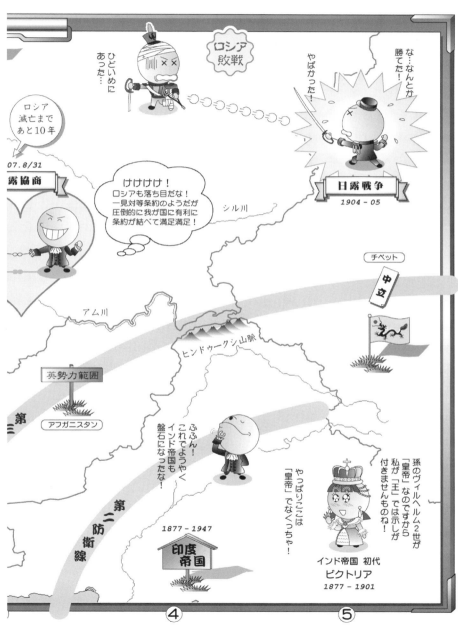

ここまで見てまいりましたように、ヴィルヘルム２世の「新航路（ノイエクルス）」はことごとく彼の意図するところの「裏目」「裏目」に出てしまいます。

　所詮（しょせん）は、まだ社会も政治も経済も世の中も人生もなにひとつわかっていない〝若造〟が無知蒙昧ゆえにすべてを悟ったかのように勘違いしての暴走でしたから、それも宜（むべ）なる哉（かな）。

　「再保障条約」の更新を蹴ったことで「露（ロシア）仏（フランス）同盟」が生まれ、

　「３Ｂ政策」は英（イギリス）露（ロシア）の接近を促し、

　「建艦法」は「英（イギリス）仏（フランス）協商」を生み、あれよあれよという間に英・仏・露（イギリス　フランス　ロシア）が敵に回って対独包囲網を築いてしまいました。

　ビスマルクが何よりも恐れていた事態です。

　しかし、この時点では「英‐仏（イギリス　フランス）」と「仏‐露（フランス　ロシア）」はつながったかもしれませんが、まだ「英‐露（イギリス　ロシア）」間は〝接近した〟だけで完全に手を結んだわけではありませんでしたから、そこに〝付け入るスキ〟があったかもしれません（＊01）。

　しかし、その〝一縷（いちる）の望み〟もすぐに断たれます。

　ほどなく「日露戦争（＊02）（A-5）」が戦前の大方の予想を覆（くつがえ）す（＊03）結果に終わる（A-4）と、勝った日本は国家滅亡・民族消滅（＊04）の危機を辛くも脱しましたが、逆に敗れたロシアは悲惨な事態に陥っていきます。

　甚大な人員の犠牲を払いながら〝猿（マカーキー）にも劣る極東の貧乏島国〟ごときに敗れたことで帝国（ツァールストヴォ）の権威は失墜し、莫大な戦費を投じながら賠償金が取れなかったことで財政は破綻（はたん）。

　そのうえ戦中から始まっていた革命騒ぎ（ロシア第一革命）（＊05）（A-1）のため、ロシアは政治・経済・社会の隅々までガタガタとなってしまいます。

　── 今は一刻も早く体制の建て直しを図らねばならぬ！

　日本に敗れたことで自国の後進性を痛感したロシアは、これより「ヴィッテ

（＊01）事実、このころのドイツは必死に英露間の切り崩しに策動しています。

（＊02）詳しくは『世界史劇場 日清・日露戦争はこうして起こった』をご覧ください。

（＊03）1885〜88年のわずか３年間だけですが、明治期の日本陸軍の教官をしていたＫ.メッケル少佐だけが「この私が育てた日本陸軍がロシアごときに敗けるはずがない！　特に私が手塩にかけて育てた児玉がいる限りはな！」と戦前から日本の勝利を広言していました。

＝ストルイピン改革（＊06）」と呼ばれる改革期に入りますが、これから改革に集中するためには外交問題を調整しておかなければなりません。

　19 世紀いっぱいまでロシアは、大きく 3 方面から「南下政策」を推進してきました。

・西方方面：バルカン半島からアナトリア半島を越えて地中海　を目指すもの
・南方方面：イラン　　　　からアフガニスタンを越えてインド洋を目指すもの
・東方方面：内満洲　　　から外満洲　　　　を越えて太平洋　を目指すもの

　東方方面が日本によって挫かれた今のロシアには、もはや「西方方面でドイツ」と「南方方面でイギリス」の二正面作戦を展開する余裕はありません。

　そこで、「ドイツと手を結ぶか、イギリスと手を結ぶか」といったら、これまでの歴史的背景からロシアがイギリスと手を結ぼうとすることは自然な流れ。

　こうして生まれたのが「英露協商（B-3）」です。

（＊04）「民族消滅とは大袈裟な！」と思ってはいけません。ロシアは本当に民族抹殺（ジェノサイド）を繰り返して領土を拡大してきた“実績”があるのです。

（＊05）詳しくは『世界史劇場 ロシア革命の激震』をご参照のこと。

（＊06）1905 〜 11 年。中国（清朝）では「光緒新政」、イラン（カージャール朝）では「立憲革命」と後進諸国が近代化に邁進した時代。

内訳は以下のとおり。

- カージャール朝については、
    - その北部はロシアの勢力範囲とする。 （C-2）
    - その中部は中立とする。 （D-2）
    - その東部はイギリスの勢力範囲とする。 （D-2/3）
- アフガニスタンは現状を追認（イギリスの勢力範囲）。（C-3/4）
- 西藏（清朝の藩部）は中立とする。 （B/C-5）

アフガニスタンについては、30年ほど前の「第2次アフガン戦争（1878～80年）」でイギリスが保護国にしたのを追認したにすぎませんのでいいとして、問題は「カージャール朝」と「西藏」です。

まず、カージャール朝は3分割して、それぞれと「ロシアの勢力範囲」「中立」「イギリスの勢力範囲」として痛み分け、西藏は中立でお互いに手を出さないことを約束し合ったのですから、一見すると極めて"対等な条約"のように見えます。

しかし、事実はそうではありません。

表面上"対等"に見えるのはロシアにメンツを立たせるためにそう装ったにすぎず、その実態はロシアにとっては「南下政策の完全放棄」、イギリスにとっては「インド防衛体制の完成」を意味していました。

カージャール朝を3分割してその北部をロシアに与えてはいますが、見方を変えれば「それ以上の南下は許さん！」という意味です。

カージャール朝の東部を押さえたのは、その理由のうちのひとつに「軍港ホルムズ（D-2/3）を押さえておきたかった」というのがあります。

ここさえ押さえておけば、将来もし万が一にもロシア軍が協定を破って軍をペルシア湾（D-2）に南下させることがあったとしても、いつでもホルムズ海峡

（＊07）「第一防衛線」「第二防衛線（D-3/4）」はすでに構築済みで、このころのイギリスは「第三防衛線（C/D-3）」の構築を考えていました。
詳しくは『世界史劇場 侵蝕されるイスラーム世界』をご参照ください。

でロシア艦隊を封じ込めることができます。

　二重三重に雁字搦めにされ、ここにおいてロシアの南下政策は挫折することになりました。

　さらに、イギリスが執着したのは“第二帝国”のインド帝国（D-4）で、当時はこれを守るための“防衛線”の構築（＊07）に奔走している最中でしたが、今回ついに夢にまで見た、カージャール朝東部〜アフガニスタン〜チベットをつなぐ分厚い第三防衛線（C/D-3）を構築することに成功したのですから、これはもう“対等”どころか「イギリスの完全勝利」「ロシアの全面降伏」といってよい内容です。

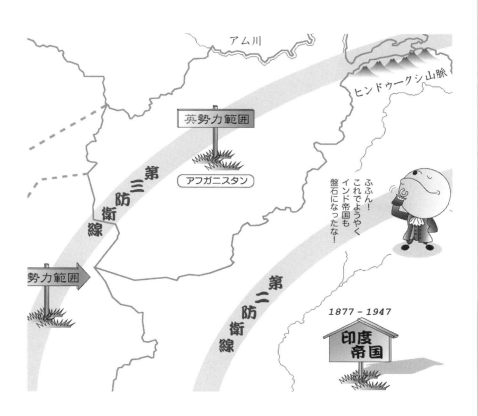

このころより 遡（さかのぼ）ること 100 年ほど前のこと。

和平を望むイギリスは、戦争に敗けたわけでもないのにフランス（ナポレオン1世）と全面降伏に等しい内容の「アミアンの和約（＊08）」を結ばされました。

「江戸の仇（かたき）を長崎で討つ」ではありませんが、フランス（フランス）から受けた〝アミアンの屈辱〟を今回ロシア（ロシア）で返したような格好です。

しかしロシアは、それでもイギリスと手を結ばなければならないほど切羽詰まっていました。

ロシアが滅亡するちょうど 10 年前（A-3）のことです。

さらに、「英（イギリス）露（ロシア）協商」が生まれたことで、ついに英（イギリス）・仏（フランス）・露（ロシア）を結ぶ大三角形「三国協商（トリプルアンタント）」が、ひいては「対独包囲網」が完成してしまったことは、ドイツにとっても悪夢で、しかもこのときすでにイタリアまでもドイツを見限り、フランスに接近していたのでした（＊09）。

ドイツが滅亡するまであと 11 年。

すでにこの時点でドイツは詰んでいたといえるかもしれません。

むむむぅ…
これでまたしても
求海政策は頓挫か…。
しかし、今はイギリスと
争ってる余裕はない…

英露協商

けけけけ！
ロシアも落ち目だな！
一見対等条約のようだが
圧倒的に我が国に有利に
条約が結べて満足満足！

（＊08）1802年。詳しくは『世界史劇場 駆け抜けるナポレオン』をご参照ください

（＊09）1900年「仏伊秘密協定」… モロッコ・リビアの相互承認
　　　　1902年「仏伊　協商」… 独仏開戦の際にはイタリアは中立を守る
　　　　1915年「ロンドン密約」… イタリアは協商側で参戦する
　　　　以上、すべて密約であり、ドイツはその存在を知らず、獅子身中の虫をお腹に抱えたまま
　　　　第一次世界大戦へと突き進んでいくことになります。

第6幕

信頼関係の綻びの末に

第2次モロッコ事件と伊土戦争

ビスマルクが下野して以降、独伊の関係は冷え込んでいった。決定的だったのは「エチオピア戦争」。これを契機としてイタリアはフランスに急接近していく。フランスはイギリスに加えてイタリアの後盾も得てモロッコへの圧力を強めたため、二度目のモロッコ事件が起こる。これを見たイタリアも行動を起こした。

ナメんなよ！こちとらフランスの支援で近代化してんだからな！

楽勝かと思ったらこいつらけっこう強いんですけど？

第一次 伊越戦争

エチオピア

イタリア

〈 第 2 次モロッコ事件と伊土戦争 〉

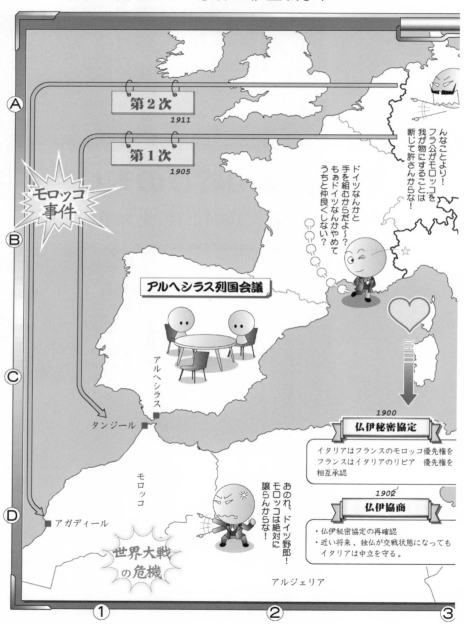

1895～1911年

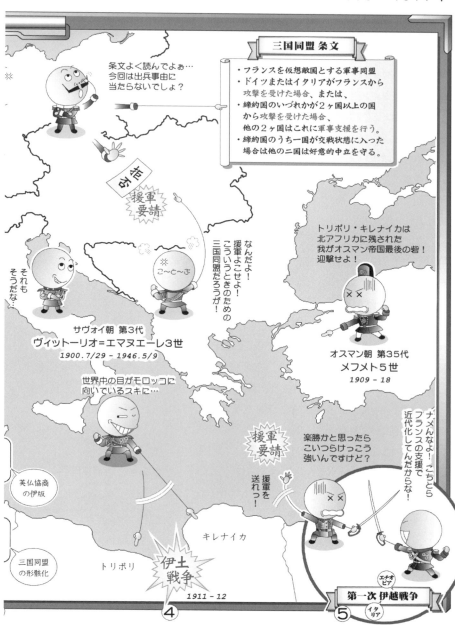

三国同盟 条文

・フランスを仮想敵国とする軍事同盟
・ドイツまたはイタリアがフランスから攻撃を受けた場合、または、
・締約国のいづれかが2ヶ国以上の国から攻撃を受けた場合、他の2ヶ国はこれに軍事支援を行う。
・締約国のうち一国が交戦状態に入った場合は他の二国は好意的中立を守る。

条文よく読んでよぉ…
今回は出兵事由に
当たらないでしょ？

拒否

援軍要請

それもそうだな…

なんだよ！
援軍よこせよ！
こういうときのための
三国同盟だろうが！

サヴォイ朝　第3代
ヴィットーリオ＝エマヌエーレ3世
1900.7/29 - 1946.5/9

２〜こ〜ぶ

トリポリ・キレナイカは
北アフリカに残された
我がオスマン帝国最後の砦！
迎撃せよ！

オスマン朝　第35代
メフメト5世
1909 - 18

世界中の目がモロッコに
向いているスキに…

援軍要請

楽勝かと思ったら
こいつらけっこう
強いんですけど？

援軍を
送れっ！

ナメんなよ！こちとら
フランスの支援で
近代化してんだからな！

英仏協商
の伊版

三国同盟
の形骸化

キレナイカ

トリポリ

伊土戦争
1911 - 12

④

第一次 伊越戦争

エチオピア

イタリア

⑤

もともと 伊 墺 は「未回収のイタリア」を繞って敵対関係にこそあれ、けっして手と手を取り合うような仲ではありません。

にもかかわらず、イタリアがオーストリアと手を結んだ（三国同盟）のは、イタリアが狙っていたチュニジアをフランスに掠め取られて激昂していたところに、ビスマルクが近づいてきて耳元で甘言を囁いたため、いわば"一時の気の迷い"でその口車に乗ってしまったにすぎません[*01]。

すべてはビスマルクの舌先三寸、掌の上。

したがって、ビスマルクが健在であればイタリアへのアフターフォローもぬかりなかったでしょうが、そのビスマルクも今は亡く、新政権は「新航路」に針路を変え、そのためドイツとイタリアの"心の距離"は離れていく一方。

それが決定的となった出来事が「エチオピア戦争（伊 越 戦争）（D-5）」でした。

ここに至るまで、チュニジアをフランスに掠め取られた（1881 年）イタリアは、つぎにエチオピア帝国に目を付け、まずは帝国の紅海沿岸[*02]を攻め取り（1885 年）、つぎにこれを橋頭堡として 1895 年、いよいよ帝国を併呑せんと戦をしかけます[*03]。

それが「第 1 次 エチオピア戦争」です。

当初イタリアは「たかがエチオピアごとき、現地駐留軍だけで充分。本国から援軍を送る必要すらあるまい」と楽勝ムードで構えていましたが、いざ開戦してみると苦戦の連続、エチオピア軍は予想外に強い。

じつは、やはりフランスもエチオピアを狙っていたため、帝国に軍事顧問を派遣し、膨大な軍需物資を送って[*04]、帝国がイタリアに併呑されないよう影から支援していたためです。

背後にフランスがいるとなれば、"フランスを仮想敵国とした軍事同盟"たる三国同盟の出番です。

さっそくイタリアは独 墺 に援軍を要請（B-4）しましたが、これに対する

（＊ 01）本書「第 4 章 第 3 〜 4 幕」を参照。

（＊ 02）現在のエリトリア。「エリトレア」ともいい、ギリシアの「エレトリア」やイタリアの「エトルリア」と混同しやすいので注意。

"盟友"らの反応は冷やか。

── 今回は「三国同盟」の出兵条項には当てはまらぬ由にて…。(A-3/4)

三国同盟では、独　墺がイタリアに援軍を送る条件は ──

① イタリアがフランスから攻撃を受けた場合

② イタリアがフランス以外の2ヶ国以上の国から攻撃を受けた場合

…とあり、単に交戦状態に入った場合は「好意的中立」でよいことになっています(A-5)。

確かに今回、イタリアが戦っている相手はエチオピアであってフランスではないし、2ヶ国以上が相手でもないし、"攻撃を受けた"わけでもない(イタリア側の侵掠戦争)ため、条文の文言を厳密に当てはめるなら独　墺の主張は"正論"といえます。

しかし、信頼関係というものはそういう杓子定規で片づけられるものではありませんので、翌1896年、援軍が来ないまま、イタリア軍が惨敗(アドワの戦)すると、このことでイタリアは独　墺を深く恨み、逆にフランスに接近する(B-3)契機となってしまいました。

じつは、エチオピアに敗れたイタリアはつぎにトリポリ・キレナイカ(D-4)

条文よく読んでよぉ…
今回は出兵事由に
当たらないでしょ？

三国同盟 条文

・フランスを仮想敵国とする軍事同盟
・ドイツまたはイタリアがフランスから攻撃を受けた場合、または、
・締約国のいづれかが2ヶ国以上の国から攻撃を受けた場合、他の2ヶ国はこれに軍事支援を行う。
・締約国のうち一国が交戦状態に入った場合は他の2ヶ国は好意的中立を守る。

(＊03)その口実は「条約文の誤訳」。イタリア語条文とエチオピア語(アムハラ語)訳の条文の意味が違い、その齟齬から戦争に発展しました。詳しくは、本幕コラムを参照のこと。

(＊04)「商売」という側面もあったので、もちろん無料ではなく有料でしたが。

（現リビア）を目指したのですが、その後盾としてドイツではなくフランスを選び、1900年に「仏 伊 秘密協定（C/D-2/3）」を結びます。

これは「イタリアがフランスのモロッコ優先権を認める代わりに、フランスにイタリアのリビア優先権を認めてもらう」という相互承認を交わしたもので、これが1902年にはさらに「近い将来、独 仏 が開戦してもイタリアはこれに参戦しない」という 仏 伊 協商（＊05）（D-2/3）に発展したことで、この時点で「三国同盟」は実質的に形骸化することになります（＊06）。

さて、こうしてフランスは「英仏協商」によってイギリスの、「仏伊協商」によってイタリアの後盾を得たため、以降堂々と、そして頻繁にモロッコへ派兵するようになりました（D-2）。

こうした情勢に、ついにドイツの堪忍袋の緒は切れ、「モロッコに住むドイツ人の生命・財産を守るため！」と称して（＊07）、1911年、ドイツ艦隊をアガディール軍港（D-1）に派遣したことで、独 仏 はふたたび極度な緊張状態に入ってしまいます。

これが「第2次モロッコ事件（B-1）」です。

イギリスはただちにフランスを、オーストリアはドイツを支持し、世界中の人々が「このまま全欧を巻き込む全面戦争（第一次世界大戦）となるか！？（D-1）」と固唾を呑んでその動向を見守る事態になります。

しかし、内心では独 仏 ともに「全面戦争は避けたい」と望んでいたため妥協（＊08）が成り、戦争は回避されました。

── 大山鳴動 鼠 一匹。

一時は「第一次世界大戦」すら懸念されたモロッコ事件は、フタを開けてみれば尻すぼみとなり、危機が回避された ── かに見えました。

しかし振り返れば、まさにこれこそが「第一次世界大戦」の"導火線"となっ

（＊05）これも「仏伊秘密協定」同様、密約でした。

（＊06）よく「イタリアは第一次世界大戦が始まると突如として三国同盟を裏切った！」かのように説明されることがありますが、実際はすでにこの時点で三国同盟は形骸化しており、しかもそのことを独壊は知っていました。1902年当時のドイツ宰相（B.ビューロー）もイタリアの離心について「どうして心穏やかでいられようか！」と嘆いています。

たのです。

　じつは、かねてよりリビアを狙っていたイタリアは、独 墺（ドイツ　オーストリア）がモロッコ問題に釘付けになっているこの機にこれを掠め取ろうとしており、「第２次モロッコ事件」が世界中の耳目を集めていたその 機（タイミング）を狙い、突如イタリアがオスマン帝国に戦をしかけた（伊 土（イタリア　トルコ）戦争（＊09））（D-4）ためです。

　当時のオスマン帝国は "瀕死の病人（ベリーシックマン）"、イタリア軍を前にして連戦連敗を喫し、リビアが陥ちるのは時間の問題となりましたが、これを見て、さらに歴史が動くことになり、それが第一次世界大戦へとつながっていくことになるのでした。

（＊07）実際には、当時アガディールにはドイツ人は住んでいなかったため、この口実を成立させるため、わざわざドイツ人をアガディールに入植させてから、出兵しています。

（＊08）ドイツはフランスにモロッコ優先権を認める代わりに、フランスは仏領コンゴの一部を独領カメルーンに割譲する、というもの。

（＊09）伊土戦争は、人類史上初めて「爆撃機」が投入された戦争としても有名です。

Column 条約文の“誤訳”

　第1次エチオピア戦争の口実となったのは「条約文の誤訳」でした。

　1889年、エチオピアはその北部（エトルリア地方）の割譲を認めましたが、その「ウッチャリ条約」のイタリア語条文では、

——以後エチオピアはすべてイタリアを通じて外交を行うものとする。

…となっており、この文脈ではエチオピアは事実上の保護国であるのに対して、アムハラ語（エチオピア国語）条文では、

——以後エチオピアはすべてイタリアに通告して外交を行うものとする。

…となっており、この文脈ではエチオピアは「通告の義務」こそあるが、イタリアに従う必要はない独立国家の体となっています。

　この認識の齟齬が開戦理由となりましたが、史書を紐解けば、これはあくまで“（悪意のない）誤訳”と書かれた本ばかり。

　しかしながら、それは白人列強側の主張を無批判・無検証にそのまま書いているだけで、実際には、こうした「条文の“誤訳”を戦争口実とするやり口」が常套化していること、“誤訳”が起こるときはつねに必ず白人列強にとって都合のよい“誤訳”となっていること —— などから見て、“意図的な訳し分け”であることは明らかです。

　幕末の日本も、同じ手口を仕掛けられています。

　1854年の「日米和親条約」では、英文が、

——両国政府のどちらか一方（either）が必要と認めた場合〜

…とある部分が、和文では、

——両国政府に拠ん所なき儀が有りし時のみ、模様により〜

…となっており、どこをどう誤訳すれば「either（一方）」が「両国」になるのか、訳者を小1時間問い詰めたいほど。

　国家と国家の重要な条約を交わす際に条文作成にかかわる通訳など、その国の一級の者が携わるのに、こんな中学生でも間違えようのない平易な文章の訳を間違えるなど考えられず、これが白人列強政府による意図的な“訳し分け”であることは明々白々です。

第 7 幕

蝕まれる帝国

第 1 次バルカン戦争

伊土戦争はバルカン半島に激震をもたらす。オスマン帝国がリビアに軍を傾注させている隙に兵を挙げれば、オスマン帝国をバルカン半島から駆逐することができよう！

こうしてバルカン諸国は結束してオスマン帝国に立ち向かった。これが「第1次バルカン戦争」である。

バルカン諸国の中で我が国だけが唯一『海』を持っていない！この好機になんとしても『海』を手に入れるのだ！

Chance!

塞

〈 第 1 次バルカン戦争 〉

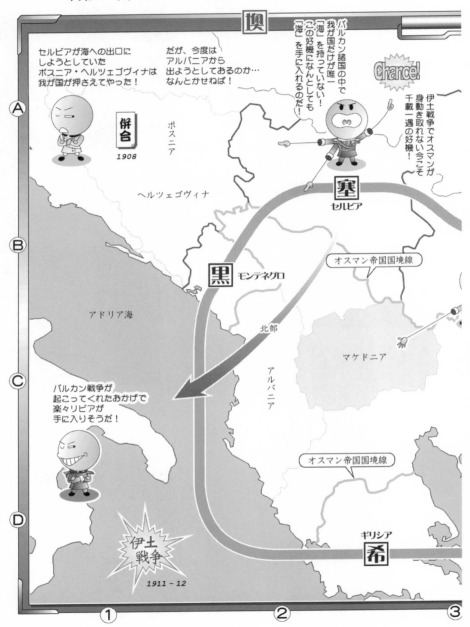

セルビアが海への出口に
しようとしていた
ボスニア・ヘルツェゴヴィナは
我が国が押さえてやった！

だが、今度は
アルバニアから
出ようとしておるのか…
なんとかせねば！

バルカン諸国の中で
我が国だけが唯一
「海」を持っていない！
この好機になんとしても
「海」を手に入れるのだ！

Chance!

伊土戦争でオスマンが
身動き取れない今こそ
千載一遇の好機！

併合
1908

ボスニア

ヘルツェゴヴィナ

塞
セルビア

オスマン帝国国境線

黒 モンテネグロ

アドリア海

北部

ア
ル
バ
ニ
ア

マケドニア

バルカン戦争が
起こってくれたおかげで
楽々リビアが
手に入りそうだ！

オスマン帝国国境線

伊土
戦争
1911 − 12

ギリシア
希

奥

A
B
C
D

① ② ③

278

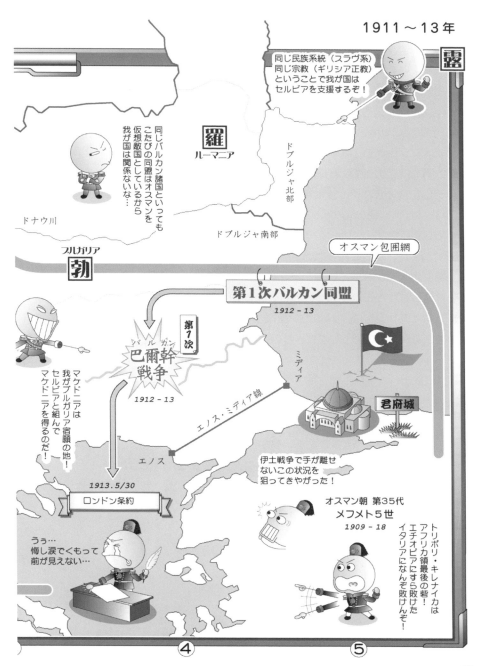

1911～13年

露

同じ民族系統（スラヴ系）
同じ宗教（ギリシア正教）
ということで我が国は
セルビアを支援するぞ！

羅
ルーマニア

ドブルジャ北部

同じバルカン諸国といっても
こたびの同盟はオスマンを
仮想敵国としているから
我が国は関係ないな…

ドナウ川

ドブルジャ南部

オスマン包囲網

ブルガリア
勃

第1次バルカン同盟
1912 - 13

ミディア

第1次
巴爾幹戦争
1912 - 13

マケドニアは
我がブルガリア宿願の地！
セルビアと組んで
マケドニアを得るのだ！

エノス・ミディア線

君府城

1913.5/30
ロンドン条約

エノス

伊土戦争で手が離せ
ないこの状況を
狙ってきやがった！

うぅ…
悔し涙でくもって
前が見えない…

オスマン朝　第35代
メフメト5世
1909 - 18

トリポリ・キレナイカは
アフリカ領最後の砦！
エチオピアにすら敗けた
イタリアになんぞ敗けんぞ！

④　　　　　⑤

ところで、前幕の「伊 土 戦争^{イタリア トルコ}」から何がどうなれば「第一次世界大戦」へとつながっていくのかを知るためには、まずこのころの「バルカン情勢」について知っておかなければなりません。

　当時のバルカン半島の秩序は、1878年の「ベルリン条約^{（＊01）}」の体制下にありました。

　17世紀いっぱいまではバルカン半島全域を制覇し、我が世の春を謳歌していたオスマン帝国も、18世紀以降は後退の一途をたどり、19世紀の末までに半島の南だけを死守する有様となっていきます（B-2/3）。

　そして、オスマンとは相対的に日々勢いを増すオーストリア（A-2）とロシア（A-5）が、半島の北から覆いかぶさるようにして圧力をかける。

　そしてこの北の 墺 露^{オーストリア ロシア}、南のオスマンに挟まれるようにして、バルカン諸国^{（＊02）}がひしめき合うという情勢になっていました。

　特にオスマン帝国と国境を接するバルカン諸国は、つねにオスマンから領地を奪還しようとこれを狙っており、一触即発の状態にありながら、痩せても枯れてもオスマン帝国、バルカン諸国がごとき小国では勝ちは見込めず、その事実は〝薄氷を踏むようなぎりぎりの平和〟を保っていました。

　そうした情勢にあって起こったのが「伊 土 戦争^{イタリア トルコ}（D-1）」です。

　これにより状況は一変。

──オスマン帝国がイタリア戦に忙殺されている今、

　　我らバルカン諸国が一致団結して立ち上がるならば、

　　異教徒^{ペイガン}（ムスリム）どもを半島^{バルカン}から叩き出すことができる！（A-2/3）

　この動きに特に積極的だったのがセルビア（A/B-2/3）でした。

　じつは、バルカン諸国の中で唯一セルビアだけが〝海（港）〟を持たない国。

　〝海〟なくして国家に発展性なく、そのためセルビアは建国以来ずっと〝海〟を切望していたのです。

（＊01）本書「第4章 第2幕」参照。

（＊02）「バルカン諸国」という言葉には一定の定義がありませんが、本書ではオーストリア・オスマン両国に挟まれたルーマニア（A-4）・ブルガリア（B-3/4）・セルビア（A/B-2/3）・モンテネグロ（B-2）にギリシア（D-2/3）を加えた5ヶ国を指すことにします。

　建国当初は「ボスニア・ヘルツェゴヴィナ（A/B-1/2）」からアドリア海（B/C-1）に出ることを狙っていましたが、1908 年、これをオーストリアに併合されてしまった（A-1）ために挫折。

　この仕打に、セルビアでは一気に反 墺 輿論が噴出しましたが、これは1882 年のイタリアを彷彿とさせます（＊03）。

　そこで今度は、アルバニア（C-2）北部から海に出ようと画策、その 機 を狙っていたちょうどそのタイミングで勃発したのが今回の「伊 土 戦争」だったのです。

　セルビアにしてみれば、対 伊 戦に忙殺されているオスマン帝国に戦をしかけてアルバニアを奪い獲る千載一遇の好機でしたが、それでもセルビア単独では勝ち目はありませんから、バルカン諸国に同盟を呼びかけます。

　ところで、ブルガリア（B-3/4）は 1878 年にサン＝ステファノ条約で認められながら、同年のベルリン条約で露と消えてしまった「大ブルガリア公国」の復活を夢見ていました。

　そのためには、オスマン帝国から"失地（マケドニア）（C-2/3）"を奪還せねばなりません。

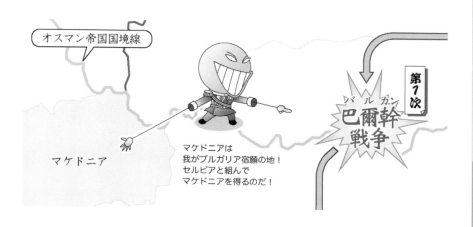

オスマン帝国国境線

マケドニア

マケドニアは我がブルガリア宿願の地！セルビアと組んでマケドニアを得るのだ！

巴爾幹戦争

第1次

（＊03）イタリアが狙っていたチュニジアをフランスに掠め取られて「反仏輿論」が高まったのと同じパターンです。あのときはビスマルクが接近してきて自陣営に組み込みましたが、このときセルビアに接近してきた国は……。

第 1 章　ビスマルク登場
第 2 章　ビスマルクの独擅場
第 3 章　ビスマルクの内政
第 4 章　ビスマルク外交
最終章　ビスマルク失脚後

こうした両国の思惑が合致し、1912 年 3 月、塞 ・ 勃 両国は同盟を結ん
で、セルビアのアルバニア併合とブルガリアのマケドニア併合を相互に認め合
う同盟を結んだのを皮切りに、これに 黒 （ B-2 ）・ 希 （ D-2/3 ）が加わって
「第 1 次バルカン同盟（ B-4/5 ）」が成立（ 羅 （ A-4 ）は不参加 ）します。

　そして、伊土戦争で身動きの取れないオスマン帝国に仕掛けた結果、「第 1
次バルカン戦争（ 1912 〜 13 年 ）（ B/C-4 ）」が勃発。

　果たして、オスマン軍の連戦連敗（ ＊ 04 ）、総崩れを起こして開戦からわずか
3 ヶ月と保たないうちにオスマンは和を請います（ ＊ 05 ）。

　こうして成立したのが「ロンドン条約（ D-3/4 ）」です。

　結果、オスマン帝国は「 帝 都 とその周辺（ ＊ 06 ）を除くすべてのバルカン
領 」を喪失することになり、14 世紀以来 5 世紀にわたるオスマン帝国のバルカ
ン支配は、ここに終焉を迎えることになります。

ロンドン条約

うぅ…
悔し涙でくもって
前が見えない…

（ ＊ 04 ）オスマン帝国が勝った戦闘といえば、「 ソロヴィッチの戦（ 両軍あわせた戦死者が 300 人
　　　　にも満たない小さな局地戦 ）」くらいのもので、あとは全敗・総崩れといった体でした。

（ ＊ 05 ）ただし、あまりに屈辱的な講和内容にオスマン帝国は激怒して戦闘再開しているため、最
　　　　終的な戦闘終結は翌 1913 年 4 月までもつれ込みますが。

（ ＊ 06 ）ボスフォラス・ダーダネルス海峡とマルマラ海沿岸地域。
　　　　エノス（ C-4 ）とミディア（ C-5 ）を直線で結んだラインを新国境としました。

最終幕

> # 世界大戦への導火線
>
> ## 第2次バルカン戦争

「第1次バルカン戦争」は同盟軍の大勝利に終わったが、それがかえって列強の干渉を招き、同盟軍の中心塞勃(セルビア・ブルガリア)の対立を生み、「第2次バルカン戦争」を引き起こす結果となった。しかし、二度にわたる戦争の結果も塞勃(セルビア・ブルガリア)両国の不満の残る内容で、それが世界を巻き込む大戦の導火線となっていく。

君府城

オスマン朝 第35代
メフメト5世

バカめ！
あいつら仲間割れ
しおった！
ここをうまく立ち回って
少しでも失地恢復だ！

〈 第2次バルカン戦争 〉

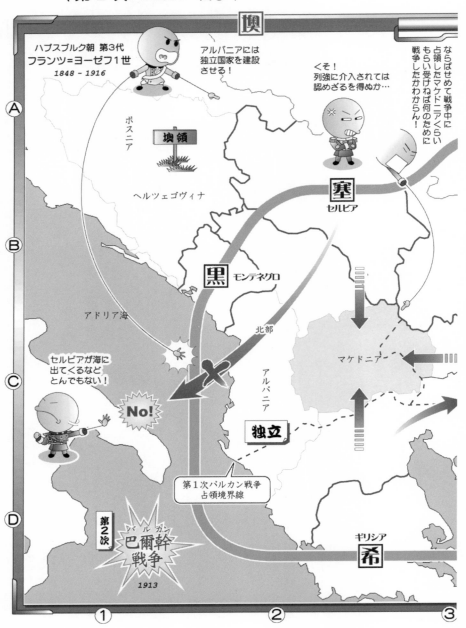

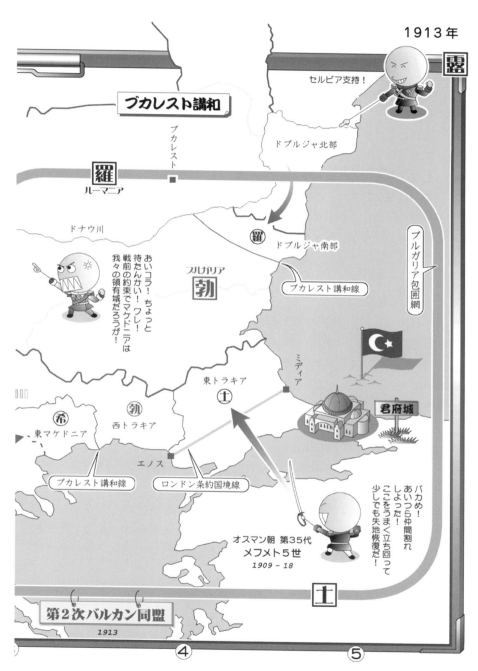

1913年

セルビア支持！

露

ブカレスト講和

ブカレスト

ドブルジャ北部

羅
ルーマニア

ドナウ川

羅
ドブルジャ南部

ブルガリア
朝

おいコラ！ちょっと待たんかい！フレ！戦前の約束でマケドニアは我々の領有域だろうが！

ブカレスト講和線

ブルガリア包囲網

君府城

東トラキア
土

ミディア

希
東マケドニア

朝
西トラキア

エノス

ブカレスト講和線

ロンドン条約国境線

バカめ！あいつら仲間割れしよった！ここをうまく立ち回って少しでも失地恢復だ！

オスマン朝　第35代
メフメト5世
1909 - 18

第2次バルカン同盟
1913

土

④　　　　　　　⑤

285

バ　ルカン戦争は、バルカン同盟（塞・勃・黒・希）軍の大勝利に終
　　わり、夢にまで見た「オスマン帝国からバルカン領の奪還！」をほぼ成
し遂げることに成功しました。

　しかし、こたびの「大勝利」は一見慶事に見えますが、じつはそうともいい
きれません。

── 過ぎたるは猶及ばざるが如し。（孔子）

── 百戦百勝は善の善なる者に非ず。（孫子）

── しばしば勝ちて天下を得る者は稀、以て亡ぶる者は衆し。（呉子）

── 戦いは五分の勝ちを以て上と為し、十分を以て下とす。

　　敗けねば良し。勝ちすぎてはならぬ。（武田信玄）

　古今の賢人たちが口を揃えて「勝ちすぎ」を戒めており、中国では項羽も呂
布も、ヨーロッパではハンニバルもナポレオンも、いづれも連戦連勝を誇りな
がら最後にはそれぞれ垓下に、下邳に、ザマに、ライプツィヒに散っていった
ことはすでに触れました(＊01)。

　人はどうしても目の前の大勝利に目を奪われがちですが、どんな英雄であろ
うが覇王であろうが、勝ちすぎたその先に待つものはかならず破滅です。

　連戦連勝は内には味方陣営の弛緩と慢心と分裂を、外には嫉妬と反発とさら
なる強敵を生み出すことになるためです。

　振り返れば、ビスマルクが天下統一後、対外戦争に消極的になった理由のひ
とつもそこにあります。

　ビスマルクはこの「勝ちすぎてはならない」という理をよく心得ていたもの
の、天下を統一するため不可抗力としてデンマークを叩き、オーストリアを破
り、フランスをねじ伏せてきました。

　避けることができなかったとはいえ、少々"勝ちすぎ"です。

　その結果、フランスはドイツに強い敵愾心を燃やし、イギリスはドイツを
危険視するようになり、ロシアやイタリアも警戒しはじめ、周りが敵だらけに
なってしまいました。

───────────────────────────────

（＊01）第1章 第7幕コラム「勝ちすぎてはならない」参照。

　それまでの欧州（ヨーロッパ）の国際秩序が「分断ドイツ」を大前提として構築されていましたから、「統一ドイツ」が生まれたことでこれが根柢から覆ってしまうことになり、欧州（ヨーロッパ）列強は、これを一（イチ）から再構築しなければならなくなったのですから、それも当然のことです。

　物理では「安定しているバネに力を加えれば"元に戻ろうとする力"が働き」ますが、政治においてもこれと同様、安定していた社会に突如として"異分子（統一ドイツ）"が生まれれば、これを"元の状態に戻そうとする政治力学"が働きます。

　したがって、「統一ドイツ」が生き残るためには、このとき生まれる"揺り戻しの政治力学"── すなわち、自分に向けられた敵愾心・警戒心を解き、新時代の安定がもたらされるまでジッと殻（から）に閉じ籠（こ）もって耐え忍ばなければならない時であって、これを力で押さえ込もうとするならば、破滅への逆落としとなります(＊02)。

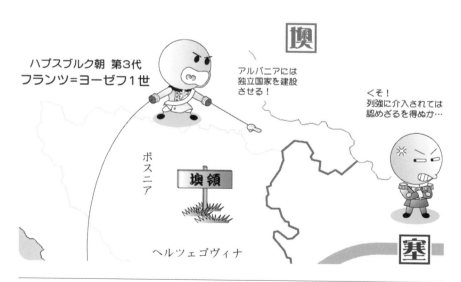

ハプスブルク朝　第3代
フランツ＝ヨーゼフ1世

奥

アルバニアには
独立国家を建設
させる！

くそ！
列強に介入されては
認めざるを得ぬか…

ボスニア

奥領

ヘルツェゴヴィナ

塞

────────────────────

（＊02）バネの例で喩えれば、力を加えたことで"元に戻ろう"としているバネをさらなる大きな力で縮めようとしているようなもの。バネに力を加えれば加えるほどその反発が強くなり、やがてこちらが力尽きたとき、強大な反発力を以て自分にはね返ることになります。

項羽、呂布、ハンニバル、そしてナポレオンら無敵の猛将たちがことごとく破滅していったのは、これを諭す軍師[*03]がいたにもかかわらず、その諫言を聞き入れなかったためです[*04]。

　こうした摂理をよく理解していたビスマルクだったからこそ、統一後は周辺諸国の警戒心を解くため大人しくしていたのですが、そうしたビスマルクの深謀遠慮をまったく理解できなかったヴィルヘルム2世[*05]は、項羽やナポレオンの轍（てつ）をそのままたどっていくことになったのでした。

　閑話休題（さて）。

　こうした基礎知識を踏まえた上で、話をバルカン問題に戻します。

　バルカン戦争における同盟軍の「大勝利」も"勝ちすぎ"であり、これは災いしか呼びません。

　初めこそ、バルカン戦争を静観していた列強（伊（イタリア）・墺（オーストリア）・露（ロシア）など）でしたが、バルカン同盟軍が"勝ちすぎた"ことで、国際秩序の調和（バランス）が崩れることを恐れ、一斉に介入してきました。

　まずオーストリア（A-1/2）は、アドリア海（B/C-1）を"我らが海"（マーレ・ノストゥルム）にしようと考えていたため、セルビア（A/B-2/3）がアルバニア（C-2）を得てアドリア海に出てくるなど以（もっ）ての外（ほか）です。

　そこで、アルバニアに独立国家を築かせることでその野望を挫（くじ）きにかかり、アルバニアを狙っていたイタリアもこれを支持（C-1）しました。

　列強に睨（にら）まれたとなると、セルビアもこれ屈するしかありませんでしたが、ここで問題が発生します。

　セルビアは戦中、アルバニアとマケドニアの大部分を占領していました。

　戦前の塞（セルビア）勃（ブルガリア）間協議では、それぞれの宿願の地であるアルバニアをセルビアが、マケドニアをブルガリアがもらい受ける予定でしたが、列強の干渉に

（＊03）項羽に范増、呂布に陳宮、ハンニバルにマハルバル、ナポレオンにタレーランなど。

（＊04）彼らは一様に「敵を片端から倒していけば、やがて敵はいなくなる」と考えていましたが、現実には、倒せば倒すほど敵は大きくなっていき、やがて力尽きて破滅へ向かうことになりました。「勝てば勝つほど敗北に向かう」「強い者ほど弱い」というのはなかなか一般には理解してもらえませんが、歴史はそれを証明しています。

　よってセルビアがアルバニアをもらえないということになると、手元に残っている占領地はマケドニアしかありません。

　そこでセルビアは、アルバニアを諦める代わりにマケドニア（C-2/3）を求めることにします。

　しかし、それでは「話が違う！」となるのは当然で、ブルガリアはこれを認めず（B-3/4）、セルビアと敵対関係に入りました。

　所詮は「オスマン憎し！」の一点で結束していたにすぎないゆるい同盟でしたから、大勝によって"敵失"となった途端にその結束に亀裂が入ってしまったのも宜なる哉。

　こうして同盟側は「バルカン戦争」に"勝ちすぎた"ことで、列強の干渉と内

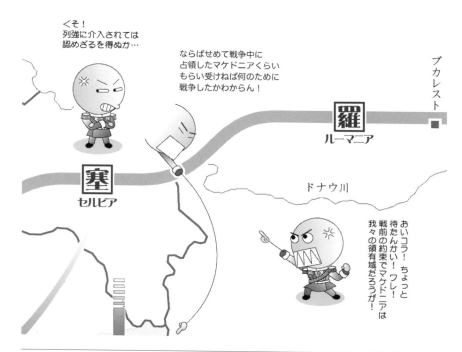

（＊05）初代のヴィルヘルム 1 世だってビスマルクの戦略は"理解"できませんでしたが、彼の場合はたとえ理解できなくても彼の才を認め、これを信任しています。
　　　　しかし、ヴィルヘルム 2 世にはビスマルクを認めることができなかったのでした。

部対立を招き、それが「第2次バルカン戦争（D-1）」となって帰結します。

　これは、もともとマケドニア領有をめぐる「塞・希vs勃」の争いとして始まったものでしたが、オスマン帝国が失地恢復のため（D-5）、ルーマニア（A-3/4）が南北ドブルジャ統一（A/B-5）のため、モンテネグロ（B-1/2）がさらなる領土拡大のため、この塞・希同盟に加担したことで、ブルガリアをぐるりと囲むようにして「第2次バルカン同盟（D-3/4）」が成立、文字通り四方から攻め立てられたブルガリア軍は、開戦からわずか1ヶ月あまりで和を請い、「ブカレスト講和（A-4）」となります。

　これによりブルガリアは、マケドニア（C-2/3）の大部分をセルビアに奪われたばかりか、ドブルジャ南部（A/B-4/5）をルーマニアに、地中海沿岸部は3分割されてその西部（東マケドニア）（C-3）はギリシア（D-2/3）に、東部（東トラキア）（C-4）はオスマン（D-3）に奪われ、ブルガリアは中央部（西トラキア）（C-3/4）を死守するのみとなります。

　こうして、この二度にわたるバルカン戦争の結果、セルビアは国土を倍増させ、ドナウ川（A/B-3/4）以南で最強の国となりましたが、ついに当初の目的（アルバニア併合）は果たせず、これを妨害したオーストリアを深く恨むようになり、以降セルビアは「敵の敵は味方」の論理によってロシアに急接近していくことになります。

　「第1次」の敗戦国オスマンと、「第2次」の敗戦国ブルガリアはともに大幅な後退を余儀なくされ、その共通の敵たるセルビアを恨み、やはり「敵の敵は味方」の論理によって独・墺に接近していくことになります。

　このような、ただでさえ複雑なバルカン情勢に、「汎ゲルマン主義（＊06）」を掲げてバルカン覇権を狙うオーストリアと、「汎スラヴ主義（＊07）」を掲げてバルカン覇権を狙うロシアが一触即発の状態となっていきました。

　当時のバルカン情勢が「欧州の火薬庫」と言われるようになった所以で、あ

（＊06）「ドイツ語を話す者が少しでも住んでいる地域はすべてドイツ民族の支配下に置くべきである」と主張するイデオロギー。ヴィルヘルム2世が唱えはじめ、周辺諸国との調和と均衡を考えていたビスマルク外交を全否定するものでした。

（＊07）スラブ民族の連帯と統一を掲げるイデオロギー。ロシアの南下政策に利用された。

とはもはや "小指が触れただけで爆発" しそうな緊迫したバルカン情勢の中にのこのこやってきたのがオーストリアの皇位継承者フランツ゠フェルディナントです。

　これはもう「火中の栗」どころの話ではなく、「地雷原のド真ん中でサッカーに興ずる」ようなものですが、フランツ゠フェルディナントにはその自覚がなかったようで。

　しかも、その訪問日がよりにもよって6月28日（＊08）。

　この日は、遡ること525年前のその日（1389年6月15日）、セルビアがオスマン帝国に大敗した「コソヴォポリエの戦」の日で、セルビア人にとっては「国恥記念日」。

　そんな日に憎っくきオーストリアの皇位継承者が、しかもセルビアが切望していたボスニア・ヘルツェゴヴィナの州都サライェヴォにやってくるというのですから、これに激怒したセルビア人が暴走するのは目に見えていました。

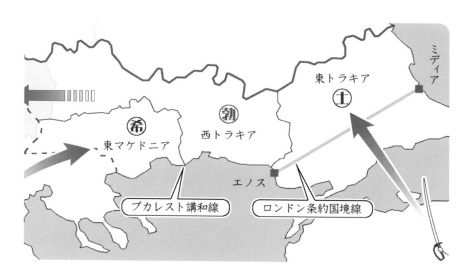

（＊08）「グレゴリウス暦」で数えた場合。当時セルビアで使用されていたのはユリウス暦であり、これで数えた場合は「6月15日」。

こうして起こるべくして起こった事件、それそこが世に名高い「サライェヴォ事件」であり、第一次世界大戦はついにその幕を切って落とされたのでした。

　ここから先の歴史は、『世界史劇場 第一次世界大戦の衝撃』につづいていきますのでこれに譲ることとして、最後にひとこと。

　教科書を首めとしたあらゆる本にそう書かれているように、確かに第一次世界大戦が勃発した〝直接の原因〟は「サライェヴォ事件」かもしれません。

　しかしながら、その遠因をずっと 遡 （さかのぼ）っていくと、本書のテーマである「ビスマルク」に行き着きます。

　ビスマルクは第一次世界大戦が勃発する四半世紀も前に失脚していますから、一見「ビスマルク」と「第一次世界大戦」はなんの関わりもないように見えます。

　しかしながら、よくよく歴史の因果をたどってみると、「1890年、ビスマルクが失脚した瞬間、第一次世界大戦の勃発は決した」という解釈もできます。

　なんとなれば。

　ドイツの外交方針が「新航路 （ノイエクルス）」へと舵 （かじ）を切ったのは、ビスマルクが失脚したからです。

　それにより「艦隊法」が打ち出されたため、イギリスは危機感を覚えて「日英同盟」を決意することになりました。

　しかし、そんなことでもなければ、当時〝光栄ある孤立〟を誇り （ブライド）としていたイギリスが「〝日本人 （イエローモンキー）〟ごときと同盟を結ぶ」などということは天地がひっくり返ってもなかったでしょう。

　そして、日英同盟が生まれたことは日本に「日露戦争」を決意させる契機となり、その日露戦争が「英仏協商」を生み、英仏協商が「モロッコ事件」を誘発することになったのは、これまで見てきた通りです。

　さらに、モロッコ事件が「伊土戦争」を、伊土戦争が「バルカン戦争」を引き起こして、それが「サライェヴォ事件」へと逢着しました。

　つまり。

　ビスマルクさえ健在であれば、あるいはビスマルク亡きあとも、その後継者

たちが「ビスマルク外交」を継続してくれたならば、「艦隊法」など発せられることもなく、そうなれば「日英同盟」が生まれることもなく、そうなれば日露戦争で日本に勝ち目はなくなり、「英仏協商」も生まれることなく、したがってモロッコ事件、伊土戦争、バルカン戦争の流れもなくなり、第一次世界大戦も起きなかったでしょう。

　もちろんこれは単なる「思考実験」にすぎません。

　「たとえビスマルクが失脚しなかったとしても、歴史は想像もできないまったく別の道をたどりながらも、やはり第一次世界大戦は勃発は避けられなかっただろう」という考え方も成り立ちます。

　しかし、やはり「まったく別の歴史をたどりながら」であることは疑いようもなく、たとえ「第一次世界大戦」そのものは起こったとしても、そこに至るまでの道程が違えば、その内容も結果も史実とはまったく別物になったはずで、そうなれば、今我々が生きる「21世紀」もまったく違った姿になっていたことは疑いありません。

　後世、「ビスマルク」の評価はたいへん毀誉褒貶（＊09）が著しいものとなりますが、そのこと自体が彼の偉大さを示しています。

　それは「小器で大海は計れぬ（＊10）」ということを意味しているからです。

　さらには、そもそも彼を誹謗する者たちの立場・肩書を調べてみると、たいてい社会主義者や自由主義者など、ビスマルクによって弾圧された立場の者たちばかりで、彼らはそうすることで自己弁護をしているにすぎません。

　それは「引き籠もりが成功者への誹謗中傷をネットに書き込む」のと同レベルの感情論にすぎず、論ずるに値しません。

　「ビスマルク」という巨人は、当時の人はもとより、100年経っても評価が分かれるほどの偉人だということでしょう。

　そして、彼が人類史に与えた影響力といえば、生前はもちろん、その亡きあとも絶大です。

（＊09）けなすこと、讃えること、褒めること、貶むこと。人のさまざまな評判・世評。

（＊10）「大海の水の量を小さなスプーンで一杯一杯すくいながら計る」などということができないように、小人では大人物の言動は理解できないという意味。

そこで、これほどの"巨人ビスマルク"の半生をたどってみると ──

・子供のころは、その奇異な言動とその腕白（わんぱく）ぶりで親を困らせ、

・学生時代には、学問など放り出して酒と女に現（うつつ）を吐かし（ぬ）ながら博打（ばくち）と決闘に明け暮れ、

・成人したのちは、職を転々として職も定まらない有様。

…と、お世辞にも褒められたものではなく、世が世なら、彼は単なる「変人」「落ちこぼれ」「穀潰し（ごく）」として、世間から見下されながら歴史に何の影響も与えることもなく、その名を後世に刻むこともなく生涯を終えたことでしょう。

しかし。

── 海の中では無敵を誇る鯱（シャチ）も、

　　陸（おか）に上がればただ干（ひ）からびるのみ ──

人間の「才」もこれと同じで、どんなにすばらしい才もそれが発揮される"場（フィールド）"が与えられなければ、華咲くことなく干からびてしまいます（＊11）。

確かに彼にはズバ抜けた才がありましたが、如何（いか）なるビスマルクと雖（いえど）も、もし彼が生まれ落ちた時代が"泰平の世"であったならば、その才を干からびさせていたでしょう。

彼の才は"動乱の世"でこそ輝くものであったためです。

さて。

19世紀から20世紀半ばまでの欧州世界（ヨーロッパ）は、

・19世紀の幕開けとともにナポレオンが欧州（ヨーロッパ）の新しい時代を切り拓き、

・そのナポレオンが失脚した同年に生まれたビスマルクが絶頂を築き、

・そのビスマルクが失脚した前年に生まれたヒトラーがこれを粉砕する。

この3人の傑物が、文字通り"入れ替わり立ち替わり"牽引してきました。

しかし、ヒトラーが死んだ年に生まれた人物が、次代の"牽引者"となった形跡はありません。

（＊11）ビスマルクに限らず、人は誰しもかならず何かしら「才」を持っているものですが、ほとんどの人が自らの才に気づかず、「何の才もない凡人」と思い込んで、才を探す努力もせず、才に"場"を与えることもせずに干からびさせていきます。
　　歴史上に現れた「天才」たちは、「自分が天才だと自覚している」という共通点があります。たとえ天才の素地があっても、その自覚のない者に芽が出ることはありません。

　この事実は、19〜20世紀と世界に覇を唱えた「ヨーロッパ時代」の終焉を示唆しているとも解釈できます。

　19世紀以降、ヨーロッパの灯は"劫火"となってイスラーム・中国を灼き尽くしていきましたが、それもほんの1世紀ほどのこと。

──栄えた者はかならず亡びる。

　「例外のない規則はない」と言われますが、これに限っては例外はなく、ヨーロッパの繁栄は、これから2つの大戦を経て衰え、20世紀の後半までに「アメリカ時代」へと移っていくことになりました。

　もちろん、そのアメリカとて「盛者必衰」の理の例外ではなく、21世紀は「アメリカ衰亡の世紀」となるでしょう。

　「栄えた者はかならず亡びる」という歴史の絶対法則を知っていれば、逆説的になりますが、亡びたくなくばけっして栄えすぎてはならないのです。

■ おもな参考文献（順不同）■

ジョナサン = スタインバーグ『ビスマルク』上・下（白水社）

飯田洋介『ビスマルク』（中央公論新社）

井上幸治『世界の歴史 12 ブルジョワの世紀』（中央公論社）

中山治一『世界の歴史 13 帝国主義の時代』（中央公論社）

小沢郁郎『世界軍事史』（同成社）

松村劭『世界全戦争史』（H＆I）

ジェフリー = リーガン『ヴィジュアル版決戦の世界史』（原書房）

三井晶史 他『訓話・説話大辞典』（日本図書センター）

歴史学研究会編『世界史史料 6 ヨーロッパ近代社会の形成から帝国主義へ』
　　　　　　　（岩波書店）

歴史学研究会編『世界史史料 10 二十世紀の世界 I 』（岩波書店）

川田順造『新版世界各国史 10 アフリカ史』（山川出版社）

川北稔『新版世界各国史 11 イギリス史』（山川出版社）

福井憲彦『新版世界各国史 12 フランス史』（山川出版社）

木村靖二『新版世界各国史 13 ドイツ史』（山川出版社）

柴宜弘『新版世界各国史 18 バルカン史』（山川出版社）

和田春樹『新版世界各国史 22 ロシア史』（山川出版社）

豊田堯『新書西洋史 6 市民革命の時代』（講談社）

中山治一『新書西洋史 7 帝国主義の展開』（講談社）

岩見宏 他『図説 世界の歴史 5 民族主義の時代』（学習研究社）

■ 著者紹介

神野 正史（じんの・まさふみ）

▶河合塾世界史講師。世界史ドットコム主宰。学びエイド鉄人講師。ネットゼミ世界史編集顧問。ブロードバンド予備校世界史講師。歴史エヴァンジェリスト。1965 年、名古屋生まれ。出産時、超難産だったため、分娩麻痺を発症、生まれつき右腕が動かない。剛柔流空手初段、日本拳法弐段。立命館大学文学部史学科卒。既存のどんな学習法よりも「たのしくて」「最小の努力で」「絶大な効果」のある学習法の開発を永年にわたって研究。そして開発された『神野式世界史教授法』は、毎年、受講生から「歴史が "見える" という感覚が開眼する！」と、絶賛と感動を巻き起こす。「歴史エヴァンジェリスト」として、TV 出演、講演、雑誌取材、ゲーム監修など、多彩にこなす。「世界史劇場」シリーズ（ベレ出版）をはじめとして、『最強の成功哲学書 世界史』（ダイヤモンド社）、『粛清で読み解く世界史』（辰巳出版）、『暗記がいらない世界史の教科書』（PHP 研究所）など、著書多数。

● ── カバーデザイン　　　川原田 良一（ロビンソン・ファクトリー）
● ── DTP　　　　　　　WAVE 清水 康広
● ── 校閲　　　　　　　有限会社蒼史社

世界史劇場 天才ビスマルクの策謀

2020 年 6 月 25 日	初版発行

著者	神野 正史
発行者	内田 真介
発行・発売	ベレ出版
	〒162-0832　東京都新宿区岩戸町12 レベッカビル
	TEL.03-5225-4790　FAX.03-5225-4795
	ホームページ　http://www.beret.co.jp/
印刷	モリモト印刷株式会社
製本	根本製本株式会社

ISBN 978-4-86064-622-6 C0022　　　　　　　　　　編集担当　森 岳人

ビスマルク亡き後の歴史を描く!

世界史劇場
第一次世界大戦の衝撃

神野正史 著

A5並製／本体価格1600円
ISBN978-4-86064-400-0 C0022　■300頁

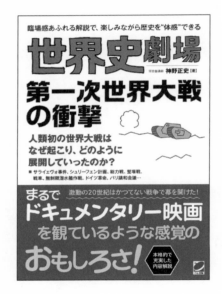

ビスマルク亡き後、急速に混迷を深めたヨーロッパ。バルカン半島の火種はいかにして世界大戦に発展したのか。第一次世界大戦の原因から結果までをヨーロッパ戦線を中心に、これまでにない惨禍をもたらした戦の実態を追う。

「世界史劇場」シリーズ

世界史劇場
ナチスはこうして政権を奪取した

神野正史 著
A5 並製／本体価格1600円　　　■ 296頁
ISBN978-4-86064-481-9 C2022

世界史劇場 第二次世界大戦
熾烈なるヨーロッパ戦線

神野正史 著
A5 並製／本体価格1600円　　　■ 336頁
ISBN978-4-86064-587-8 C2022

世界史劇場 日清・日露戦争は
こうして起こった

神野正史 著
A5 並製／本体価格1600円　　　■ 336頁
ISBN978-4-86064-361-4 C2022

世界史劇場
ロシア革命の激震

神野正史 著
A5 並製／本体価格1600円　　　■ 328頁
ISBN978-4-86064-416-1 C2022

世界史劇場
フランス革命の激流

神野正史 著
A5 並製／本体価格1600円　　　■ 336頁
ISBN978-4-86064-429-1 C0022

世界史劇場
駆け抜けるナポレオン

神野正史 著

A5 並製／本体価格1600円
ISBN978-4-86064-454-3 C0022

■ 320頁

世界史劇場
アメリカ合衆国の誕生

神野正史 著

A5 並製／本体価格 1600 円
ISBN978-4-86064-375-1 C0022

■ 288 頁

世界史劇場
イスラーム世界の起源

神野正史 著

A5 並製／本体価格1600円
ISBN978-4-86064-348-5 C2022

■ 280頁

世界史劇場
イスラーム三國志

神野正史 著

A5 並製／本体価格1600円
ISBN978-4-86064-387-4 C2022

■ 320頁

世界史劇場
侵蝕されるイスラーム世界

神野正史 著

A5 並製／本体価格1600円
ISBN978-4-86064-547-2 C0022

■ 296頁

世界史劇場
正史三國志

神野正史 著

A5 並製／本体価格2100円
ISBN978-4-86064-516-8 C0022

■ 472頁